INTERNET LAW REVIEW

网络法律评论

杨　明◎主编

知识产权出版社
全国百佳图书出版单位
—北京—

图书在版编目（CIP）数据

网络法律评论. 第 24 卷/杨明主编. —北京：知识产权出版社，2022.12
ISBN 978 - 7 - 5130 - 8525 - 0

Ⅰ.①网… Ⅱ.①杨… Ⅲ.①计算机网络—科学技术管理法规—研究—中国
Ⅳ.①D922.174

中国版本图书馆 CIP 数据核字（2022）第 242987 号

内容提要

《网络法律评论（第 24 卷）》由专题特稿、平台治理、知识产权 3 个部分共 8 篇文章组成。书中既有关于经济移植的理论建构的专题研究，也有针对消费者主权对竞争的价值的探索，还有关于网络著作侵权"通知—删除"机制与"避风港"规则的再平衡，以及平台规则的效力等方面的讨论，从不同角度展现了网络法律领域近期新的研究成果和发展趋势。本书可为读者了解国内外网络法律领域热点问题的研究成果提供参考。

责任编辑：王祝兰 周 也 责任校对：潘凤越
封面设计：杨杨工作室·张 冀 责任印制：孙婷婷

网络法律评论（第 24 卷）
杨 明 主编

出版发行：知识产权出版社 有限责任公司	网 址：http://www.ipph.cn
社 址：北京市海淀区气象路 50 号院	邮 编：100081
责编电话：010 - 82000860 转 8555	责编邮箱：wzl_ipph@163.com
发行电话：010 - 82000860 转 8101/8102	发行传真：010 - 82000893/82005070/82000270
印 刷：北京九州迅驰传媒文化有限公司	经 销：新华书店、各大网上书店及相关专业书店
开 本：720 mm×960 mm 1/16	印 张：15.75
版 次：2022 年 12 月第 1 版	印 次：2022 年 12 月第 1 次印刷
字 数：282 千字	定 价：80.00 元

ISBN 978 - 7 - 5130 - 8525 - 0

本卷编委会

主　　　　编：杨　明

编　委　会（按姓氏音序排列）：

　　　　　　郭　雳　时建中　吴汉东

　　　　　　易继明　张　平　周汉华

编辑部成员（按姓氏音序排列）：

　　　　　　崔亚冰　辜凌云　李兆轩

　　　　　　南红玉　王雪乔　曾　田

本卷编辑助理（按姓氏音序排列）：

　　　　　　海伦娜　刘　珺　彭俊威

　　　　　　石丽颖　赵蓓蓓

目　录

专题特稿

知识产权、投入品市场和无形资产的价值
…… 罗伯特·P. 莫杰思（Robert P. Merges）　著

辜凌云　译　003

"迷失在翻译中？"经济移植的理论
建构 …… 扬尼斯·雅诺斯（Ioannis Lianos）　著

王博文　译　038

平台的掠夺性定价问题研究 … 陈永伟　易　芳　089

平台治理

数字生态系统、决策、竞争与自治
——论消费者主权对竞争的价值
…… 鲁普雷希特·波兹尊（Rupprecht Podszun）　著

南红玉　译　119

论平台规则的效力 ……………………… 周　雷　146

知识产权

网络著作侵权"通知—删除"机制与"避风港"
规则的再平衡
——美国版权局的调研分析、检讨与国际相关
发展 ………………………………… 孙远钊　177

Alice 案判决对专利审查员和专利申请人影响的
实证研究 ………………………… 王润华　209

《网络法律评论》第一届青年学者论坛会议
综述 ……………………………… 王雪乔　236

专题特稿

■ 知识产权、投入品市场和无形资产的价值

■ "迷失在翻译中?" 经济移植的理论建构

■ 平台的掠夺性定价问题研究

知识产权、投入品市场和无形资产的价值

罗伯特·P. 莫杰思（Robert P. Merges）[*]　著

辜凌云[**]　译

摘要： 知识产权似乎对特定投入品市场中的生产和交易发挥着重要的促进作用。本文提出了关于在不完全合同假设下，更强的知识产权与基于合同生产之间的关系理论，运用格罗斯曼和哈特（Grossman & Hart, 1986）、哈特和莫尔（Hart & Moore, 1990）以及哈特（Hart, 1995）理论（以下简称"GHM 理论"）的一些特征，证明了无形资产的产权为独立供应商生产研发密集型投入品以供终端产品下游生产商使用提供了激励。知识财产的法律权利允许这些重要资产被"拥有"，即在不完全合同的情况下提供可行使的剩余权利。对于需要对其无形资产进行调整以生产专门化投入品的企业而言，弱产权或无产权将会带来严重的侵占风险。一旦创造或强化产权，在某些情况下，投入品制造者就有可能成为一个独立的企业，而不是作为大企业内部的一个组成单元。随后资产所有权就可以按照标准的 GHM 理论进行分配，为"供应—制造"关系特定型投资提供适当的激励。通过这种方式，知识产权被视为有助于增加基础资产的价值，从而最终促进企业的专业化，甚至优化产业结构。本文的理论解释了近期关于更强的知识产权保护带来更高的许可活动发生率的实证证据。这也有助于不断修正与哈罗德·德姆塞茨的早期研究相关的产权经济理论。

---

[*] 加州大学伯克利分校伯特霍尔法学院威尔逊（Wilson Sonsini）讲习教授。

[**] 北京大学法学博士研究生，研究方向为知识产权法、竞争法。

关键词 * ：知识产权 投入品市场 无形资产 "GHM" 理论模型

一、引言●

关于知识产权的经济学文献通常认为产权和产品市场是并驱发展的。然而，与最佳专利范围相关的文献是一个明显的例外，它强调技术先驱者和改进者之间的交易关系。● 在这些文献之外，人们也普遍会预设（尽管是含蓄地）有且只有一个产权涵盖了整个可销售产品。

但实际情况并非如此，现在乃至以往的大部分时候都并非如此。一个有商业价值的产品往往由许多部分组成，至少其中的某些组成部分会被知识产权所覆盖。在许多情况下，产品的各组成部分由独立的公司制造，而这些公司又拥有一些相关的知识产权。因此，文献中经常缺少对与知识产权相关的投入品市场（input market）的讨论。本文即是一篇关于讨论投入品市场的论文。●

撰写本文的一个动机是希望系统地描述投入品市场，然后探讨它会如何影响我们对知识产权的思考。我们习惯于讨论知识产权，定式地认为知识产权存在于出售给消费者的最终产品之中，因此开诚布公地探讨投入品市场或许能揭示出一些有关知识产权的新奇内容。我们已经开始在其他场合看到，对产权被授予后生命周期的"敏感性"——产权交换的交易模式以及为促进这种交换而发展起来的制度——可能在很大程度上揭示了产权的最优性质，甚至揭示出以这种或那种形式授予产权的明智性。● 另一个动机是感觉到知识产权所涵盖的投入品市场正在迅速增长。有大量证据表明，研发密集型投入品的生产正在急剧增加。● 这只不过是已经被文献充分记录的生产去中心化，特别是研发密集型生产增长的另一侧面。与过去一个世纪的趋势●相反，小型专业公司似乎正在增加

---

* 因格式统一性要求，本文关键词为译者提炼。

● 感谢 Ashish Arora、Ron Gilson、Oliver Hart、Thomas Hellman、Naomi Lamoreaux、Mark Lemley、Peter Menell、Suzanne Scotchmer、Oliver Williamson 和 Luigi Zingales，以及哈斯商学院、加州大学伯克利分校和哥伦比亚法学院研讨会的参与者们，作者自负文责。

● 参见，例如 Merges and Nelson（1990）。

● 准确地说，这是一篇关于知识产权所覆盖的产品市场而非知识产权本身的市场的论文。Merges（1995）将市场分为三类：有形资产、信息和知识产权。

● Libecap and Wiggins（1985）；Merges（1997）；Heller（1998）。

● 对比 STITES（1998：C4）："早期投资可以帮助企业利用自己内部欠缺的创业创造力，当投资与自己具有互补性的技术时，还可以节省研发资金。"

● 参见 Mowery and Rosenberg（1989）；Lamaroux and Sokoloff（1996）。其中探讨了将发明功能与商业化区别开来的历史趋势。

它们在整个研发中的份额。过去，大公司对研发密集型市场的垂直整合是常态，而今天的经济情景似乎更多样化。尽管垂直式增长（通常是通过收购）在当前仍然很普遍，但大公司往往通过一系列令人眼花缭乱的组织形式与精通新技术的小公司进行合作。合资企业、研发合作、公司风险投资、衍生企业、初创企业、许可交易和"外包"安排（采购过去靠内部生产的部件），所有形式的"战略联盟"近年来都被广泛采用（Merges，1995）。

在本文中，作者关注的是知识产权在这些联盟中的经济功能。显然，知识产权是很重要的。相关数据显示，尤其在某些行业，知识产权是投入品交易的核心。特别是在生物技术、软件和其他行业，知识产权覆盖了作为投入品出售给大公司的几乎所有产品。作为投入品出售的产品的使用许可、重复使用和修改等问题成为商业谈判中的重点，并在越来越多的案例中走向了诉讼程序。❶

在某种意义上，当然也是意料之中的。知识产权是许多拥有新型制造和分销设施的小公司"皇冠上的宝石"。但在另一个层面，日益频繁的跨企业合作实际是由知识产权驱动的，或者说至少是由知识产权驱动的。知识产权变得更明晰和更强的趋势，以及对知识产权战略部署的广泛认识，大大增加了知识产权在跨企业交易中的重要性。作者把这一重要新维度的结果称之为知识产权强度，即本文的核心。简而言之，知识产权强度使公司间合作的数量和类型比以往更大，也因此，至少一些公司间的投入安排是对知识产权新重视的结果。

如果这个论证是正确的，它就突出了两个最基本的法律类别即财产与合同之间的一些有趣的相互作用。产权规范❷的变化拓展了潜在签约方的视野。有人可能会说，由国家支持的产权扩充了"合同可能性集"。在我们的体系中，国家通常在赋予产权后退居幕后，而"私人秩序"会将事情重新安排妥当（当然包括那些烦琐的分配问题），这一点并不新鲜。但在本文中，作者为这个"老配方"添加了两种新的成分。首先，作者从微观上分析了财产与合同相互作用的一个特殊实例，为"程式化"的故事骨架增添了一些血肉。其次，本文描述了合同外扩的更广泛的影响，描述了新的缔约可能性如何促成了新的组织形式，

---

❶ 参见 Sandburg（1989）。其中描述了战略联盟引发的众多争端。

❷ 财产通常被认为是国家赋予的一个权利束。这是本文所遵循的基本观念。但还需要补充一点：作者将对产权和涉及产权的交易技术的意识的加强，视同国家赋予的一组权利的扩张。换言之，如果人们和公司第一次意识到可交易资产可以成为产权的主题，或者，如果它们在如何运用这些权利方面变得越来越娴熟，那么这跟国家通过立法或法院判决澄清或加强权利的效果是一样的。这一过程是由关于私人行动者如何将产权与合同相结合以扩大组织选择的信息扩散所驱动的。

以及这些形式甚至可能会进一步改变产业格局的关键特征，如产业结构（一个产业中企业的数量和规模分布）。在此过程中，本文（尽管是初步地，而且肯定是试探性地）建议在财产和合同的基本构成要件与诸如"公司边界"、组织形式选择和产业结构等更大范围的问题之间建立起联系。

本文提出了一个简单的理论来解释知识产权如何影响交易。第二部分采用经济学家们在过去十年中发展出的"新"产权方法，解释了知识产权最好被视为是对无形资产剩余所有权的请求。这为（更）有效率的事前投资创造了条件，在此，投入品供应商必须在与投入品买方进行交易之前就进行关系特定型投资。第二部分以生物技术行业的一个例子说明了这些理论在现实世界中的相关性。第三部分提供了两种经验性论据：阿南德和康纳（Anand & Khanna, 1997）最近一篇论文中的数据显示，知识产权许可的数量和各行业的产权强度之间存在紧密联系；以及对化工和医药制造业中强大的化学中间体部门的崛起的简要说明，这是以专利密集型投入品供应关系为特征的一个行业案例研究。第四部分对讨论进行了概括，指出更强的知识产权实际上可以诱发更有价值的资产创造。这种从产权规范到基础资产价值的"反馈"效应，代表了对现在占主导地位的"朴素"（Naive）产权规范模型的根本性修正，这与哈罗德·德姆塞茨的早期工作密切相关。第五部分为本文结论。

二、"新"产权方法

自20世纪70年代以来，诺贝尔奖获得者道格拉斯·诺思等学者已经意识到被良好界定的产权具有重要的经济功能。❶ 这些文献引发了许多有趣的思考以及一些可验证的假设（我们将在第四部分讨论产权的"朴素"的产权理论）。同时，关于产权的早期文献的确存在缺乏精确性的问题。其告诉人们有效的权利辅之以私人秩序的重要性，但并没有解释一些令人感兴趣的细节，特别是缺少对产权与合同相互作用的微观分析。

20世纪80年代出现了一种新的尝试，试图更严格地界定这些问题。这种方法从相关经济学派的两个关键假设开始：①不完全合同的概念；②关于产权的所有具有控制资产"剩余"使用功能的观念。"新"产权方法的主要倡导者奥利弗·哈特对第二个概念"剩余控制权"的重要性解释如下：

---

❶ 一般性概述参见 North（1990）。

鉴于合同不会规定每一种情形下资产使用的所有方面，谁有权决定被遗漏的使用？根据产权方法，拥有这一权利的是相关资产的所有者。也就是说，资产的所有者对该资产拥有剩余控制权：有权决定该资产的任何与在先合同、习惯或法律不一致的使用。事实上，对剩余控制权的占有几乎被认为是所有权的定义。❶

剩余控制权或所有权之所以重要，是因为第二个关键假设：合同是不完全的。无论在世界上哪个国家，都不可能写出一份合同来界定在所有可能情况下由哪一方拥有权利。❷ 这本身看起来很直观。法律学者们已经注意到产权作为"现成合同"（off the shelf contracts）的意义，即可以在没有肯定性合同（或法律上的"私有性"）的情况下规制法律关系（Merges，1997）。知识产权法的细节体现了这种控制剩余使用的核心思想。例如，当被许可人的行为哪怕稍有超出许可范围时，他们就侵犯了知识产权，默认由知识产权所有者控制剩余使用。对剩余使用的控制也体现在违反知识产权的救济上，即在被许可人违反时，几乎是自动发出禁令。❸

---

❶ Hart（1995：30）。

❷ 哈罗德·德姆塞茨是产权经济学的先驱之一，他批评了新产权方法中采用的不完全合同假设。参见：DEMSETZ H. Book review of oliver hart，firms，contracts，and financial structure［J］. Journal of political economy，1998，106（2）：446. 德姆塞茨认为，尽管不可能在合同中明确规定所有的意外情况，但要写一份合同来保护财产的特定（或"非剩余"）使用不被未经周密考虑的、未来的意外状况（"剩余"使用）所破坏，也不是不可能。因此，德姆塞茨质疑"新"产权文献中的假设，即所有权等同于对不特定的剩余物的控制。德姆塞茨的批评在现实世界中有一些支持。生物技术许可协议包含对专利权所有权许多方面的细致解析，这在某些方面符合德姆塞茨的声明（Demsetz，1998：450）："当不同的当事人在同一资产中拥有不同的权利时，最好说甲方拥有该资产的某些权利，乙方拥有其他的一些权利。"参见：LERNER J，MERGES R P. The control of technology alliances：an empirical analysis of biotechnology industry［J］. The journal of industrial economics，1998，46（2）：134 n. 4. 但同时，法律似乎也确实承认剩余控制权的概念。在知识产权许可和房地产交易等不同领域，有一个古老的规则，即合同中没有明确授予的权利仍然属于该权利的合法所有人。参见，例如 S. O. S.，Inc. v. Payday，Inc.，886 F. 2d 1081，1088（9th Cir. 1989）［"版权许可默认禁止任何未获授权的使用"］。也许更准确的观点是，控制权可以比"新"产权文献通常建议的更为精细（例如在特定条件下简单的一次性交换，而不是所有剩余权利），但即使如此，剩余的、未被规定的使用属于所有者，这一核心观念仍然具有解释力。

❸ 参见，例如 Curtis（1849：240）；Merges（1994）。从许可人的角度来看，这些政策的一个好处是，它们保证了知识产权将保持其作为财产规则赋予的权利的地位，即使在有合同的情况下，也必须以持有人的保留价格向持有人购买。这当然与合同法的正常规则不同：在合同法中，违约方支付损害赔偿金，例如法院规定的赔偿金，而不是收到禁令并且不得不按照非违约方给出的条件进行交易。参见 Schwartz（1979）。对知识产权的这种强有力的财产规则推定的辩护，参见 Merges（1994），其中认为知识产权是一种特殊的资产，其特点是具有难以估价的问题，因此几乎总是应该用财产规则来保护。

剩余的概念仅仅修饰了一个几乎和财产本身一样古老的概念。当然，这确实隐含在授予财产权益与签订合同的基本区分当中（例如，不动产许可与租赁的区分）。因此，新产权方法并没有给我们的法律利益分类学增加任何新的内容。产权方法的重要意义以及本文的结论来自于对产权分配的分析。格罗斯曼等人的文章认识到了控制剩余使用所带来的重要的激励效应。这些文献分析了所有权分配（剩余控制权）所带来的不同激励，特别是在未来与某一特定方发生交易的预期之下进行关系特定型事前投资的激励（Grossman & Hart，1986；Hart & Moore，1990；Hart，1995。以下统称"GHM"）。

因此，"新"产权方法（GHM）强调所有权的激励作用：对一项资产事先进行适当的所有权分配会产生一种激励，即让自己的产出适应买方的需要，供买方将该产出整合到最终产品中并在公开市场上进行销售。这些文献中所指的资产是机器和技术。用于制造最终产品的资产被称为 a1，而用于制造该最终产品的投入品的资产是 a2。有两个管理者（或公司）被称为 M1 和 M2。资产所有权要么是"整体的"（M1 或 M2 同时拥有两项资产），要么是"独立的"（各自拥有一项资产，通常是 M1 拥有 a1，M2 拥有 a2）。这里的核心思想是，适当的所有权结构为资产使用上的投资创造了正确的激励。了解这一点后，双方就会进行科斯式的交易。它们分配所有权以便在投入品交易后实现共同净利润最大化。因此，M1 和 M2 之间可能有两次交易：产权分配发生在作出专门投资前的时间点 T_0，然后在时间点 T_1 对投入品进行交易。当然，如果产权一开始就在适当的（价值最大化的）一方手中，那么在 T_0 就不会发生重新分配。❶

"新"产权模型谨慎地规定，这里的投资并不是对资产本身的投资，人们认为这些投资很容易通过合同来规定。❷ 通常所讨论的是对无形的且难以核实的知识和技能的投资，这些知识和技能使资产 a2 的使用更适应 M1 的需要。这种投资通常被认为是对人力资本的投资。就其性质而言，这些适应性投资是关系特定型的（当 a2 的产出被卖给 M1 而不是在公开市场上出售时价值最高），并且不

---

❶ 当然，这是假设在 T_0，每一方的所有权的收益是已知的，而且双方都有足够的钱来补偿对方的所有权转让。因为拥有资产总是会增加一方的私人收益，为了获得更高的共同产品，"有效率的所有者"将需要对放弃所有权的另一方进行补偿。如果另一方将从所有权中获得更多的收益，这种交易将是值得的；它将从所有权带来的预期收益中补偿对方。当然，这是假设双方在 T_0 时都有足够的现金资源，这个假设在 Aghion & Tirole（1994）的理论中被抛弃了，见本文第二部分第（四）节的讨论。

❷ Aghion & Tirole（1994）是一个例外。这些文献的作者将"研究单位"将要创造的"创新"视为是在 T_1 交易的标的。

可能在可执行的合同中明确规定。因此，以对 a2 所有权的分配代替合同，以便更好地调整 M1 和 M2 的激励。

从技术上讲，在适当情况下，资产所有权增加了所有者将来在出售资产产出的谈判中的"威胁点"。因为根据模型假设，资产所有权会增加所有者未能在时间点 T_1 达成交易的情况下的回报。也就是说，拥有资产的所有者可以赚取比没有所有权时更多的收入。当然，只有相关资产可以被用来制造产品并出售给他人时，例如存在一些"现货"市场时，才会如此。根据标准的谈判模型，所有者－管理者威胁点的提高，降低了所有者－管理者在谈判中必须给予另一方的共同剩余（从交易中产生的"附加值"）的数量。[1] 因此，所有权带来的威胁点的提高，使所有者－管理者能够通过前述"适应性投资"获取更多价值。借用相关文献中的术语，产权在关系特定型投资中起到"专有性机制"的作用（Teece，1986）。如果没有产权来提高一方的威胁点（在没有交易的情况下增加一方的回报），该方只能得到投资所创造的一半价值。按照惯例，合作盈余必须以 50% 对 50% 的比例分配。但有了产权，威胁点就会提高。在适当情况下，一方可以回收其投资较高的部分。因此，产权方法强调所有权作为一种专有性机制的重要性。如果可能，所有权将由双方分配给为了提高一项资产的生产率必须进行资产特定型投资的一方。[2] 如果不存在所有权，或者所有权在结构上分配不当（由于不可转让性、高交易成本或资本约束），一方可能就不会进行必要的

---

[1] 参见 Hart（1995：39，41）。简单来说，每一方都得到它们的威胁点数额加上超过两个威胁点数额的合作剩余的一半。该理论的这一方面最近受到了质疑。参见：CHIU Y S. Noncooperative bargaining, hostages, and optimal asset ownership [J]. American economic review，1998，88（4）：882. Chiu 重新描述了新产权文献中典型例子中的谈判过程，主张一方通过其"外部选择"（与其他方进行交易谈判的替代性行动方案）所能实现的金额，将决定其需要从交易的另一方那里得到的最大补偿。例如，如果 M2 的外部选择的收益高于其在与 M1 的谈判中所能实现的金额，那么这个外部选择的价值将作为 M1 在交易中必须支付的上限。Chiu 认为，不管谁拥有 a1，M1 往往可以通过对人力资本的投资来增加资产 a1 的产出价值，从而使自己的收益最大化。因此，即使 a1 被 M2 拥有，在许多情况下，M1 可以向 M2 支付相当于其外部选择的金额，并且仍然可以通过投资专门针对资产 a1 的人力资本实现正的净收益。这个模型的问题似乎是假设 M2 受外部选择的严格限制。正如哈特所做的那样，假设双方获得威胁点价值加上合作盈余的一半作盈余，这似乎还是比较现实的。换句话说，Chiu 的外部约束的僵化似乎是人为的。德梅萨和洛克伍德提出了一个大致相似的论点（De Meza & Lockwood，1998）。

[2] 所有权在这个意义上是科斯式的：谁在一开始就拥有资产的所有权并不重要，因为如果将所有权分配给一方或另一方会让它们都变得更好（使它们能够实现投资/合作盈余），它们就会这么做。

投资，而本应产生的经济盈余也将无法实现。❶

图 1 表示 M1 与 M2 之间的交易，展示了当两种资产都有产权时的基本交易格局。

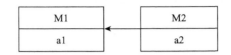

图 1 遵循哈特（1995）理论的基本交易格局

在我们考察产权的缺位将产生何种影响之前，有必要先简单介绍一下 GHM 模型。假设 M2 拥有资产 a2，M2 可以用该资产生产出能在现货市场上出售的投入品，也可以出售给 M1。现货市场的价格随 M2 作出的每一级适应性投资递增。如果 M2 进行高投资，现货市场价格将是 30 美元；进行低投资，价格为 10 美元；不进行任何投资，价格为 0 美元。❷ 相反，如果由 M1 拥有资产 a2，M2 没有资产来生产可供销售的投入品，它在现货市场上将一无所获。假设当 M2 进行高适应性投资时，投入品对 M1 的价值为 100 美元；进行低适应性投资时，价值为 80 美元；而不进行适应性投资时，价值为 60 美元。表 1 总结了在两种所有权制度下，M1 和 M2 在不同投资项下的回报。

表 1 M1 和 M2 在不同投资下的回报   单位：美元

M2 的投资	M1 对资产 a2 的产出的估值	M2 的现货价格（M2 拥有 a2）	M2 的净利润（M1 拥有 a2）
无（0）	60	0	0
低（5）	80	10	−5
高（20）	100	30	−20

❶ 另见：MILGROM P, ROBERTS J. Economics, organization and management [M]. Englewood Cliffs, N. J.：Prentice–Hall，1992：137. "资产的特定性和不完全的合同是劫持问题（hold–up problem）的核心。对这些问题的担心可能会导致效率低下，因为企业担心自己的投资会使自己处于弱势而拒绝进行有效率的投资。"

❷ 这意味着，如果 M2 没有在适应性方面进行任何投资，那么资产 a2 所产生的投入品是完全无用的。在这个意义上，M2 要想从该资产中实现任何价值，就必须在"专业化"方面作出一些努力。此外，文中的陈述假定，无论投入品是卖给 M1 还是在现货市场上销售，适应性投资都会产生一些回报，但如果投入品是卖给 M1 而不是在现货市场上销售，这种投资的"收益"显然更高。在这两种情况下，投资都能获得更高的回报，但当投入品被卖给 M1 时，投资尤其有（共）价值。

GHM 模型揭示了 a2 所有权对各方激励的影响。鉴于 M1 的所有权使 M2 在现货市场上的回报为零，当 M1 拥有资产时，M2 在 T_0 处于弱势谈判地位。准确地说，M2 的威胁点是零。这一点加上双方在 T_0 时不可能就 M2 的投资达成可执行的协议这一假设，意味着 M2 将不会进行任何投资。❶ 如果 M2 进行了投资，M1 可以在 T_1 时的投入品价格谈判中获取大部分投资价值。❷ 另外，如果 M2 拥有资产 a2，它的最佳做法是进行 20 美元的高投资。因为所有权意味着 M2 可以在现货市场上（以 30 美元）出售投入品，所以 M2 会进行高投资。所有权使 M2 的威胁点从 0 美元提高到 30 美元，这使得高投资是值得的［准确地说，M2 的回报将会是 45 美元：它的 30 美元威胁点加上 35 美元（70 美元议价盈余即 30 美元威胁点与 M1 的 100 美元估值之间的议价区间的一半），减去 M2 的 20 美元投资，见图 2］。❸ 简单来说，所有权使 M2 的威胁点上移，创造了一种增加社会福利的适应性投资的激励。❹

图 2 说明了所有权对 M1 威胁点的影响。在这个图中，所有权提高了 M2 的威胁点，这为双方开辟了议价区间。当 M2 有条件为 M1 的目的调整资产 a2 时，交易的内在收益就可以实现了。

---

❶ 这是一个有限的例子。即使 M2 的适应性投资是为了优化专利技术 a2 的产出以满足 M1 的需要，M2 也可能学到一些适用于其他技术的诀窍等。因此，即使 M1 最终拒绝购买 M2 的产出，它也可能实现其生产能力的总体提高。然而，需要注意的是，如果 M1 拥有专利权，M2 的适应性投资的大部分价值就会丧失，因为专利权允许 M1 在大多数情况下阻止 M2 出售专利技术的产出。

❷ 设想一个典型的场景：在采购之前，M1 要求 M2 提供产品规格或投入品的原型。M2 必须满足此要求，以便 M1 可以确定投入品的品质，也可以确保它可以很容易地被整合到 M1 的最终产品中。但是，如果为 M1 的需要而修改的投入品可以很容易地被通过反向工程生产，M2 的适应性投资就会有很大风险。在法律上，M2 将不得不依靠商业秘密来保护投入品，这比专利所提供的正式产权保护要弱得多。

❸ 如果 M2 进行低投资，它将只赚 40 美元：它的 10 美元威胁点，加上一半的谈判盈余［10 美元到 80 美元（M1 在低投资时的估价），减去 M2 的 5 美元适应性投资］。

❹ 如前所述，所有权是科斯式的。文中的例子假设 M2 在交易开始时拥有 a2。但是，即使 M1 拥有 a2，M1 也会意识到，在 M2 手中的所有权是促使 M2 进行先期投资从而在后期进行双方共同盈利的交易的唯一途径。因此，M1 将把 a2 的所有权转让给 M2。当然，M2 将不得不为这一转让付费，价格将是 10 美元，即 M2 拥有 a2 时相比于 M1 拥有 a2 时创造的额外共同剩余 20 美元（80 美元相比 60 美元）的一半（感谢奥利弗·哈特指出这一点）。如果 M2 无法获得购买 a2 所需的现金会发生什么问题，将在本文第二部分第（四）节讨论。

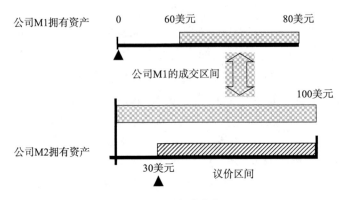

图2 所有权改变威胁点（▲）

（一）产权缺位的影响

一个符合 GHM 文献精神的简单例子将说明基本观点。与 GHM 文献不同的是，在这个例子中，资产 a2 并不是机器等有形资产。相反，它是一种无形的生产技术：一个工艺或配方。同样，与通常的 GHM 例子不同的是，这个工艺不受明确的、受到尊重的产权的保护。因此，我们可以按如下方式（见图3）归纳 M1 与 M2 之间的交易。

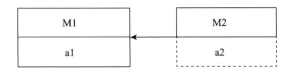

图3 a2 产权缺位时 M1 与 M2 之间的交易方式

在图 3 中，用于生产最终产品的资产 a1 受到传统所有权的保护，就像在正常的 GHM 模型中一样。但 a2 的情况则不同。这项资产被用来生产 M1 将在 T_1 使用的投入品。但 a2 的产权是不存在或不明确的，正如它周围的虚线所表示的那样。

作为资产，a2 的工艺可以被调整，使其产出特别适合组装最终产品。事实上，至少在某种程度上，工艺必须适应买方的需要，这样该工艺所产生的产品才有某种价值［如果这个假设看起来太强，参见下一节对基因泰克（Genen-tech）与阿尔凯默斯（Alkermes）许可协议的讨论，这是此类交易的一个范例］。

因此，a2 的产出在其未被修改的形式下没有现货市场。❶

要实现 a2 的价值，就需要 M2 和潜在买方如 M1 之间进行信息交换。在这个交换过程中，双方都会了解到有关对方生产技术的很多细节。因此，M1 了解 M2 的工艺细节是 M2 适应性投资的前提。如果 M2 没有正式的产权，它唯一的办法就是试图通过合同将工艺 a2 作为商业秘密来保护。在与 M1 的协议中，M2 将说明它认为哪些信息是机密的和专有的。M2 将要求 M1 承诺在协议期间不使用或公开这些信息，并将此协议扩大到 M1 的第三方顾问、供应商和其他方。每一个条款都会经历漫长的谈判，双方将尽可能多地预测意外状况。最后，该协议可能会也可能不会完全保护 M2 的资产 a2 免于被披露。商业秘密法虽有用，但在很多情况下"漏洞百出"。

请注意，这些假设让 M2 的情况有点不稳定。它必须使其技术适应客户需求。然而，当它这样做时，就可能失去事实上的独占性。在传统 GHM 模型中，资产 a2 是一种有形资产，如一台机器。所有权至少隐含地等同于将资产置于其占有之下。当然，一方的占有意味着排除另一方。这就是为什么资产所有权有其作用——提高所有者在没有与其他公司达成交易的情况下的回报。但是，若 a2 是一种无形资产，如技术或工艺，在没有产权的情况下，不可能有这种铁定的排他性。资产 a2 的剩余控制权不能在各方之间转让，❷ 所以资产所有权不能像 GHM 模型那样被用来调整激励机制。换句话说，在没有产权的情况下，部署 a2 资产就有失去对它的独占权的风险。

然而，这并不一定意味着不会有人在一开始就有动力去开发 a2。也许通过将 a2 的产品整合到其最终产品中，M1 可以占有足够多的开发 a2 的成本，使其变得物有所值。这是一个用互补性资产作为"专有性机制"的例子，这个概念由大卫·蒂斯（1986）提出。其他学者进一步发展了这一主题。例如，他们认为在一个特定行业中，专有性条件和技术因素的结合决定了哪些公司可能产生

---

❶　由于资产 a2 的产出可以在调整后让 M1 以外的公司使用，a2 与 a1 并不是严格意义上的互补品，因此，不能说这种情况要求对 a1 和 a2 整体享有所有权。

❷　当事人可以尝试通过合同转让等同于 a2 的剩余控制权，但试图通过合同重建本来可以由所有权来赋予的剩余权利需要付出额外的费用。而且，由于各方能在合同中写入多少意外情况是有一定限制的，因此它永远不可能分配全部的剩余控制权。这一概念来自有关不完全合同的文献，它以一种新颖的方式解释了众所周知的专利权相比商业秘密法的优越性。专利法作为一种产权制度，提供了真正的剩余控制（例如用法规 35 U. S. C. § 154 的语言来说，提供了一个牢固的"排除他人的权利"）。而商业秘密法主要是一种契约的产物，它依赖于各方的协议来阐明它们各自的权利，而没有剩余的概念。

创新（Hippel，1988）。❶ 按照专有性文献的说法，M2 作为一个独立公司的生存能力可能会面临挑战。如此一来，M2 的唯一选择就是作为受雇方加入 M1 或开发另一种资产。

在第一种情况下，M1（以及整个社会）的情况可能会更差。M2 一开始可能没有动力去开发资产以适应 M1 的生产技术。M1 作为一个雇主可能无法提供市场交易的"高能激励"（Williamson，1985）。因此，M2 作为一个受雇方可能也不会那么努力工作。在这种情况下，M1 失去了 M2 本来可以在交易中创造的价值。

如果我们在这个场景中引入产权，M2 的行为就会有所不同。首先，假设在 T_0 之前，M2 还不是一个独立的公司，那么它会成立一个独立的公司来利用资产 a2。其次，在某些情况下它还会进行适应性投资，使资产对特定客户 M1 的产出价值最大化。从产权文献的角度来看，第一种影响是新颖的，而后者则广为人知。

为了理解第一种影响，应考虑到对 a2 的产权让这种资产的产出可能有市场。鉴于对技术性质的假设，对 a2 的产权是交易的前提条件。它们使 a2 能够在涉及 a2 产出的市场交易中实现其价值。如果产权缺位，部署一项无形资产就有可能失去对它的独家控制权。

重要的是要看到产权使 M2 能够在时间点 T_0 与 M1 进行谈判，这不仅是因为 a2 受到保护而不会被 M1 侵占，而且还因为在 M2 被迫（因 M1 在时间点 T_1 拒绝交易）为另一个买家部署 a2 的情况下，它也同样会受到保护。从 GHM 的角度来看，产权不仅使 M1 和 M2 有可能在 T_0 时进行谈判，它们还创造了一个资产 a2 产出的现货市场。诚然，由于无形资产的性质，这个现货市场与标准的 GHM 模型中的市场有些不同。M2 必须至少在一定程度上改造 a2，使其产出对买方有用。这就是为什么 a2 的产权很重要。如果没有产权，在改造 a2 之前需要披露 a2，这会带来可能失去对 a2 的独家控制权的风险。通过这种方式，在与特定买方（例如 M1）的预先安排的交易落空的情况下，为工艺 a2 的产权提供了一条退路。

因此，a2 的产权创造了交易的前提条件。它们还具有诱导 M2 的最优适应性投资的作用。一旦建立了对无形资产的产权，标准的 GHM 结果就会出现：使共同剩余最大化的关系特定型投资。产权允许为 a2 的产出找到现货市场。a2 的所有者的这一后备选择为 T_0 时的谈判创造了威胁点。接下来就是熟悉的 GHM 结

---

❶ 请注意，这些文献把一个行业中的产权作为若干固定的"背景"条件之一，并分析企业如何根据这些条件制定专有性战略。在本文中，笔者将注意力转移到产权强度上，将其作为一个可以改变并对可行的公司战略产生相应影响的变量。

果：各方在时间点 T_0 分配所有权以鼓励最优的适应性投资，从而在 T_1 时实现共同剩余最大化。换句话说，有了产权，各方在一开始就有了可分配的东西，使它们的激励机制保持一致。

在 M2 对 a2 的适应性投资增加了大部分价值的情况下，产权的建立是有社会价值的。它允许 M2 成为一个独立的公司。因此，在这种情况下，产权和企业边界之间存在着一种联系。事实上，如果在一个特定的行业中出现了一些像 M2 这样的公司，那么，产权的建立也会对产业结构产生影响。

（二）一个真实案例

为了提供一些真实的背景，我们将深入讨论知识产权密集型行业的一个代表性合作：世界上最大的生物技术公司基因泰克和一家专注于复杂药物给药技术的小型公司阿尔凯默斯之间的联合开发协议。❶

基因泰克与阿尔凯默斯交易的基本结构遵循 GHM 文献的逻辑。该交易有两个阶段。①阿尔凯默斯对其专业化的给药技术（被称为微囊化）进行调整，以适配基因泰克的治疗产品，该产品是一种天然蛋白质的基因工程形式，被称为人类生长激素（HGH）；②阿尔凯默斯为基因泰克生产该产品并以事先约定的价格出售，然后由基因泰克进行营销和分销。❷ 这是生物技术中常见的交易结构，

---

❶ License Agreement Between Alkermes Controlled Therapeutics, Inc. and Genentech, Inc.（以下简称"Genentech – Alkermes License"），于 1996 年 11 月 13 日生效，作为美国证券交易委员会表格 8 – K 的附件 10.3，由阿尔凯默斯于 1996 年 11 月 14 日提交，可在 SEC EDGAR 数据库（www. sec. gov/edaux/formlynx. htm）获得。

❷ Genentech – Alkermes License, §6:"基因泰克同意，对将由基因泰克销售的被许可产品投入可与基因泰克销售的其他具有类似商业潜力的产品可比的、尽职的销售和营销努力。"该协议和生物技术领域的类似协议的结构也与最近增加的 GHM 文献相一致，这些文献强调了期权合同在促进投资激励方面的作用，在此代理人必须在将项目移交给委托人进行最终营销之前先对该项目进行投资。参见：NOLDEKE G, SCHMIDT K M. Sequential investments and options to own［J］. Rand journal of economics, 1998, 29 (4): 633 – 653; EDLIN A S, HERMALIN B E. Contract renegotiation and options in agency problems［EB/OL］. (1998 – 12 – 26)［2022 – 10 – 13］. http://dx. doi. org/10. 2139/ssrn. 142788. 两篇论文都提出了委托人模型：委托人通过适当定价的期权合约诱导代理人进行有效率的投资。Noldeke 和 Schmidt 只强调了初始价格并假设基本上不会对期权进行重新谈判。而 Edlin 和 Hermalin 则表明：即使对期权进行重新谈判，在一种重要的情况，即当代理人的投资提高了其威胁点时，代理人仍然会进行有效率的投资。当投资提高了代理人在未能与委托人成功交易的情况下的报酬值时，就会出现这种情况。可以说，这种分析在一般情况下适用于阿尔凯默斯与基因泰克许可协议。协议中对微囊化人类生长激素的销售有一个预先约定的价格（Genentech – Alkermes License, §5.1），而基因泰克广泛的终止权实际上使其拥有不行使选择权的权利（Genentech – Alkermes License, §9）。但是，与本文的主题一致，真正的重点是阿尔凯默斯的回报只有在对微囊化生产技术拥有合法权利（强大的专利权）的情况下才有保障。如果没有独家所有权，基因泰克可以终止合作并使用阿尔凯默斯的技术自己生产人类生长激素。因此，本文作者在这里的论点是再次放宽这个产权相关文献的一个关键假设。正如 Edlin 和 Hermalin 所言："在此……效率决定了所有权控制最后总是会落入委托人手中"（Edlin & Hermalin, 1998: 4 n.6）。本文作者要讨论的主题是一开始就赋予或加强所有权的效果，以及这对各方构建这类交易的能力之影响。

源于企业希望进行联合研发，但在可能的情况下仍然控制生产。人类生长激素（HGH）用于生长激素分泌不足的患者。双方在协议中开发的特殊应用涉及小儿生长激素缺乏症，即面向儿童。

阿尔凯默斯是从事先进给药技术研究的众多公司之一。其产品有些是广为人知的，比如现在常见的用于输送尼古丁和硝酸甘油的透皮贴片。其他的则较为小众。例如，阿尔凯默斯已经开发出一种将活性成分涂在非常薄的聚合物胶囊中的方法。这种胶囊是用能够在人体中逐渐分解的材料制成的。与传统的封装技术（例如"康泰克"感冒药中的"成千上万的小胶囊"）不同，阿尔凯默斯生产的胶囊要小得多，可以用在传统封装形式下效果不佳的成分上。

首先必须认识到，基因泰克不自己开发先进的给药系统并没有什么硬性的理由。新型药物给药媒介需要复杂的制造工艺并非什么障碍。基因泰克已经掌握了与其许多生物技术产品相关的复杂的制造技术。同样，给药业务的高研发强度也不是障碍，基因泰克追求的研发深度和广度在生物技术行业是无与伦比的。而且没有任何法律或监管障碍阻止基因泰克从事这一业务。显然，这是一个典型的"自制或购买"决策。阿尔凯默斯是一家小型独立公司，这一点吸引了基因泰克向其采购。

与之合作的不只有基因泰克。阿尔凯默斯的商业模式是开发目前最为成功的药品的微囊化版本。它与拥有药品权利的大型制药公司紧密合作，与先灵葆雅、强生，当然还有基因泰克等都有交易。制药公司达成这些交易是为了获得阿尔凯默斯的专利给药技术，这种技术使药物更易于服用，并在某些情况下开辟了使用传统给药技术难以匹及的新的细分市场。❶

正如这里发展的理论所预测的那样，阿尔凯默斯是典型的"专利密集型"企业。如果要与这些有能力学会微囊化技术并在该领域与之竞争的大型的、技术娴熟的公司成为成功的商业伙伴，这一点至关重要。这解释了为什么阿尔凯默斯拥有多项专利，涵盖以下三类技术：①微囊化工艺；②构成涂料的新型聚合物和制剂；③根据合作协议交付的药物的微胶囊制剂。❷

---

❶ 参见，例如：WELCH M. Genentech, Alkermes report positive growth hormone data［N］. BioWorld, 1998 – 10 – 23. 其中提道："两家公司都很可能会择时开始进行成人生长激素悬浮注射剂的临床试验。"阿尔凯默斯的首席执行官理德·F. 波普斯说："对于成人来说，这并不是试图增加体重的问题，而是生长激素缺乏症有其他表现……有很多成年人不会服用生长激素，因为他们不想每天服用。"

❷ 截至1998年，阿尔凯默斯拥有35项美国专利、许多国外对应专利以及更多专利申请。参见 Alkermes, Inc., SEC Form 10 – K（March 31, 1998），可在 www. sec. gov/edaux/formlynx. htm 上获得，第19页。

虽然它的所有专利都有一个实用目的，但第三类专利值得仔细研究。阿尔凯默斯拥有一些生物技术行业最畅销的治疗产品的微囊化版本专利，如基因泰克的人类生长激素和先灵葆雅的阿尔法干扰素❶。当仔细观察阿尔凯默斯的研究合作协议时，我们可以发现阿尔凯默斯对这些专利的所有权表明，实践中的生物技术协议结构与 GHM 理论预测之间存在着不完美但有趣的契合。

例如阿尔凯默斯与基因泰克的许可协议具有大多数此类交易的标准的两阶段结构，即先由阿尔凯默斯进行研发，随后生产并向基因泰克销售产品❷。有趣并且从 GHM 和不完全合同的一般理论角度来看可以预期的是，阿尔凯默斯需要进行大量投资，使其技术适配基因泰克的产品，并建立制造产品所需的生产流程。这一点从许可协议中可以看出：该协议考虑到了"阿尔凯默斯技术诀窍"的创造，在协议第 2.1 条将其定义为"数据……、知识、发现、……规格、……方法、工艺和技术"。❸ 尽管有这样的承诺，基因泰克拥有广泛的单方终止权：基本上，在阿尔凯默斯开始商业生产之前的任何时间，出于任何原因，随时可以终止；在商业生产后通过提前六个月的通知，随时都可以终止。基因泰克拥有广泛的权力来决定阿尔凯默斯是否履行了义务，生产出了符合基因泰克标准的商业级产品。

对阿尔凯默斯来说，这种安排显然有很大的风险。它很可能投资数百万美元用于研发和扩大规模以满足基因泰克的预期需求，然后看到整个交易几乎没有获得回报就被终止了。许可协议在这方面非常明确 [§ 4.3 (A)]：

---

❶ 参见，例如：Johnson 等人发明的 US5，667，808 号美国专利"Composition for sustained release of human growth hormone"（1997 年 9 月 16 日授权，已转让给阿尔凯默斯）；US5，674，534 号美国专利"Composition for sustained release of non–aggregated erythropoietin"（与强生合作开发，参见 Licensing Agreement，Exhibit 10.2，Alkermes SEC Form 8–K，1996 年 11 月 14 日，可在 www. sec. gov/edaux/formlynx. htm 上获得）。与先灵葆雅合作开发的微胶囊 α 干扰素也获得了类似的专利。参见 Alkermes, Inc. , SEC Form 10–K（1998 年 3 月 3 日，可在 www. sec. gov/edaux/formlynx. htm 上获得）。

❷ 许可协议已被业内媒体如此描述。参见 1996 年 3 月 1 日 BioVenture View 登载的文章"Genentech, Inc. : When Put Comes to Call"（方括号部分由作者标明）："近日 [基因泰克] 与阿尔凯默斯签订了一份可注射缓释制剂研发协议。阿尔凯默斯将对阿尔凯默斯和基因泰克将要共同开发的配方进行第一阶段临床试验。"

❸ 该协议规定了预付特许权使用费和基因泰克提供的小额贷款，但没有将其定性为开发技术诀窍（knowhow）的付款，因此很难核实特定资金是否被用于开发技术诀窍，或无论如何都很难评估技术诀窍的质量。不出所料，阿尔凯默斯在协议期内向基因泰克授予该专有技术的使用许可，但这种信息很少以"编码"的形式存在，因此很难监督或转让。许可协议的这一内容在合同终止后不再有效，这意味着无论是否向基因泰克销售产品，阿尔凯默斯都可以自由使用和调整其开发的专有技术。

阿尔凯默斯应负责并尽其商业上的合理努力，根据临床和商业要求扩大生产许可产品的流程（除非基因泰克根据第 5 条生产商业许可产品），前提是基因泰克提供足够数量的人类生长激素（由基因泰克承担费用）使阿尔凯默斯能够开展生产工作。附件 C 列出了为治疗小儿［生长激素缺乏症］的临床和商业用途而扩大许可产品的制造流程所需的预期时间表、要求和成本。基因泰克不应负责阿尔凯默斯设施的任何资本成本，除非附件另有规定或经［两家公司根据协议成立的联合开发委员会］批准。❶

那么阿尔凯默斯有什么保障呢？其中一个重要的保障是对能够生产基因泰克想要的微囊化药物的资产的所有权。虽然这些资产是有形的，但很明显，如果基因泰克愿意，它可以复制生产过程（事实上，如果认为阿尔凯默斯的努力不尽如人意，它有权接管生产，而且它拥有世界一流的生产设施从而可以这样做）。

总之，剩下的就是专利。阿尔凯默斯现在已经获得了 2 项基因泰克 HGH34 微囊化形式的专利❷，这意味着基因泰克不能在未与阿尔凯默斯达成协议的情况下生产这种药物制剂。而这最终是阿尔凯默斯在合作协议下的真正保障。基因泰克显然也没有忽略这一点：合作协议明确允许阿尔凯默斯保留它自己开发的专利的所有权，甚至是那些与基因泰克的技术有关的专利。虽然根据协议，共同开发的发明是共有的，但这些发明仅限于专利的一个或多个发明人分别为两家公司工作的情况。自合作开始以来，阿尔凯默斯已经获得了 2 项与人类生长激素有关的专利，该公司被列为唯一所有人，且迄今未见向基因泰克转让或许可。

这些专利在交易中起到了什么作用？一般来说，如果基因泰克不继续履行

---

❶ Genentech – Alkermes License，§ 4.3（A）. 在美国证券交易委员会备案的协议对这些条款进行了删减。然而，"不出资"条款的这些例外情况不太可能是重要的，原因有二。第一，一个价值巨大的项目不可能被放在协议附录中，很可能是经过艰难的谈判被纳入到合同的主体部分。第二，基因泰克的大额捐款必须计入阿尔凯默斯的账簿，并按照美国证券法作为"重大"事项进行报告。然而，在相关的财务报表中没有出现这样的项目。

❷ 参见 1996 年 9 月 26 日的 Alkermes Press Release，可在 www. alkermes. com 上获得。"阿尔凯默斯正在建立与 ProLease 和 Medisorb© 给药系统有关的专利和专利申请的资产池，"阿尔凯默斯的首席执行官理查德·F. 波普斯说，"这个［人类生长激素］专利是在我们的 ProLease 人类生长激素项目中开发的知识产权的一个重要组成部分。"

协议的话，它们为阿尔凯默斯提供了一个退路。虽然这些专利显示阿尔凯默斯的微囊化技术是为基因泰克的特定人类生长激素优化的，但它们也表明阿尔凯默斯并不严格要求基因泰克的人类生长激素将其自身的微囊化药物商业化。❶ 这是因为虽然基因泰克的重组版人类生长激素无疑是该药物的最大销售制剂，但它不是唯一的形式。毕竟，人类生长激素是一种天然存在的激素。阿尔凯默斯可以在自己的专利下，将其微囊化技术应用于公开的天然激素。❷ 许可协议阻止基因泰克在协议终止后使用阿尔凯默斯的技术。❸ 因此，如果阿尔凯默斯推出非基因泰克的微囊化人类生长激素产品，阿尔凯默斯将是市场上唯一拥有这种产品的卖方。这显然不如销售基因泰克的版本那样有利可图，因为其凭借卓越的功能在市场上占据了主导地位。❹ （如果有利可图，就不会有交易收益，双方当初就不会达成交易。）除了较低的功能性，阿尔凯默斯的人类生长激素产品还将不得不获得美国食品药品管理局（FDA）的批准才能上市。这也会增加大量成本。不过，通过拥有人类生长激素的微囊化专利，销售自己的非重组版人类生长激素是阿尔凯默斯的一个选择。

因此，阿尔凯默斯的人类生长激素微囊化专利与 GHM 模型中描述的生产性资产相当类似。拥有这些专利为阿尔凯默斯提供了更有利可图的"外部选择权"。如果基因泰克没有履行最初的协议，拒绝购买阿尔凯默斯根据合同生产的特殊配方的人类生长激素，它可能会使用这些"外部选择权"。拥有专利权的阿尔凯默斯至少可以因投资使其技术适应基因泰克的产品而获得一些回报。阿尔凯默斯与基因泰克的协议条款允许阿尔凯默斯对其自身与人类生长激素相关的发明拥有所有权，甚至规定："本条……应在本协议终止或期满后继续有效。"

有人可能会假设，基因泰克也明白这一点，并允许阿尔凯默斯拥有这些专

---

❶ 参见 Johnson 等人发明的 US5，654，010 号美国专利"Composition for sustained release of human growth hormone"（1997 年 8 月 5 日授权，已转让给阿尔凯默斯）。其中实施例 1："本实施例使用了人类生长激素（HGH），其 DNA 序列由授予 Goeddel 等（并转让给基因泰克）的 US4，898，830 号美国专利所描述。"

❷ 同上注，到处都提到了"生物活性 HGH"；另见上注实施例 2～7，并没有提到使用了特定的人类生长激素，因此并不限于基因泰克重组版本。

❸ Genentech – Alkermes License，§ 1.3（"阿尔凯默斯专利"的定义包括事后取得的关于蛋白质微囊化的专利）、§ 2.1（A）（向基因泰克授予许可使用权）以及 § 9（终止：许可在终止后不再存续）。

❹ 基因泰克当前与人类生长激素产品相关的销售额每年超过 5000 万美元。参见 Welch（1998）。

利，以此作为诱使阿尔凯默斯投资使其技术适应 人类生长激素 的一种方式。❶

（三）GHM 模型的限制

无疑，GHM 模型的范围有些狭窄，而且根据其本身的条件，不同的假设并不健全。例如，前面给出的数值示例就相当依赖具体数值的选择。正如这个例子所显示的，GHM 模型只是假设 M2 的投资有一定程度的特殊性。这在模型中的表现如下：M2 的投资大大增加了 M1 的投入品的边际价值，但也稍微增加了其现货市场价值。因此，这些模型的关键支点是：公司特定型投资（M2 与 M1）和现货市场销售的各自投资回报之间的关系。

此外，GHM 模型在某个时刻放弃了不可竞争性假设。请注意，双方事先达成的对 T_1 时交易产生的盈余进行分配的协议被假定为是完全可执行的。换句话说，在这个交易中不存在机会主义。❷ 就好像威廉姆森（Williamson，1985）所提到的"根本性转换"从未发生过一样。事实上，这样的假设似乎与大部分"自制或购买"文献完全相反。

经济学文献正在持续地解决这些缺陷。毋庸置疑的是，GHM 理论的"第二代"扩展将努力克服这些缺陷。特别是最近对期权合同作为所有权替代品的讨论，将对产权方法的基本前提提出挑战。❸

然而，即使是早期的 GHM 模型也揭示了一种既强大又大体准确的直觉。在具体的 GHM 模型的严密假设背后，是"所有权"（产权）至关重要这一基本命题。它对商业交易者很重要——他们依靠"现成的"产权来构建经济交易。这对考虑进行此类交易的公司来说很重要（如后面第三部分所述），这些公司花费大量资金来获取知识产权，至少有一部分是为了在未来的交易中使用这些知识产权。这对律师来说很重要——他们依靠 GHM 所说的剩余权利来支持和增加合同条款。这对法院和立法者来说很重要（或者说应该很重要）——他们应该努力理解重新规定产权的广泛的商业影响，例如，近年来知识产权的显著加强。最后，这对法院和法律观察者来说很重要——他们一直在指出签订合同和转让产权之间的根本区别。

---

❶ Genentech – Alkermes License，§ 10.1：各方承认，任何一方在该协议期内均可以独立地且分别地进行与人类生长激素、人类生长激素给药系统、蛋白质聚合物给药载体封装有关或其他与该协议范围有关的发明。

❷ 这与 Edlin 和 Hermalin（1998）的主要观点有关。

❸ 参见，例如 Noldeke & Schmidt（1998），他们证明在 GHM 模型相同假设之下，对一个公司的状态依存所有权（contingent ownership）可以诱致有效率的序列投资。

归根结底，GHM 文献中什么是有用和有价值的，与其说是它给出的具体答案，不如说是它首先提出的问题：产权和合同之间是什么关系？产权的可用性是如何影响所谓的"可行的合同集"的？产权界定的变化❶如何影响公平交易的可能性、独立公司的生存能力，甚至专业化？这些都是作者感兴趣的问题，而至少 GHM 模型可以解决这些问题。

（四）资源约束

在继续探讨经验性证据之前，重要的是要研究当我们从 GHM 文献中消除一个关键假设时会发生什么。在 GHM 中，并不存在资源约束。也就是说，M1 和 M2 都有足够的资源，它们不会受到谈判能力等问题的影响。然而，在遵循M1－M2 交易逻辑的最重要的现实世界案例中，最近的经验研究令人信服地表明这并不准确。乔希·勒纳和作者分析了生物技术行业在 1980～1995 年签订的 200 项专利许可协议（Lerner & Merges，1998）。这些协议是该行业的典型例子——一个小公司的研究部门向一个大公司（通常是一家制药公司）授权技术。我们将所有权问题分解为 25 个细项控制权系列，这些控制权通常由这些协议分配，范围包括专利所有权、制造权和营销区域。我们的结论是，对分配给生物技术公司的控制权数量的最佳预测因素，并不是像 GHM 模型所预测的那样是生物技术公司投资的重要性（由生物技术公司的技术发展阶段和现有技术基础的复杂性来代表）；相反，最好的预测因素是生物技术公司在签署协议时的财务状况（Lerner & Merges，1998：147）。当该公司的外部融资前景光明时，即首次公开募股和风险资本投资市场景气时，生物技术公司就会保留更多的控制权；当财务状况相对暗淡时，制药公司或被许可方获得更多的控制权。

这些结果与阿吉翁和梯若尔的理论研究结果一致（Aghion & Tirole，1994）。他们将一个"财富约束"纳入了 GHM 模型，并证明了产权在研究单位和"客户"（被许可人）之间的有效分配不会总是发生。他们发现，即使让研究单位享有对"创新"的所有权将创造有利的激励，各方也可能无法这样做。一个现金短缺的研究单位不能为放弃资产所有权主张的被许可人进行事先补偿。这个结果类似于作者之前在描述没有所有权的影响时提出的分析。在某些情况下，最明显的是当被许可人拥有默认的所有权时，不会发生使共同利润最大化的分配，社会收益也无法实现。

---

❶ 请注意，关于经济交换和治理讨论得最彻底的理论化文献应该是威廉姆森的交易成本经济学，通常选择"假定这些背景条件（包括产权）是恒定的"。参见 Williamson（1996：222）。

为了正确理解这些研究结果，有两点评论是必要的。首先，勒纳和作者的研究对一些"控制权"进行了归纳，以获得对生物技术许可协议中责任和利益分配的总体认识。这些权利中的许多权利与 GHM 文献中的"剩余权利"概念关系不大。仔细研究一下与剩余（所有权）主张相当接近的"控制权"子集会发现不同的情况。在所调查的协议中，只有6%的生物技术公司将其"核心技术"的所有权转让给了被许可人（Lerner & Merges，1998：143）。核心技术被定义为在签订许可协议之前属于生物技术公司的技术资产。这意味着生物技术公司保留了对其最重要的资产的所有权。这些资产对于生物技术公司在与被许可人的特定关系之外获取利润的能力无疑是至关重要的。❶ 因此，核心技术所有权的分配符合 GHM 框架。这种安排提高了生物技术公司在投入品交易中的威胁点，因此促使其对那些在被许可公司手中将会优化投入品的某些不可观察的品质进行适当的投资。

其次，被许可人的股权投资至少在某种程度上可以减轻研究公司财务资源不足的不利影响。思路如下：投资意味着被许可人不仅要关注 T_1 交易发生时的短期利润，如采购使用相关资产制造的投入品，而且要关注研究公司的长期前景。换句话说，当资产所有权的有效分配由于资本的限制而不可能时，股权投资可能会调整激励机制。在这方面值得注意的是，许多生物技术许可协议至少涉及一些股权安排（Lerner & Merges，1998：143）。例如，在我们所研究的许可协议中，51%的协议规定在协议签订时直接购买股权，21%的协议规定被许可人在生物技术公司的董事会中至少有一个席位。

因此，在最后的分析中，由阿吉翁和梯若尔建模并由勒纳和作者证实的资本约束似乎并没有从根本上削弱 GHM 框架的基本预测。

三、经验性支撑

这里的想法与大卫·蒂斯（Teece，1986）和其他人（例如，Gemser & Wijnberg，1995）所主张的专有性概念有关。蒂斯对各种"专有性机制"进行了分类，这些条件制约着一个公司如何收回研发费用。蒂斯认为，在产权薄弱的地

---

❶ 然而，许可权人经常对合作产生的某些专利至少保留部分所有权。Lerner & Merges（1998：143）：72%的协议规定被许可人对产生的专利至少享有部分所有权。这与 GHM 模型的情况不太一样。如果这些专利被视为合作产出（的一部分），而不是其自身的生产性资产（a1 和 a2），那么这一规定是合理的。这不过是一个规定，即实际上被许可人可以使用根据协议提供的投入，而不必担心在未来协议失效或被终止时的专利侵权责任。

方，企业可以采取一些策略来应对。例如，企业可以获得那些可能成为产品特有技术的互补性资产，如制造技术、分销系统或支持能力。因此，对这些资产的所有权可以作为一种专有性的机制，代替强知识产权。

从这个角度来看，向更强的产权的内生性转变改变了专有性的计算。获取互补性资产的专有性策略可能会被放弃，而转向对产权的依赖。专业化可能会取代一体化。在出现强产权的情况下，生产过程不同阶段之间的协调需求可能会通过合同来解决。当然，所有这些影响都是在边际上发生作用。其他方面的考虑可能仍会使它们相形见绌。但是，如果更强的产权开辟了早期的专有性机制所没有的专有性策略，我们就会预测它将带来组织的试验和多样化。

就 GHM 框架而言，更强的产权的效果在原则上不应区别于一开始就提供产权的效果。与前面描述的引入产权的例子一样，在某些情况下，更强的权利将促进 M1 和 M2 之间更多的交易。在通常情况下，M2 试图获取的议价盈余现在就可以获取了。有了对 a2 的安全的所有权，M2 可以有效地排除 M1 对该资产的使用。按照 GHM 理论，这意味着，在所有其他条件相同的情况下，M2 现在可以在 T_1 交易中占有更多的关系特定型投资。这反过来又意味着，在条件允许的情况下，M2 将先进行能创造盈余的投资。因此，与最初的 GHM 模型一样，最终效果是表明资产所有权结构的变化如何刺激对关系特定型技能的投资。这里的新变化是，除了简单的资产所有权之外还引入了更强的权利作为一个单独的变量。从逻辑上讲，在以前权利较弱的地方，向更强的权利转变的政策可以为动态地应用传统 GHM 理论创造条件。❶

以下详细介绍与更强的产权问题有关的更严格的经验数据。

阿南德和康纳（Anand & Khanna，1997）在对 1612 份许可协议的研究中发现，弱知识产权与较低的许可活动相关，特别是与未来（将要开发的）技术相关。弱知识产权也与向关联方转让的高概率相关。他们的分析基于一个大型的战略联盟数据库，这些战略联盟被定义为许可交易、合资企业或其他。对联盟按标准行业分类（SIC）代码进行了分类。该研究的主要发现是，在知识产权具有重要影响的行业中，许可交易在所有联盟中的比例要比在其他行业中高得

---

❶ 同样，其他所有条件不变。在某些情况下，创造产权或强化现有权利不足以克服机会主义或抵御风险。对比 Lerner & Merges（1998）（许可交易中的议价能力）。

多。❶ 在知识产权密集型的化学相关产业中，大约 1/3 的联盟是许可。另外，在计算机和电子行业的联盟中，许可分别只占 18% 和 24%（Anand & Khanna，1997：17）。因此，阿南德和康纳的结论之重点在于：较高的许可发生率与更强的知识产权保护相关。

这些发现对本文的理论给予了很大的支持。化工产业中更强的产权支持了更高的交易量，因为它们明确了基于知识产权的资产的所有权。由于被许可人的机会主义风险较小，这些行业的专利权人更有可能对其进行许可。❷

阿南德和康纳（Arnand & Khanna，1997：16 - 23）的另一个有趣的发现是，即使在知识产权保护较弱的行业也会发生大量的技术转让。不过交易的性质不同。在弱权利的行业中，企业更有可能参与非许可联盟（合资企业等），与它们接触过的企业打交道以及进行交叉许可，但它们不太可能就待开发的技术签订合同。因此，在产权不那么明确的情况下，数据表明企业会采用其他的专有性机制。除了直接的市场转让，企业更倾向于：①合资企业和其他联盟形式，这可能允许更密切的监督（因此具有部分阶层属性，即有资格成为准公司）；②向过去与它们有过关系的实体发放许可，增加声誉、信任和一种（松散）形式的关系性（基于合同的）准整合。就本文前面所述的模型而言，这些因素代表了企业努力用某种形式的基于组织（阶层）的协调来替代模型中通过资产所有权实现的直接市场协调。据推测，交易的一些收益可能会在创建和管理这些结构的过程中被耗散（诚然，在其他一些情况下，被激励的互动可能创造价值）。在这种情况下，它们代表了早期模型中通过产权规范来解决的不完全合同问题的较低效率解决方案。归根结底，只有在建立产权的交易成本低于这些行政成本的情况下，这才会有区别。虽然这不是阿南德和康纳所关心的问题，他们把专有性（权利的强度和清晰度）看作是既定的，但这与下面第四部分的讨论有关。

这些发现均来自 1990 ~ 1993 年收集的数据。因此，尽管它们显示了相对弱的知识产权对各行业联盟结构的影响，但它们并没有处理涉及知识产权成分的市场交易合同总发生率的变化。然而，它们确实为广泛的传闻提供了一些支持，

---

❶ 众多研究记录了不同行业的知识产权保护力度的差异。众所周知，专利在化工产业是最有效的。但在计算机、电子和相关领域，专利的有效性明显较低。Merges & Nelson（1990），其引用 Levin, et. al.（1986）。

❷ 另见 Shan & Song（1997：267）："具有高水平专利活动的美国生物技术公司吸引了外国股权投资。我们认为，在生物技术产业，股权参与形式的外商直接投资可以成为利用特定国家、企业技术优势的有效工具。"

即这些交易的总数量在持续增加；例如，它们表明在它们的数据库中，许可交易从 1990 年的 360 个增加到了 1993 年的 427 个——这与其他联盟的数据是一致的（Lerner & Merges，1998：129，Table Ⅱ）。

所有可获得的资料都表明，即使是阿南德和康纳所研究的弱知识产权许可交易，在过去的 10 年或 15 年中也有明显的增加［Zeckhauser（1996）综述了文献］。本文的理论与阿南德和康纳的观点一致，即知识产权的清晰度和可靠性的提高导致了各种形式的技术交易的增加，包括许可和非许可。事实上，本文的论点可以看作阿南德和康纳的观点的延伸：他们注意到 20 世纪 90 年代更强的知识产权对产业的不同影响，而作者则认为，一般来说，更强的知识产权在更早的时候就开始产生同样有利于交易的普遍影响。正如他们所观察到的更强的权利对当前产业的影响一样，作者在理论上认为，随着时间的推移，这对所有产业都有同样的影响。

阿南德和康纳收集的数据还包含一个重要的观点。他们指出（Arnand & Khanna，1997：21）：

> 不同行业的公司规模分布有很大差异。化工行业参与许可交易的企业规模中位数低于计算机行业的第 25 个百分点的规模，与电子行业相当。其在三位数 SIC 层面的差异甚至更加惊人：SIC 357 和 367（计算机和半导体）的公司规模中位数超过了化学品的第 75 个百分点的规模。因此，虽然在化工行业的许多公司是规模较小且专门从事研究的公司，但其他行业的很大一部分创新发生在较大的公司内……

因此，这些数据证实了早先基于"纸上谈兵的"经验主义的观察：更强的知识产权导致专门从事研发的小公司的进入（Merges，1995）。此外，它还可能为修改产权领域的传统经济理论和政策指明了方向。这就是下文第五部分的主题。

阿南德和康纳的结论在化学品方面得到了独立的验证。阿罗拉（Arora，1997：391）在最近对化工产业的专利进行的历史调查中指出："技术许可的重要性日益增加，与一类专门的工艺设计和工程公司的出现密切相关，这些公司在工艺创新的发展和传播中发挥了重要作用。"所谓的"无晶圆厂"微处理器公司也是如此，它们出售设计方案，而根本不生产任何芯片。

阿罗拉的观察不仅支持了阿南德和康纳的数据，还驳斥了这样的观点：至少在化工领域，知识产权许可的增加只是因为产权的激增。阿罗拉记录了专利密集型企业在发展技术方面发挥的作用，而不是简单地产生寻租产权。令人欣慰的是：就其本身而言，阿南德和康纳的数据并不一定能保证许可与技术进步有关联。科图姆和勒纳（Kortum & Lerner，1997）的一篇相关论文提供了更多的可信度：他们发现20世纪80年代和90年代专利活动的增加主要是由于研究管理技术的改革所引起的创新步伐。因此，他们否定了传统的观点，即专利数量的增加仅仅是因为1982年成立了审理专利案件的联邦巡回上诉法院。❶

即便如此，很明显企业会制定许可策略，无论是用许可表示对有用信息的贡献还是仅仅支付劫持费用（holdup fee）。事实上，对可专利性要求的一种看法是，它们阻止了仅出于寻租目的使用专利。法律要求一项发明必须是新颖的、实用的、非显而易见的，并且充分解释该技术，从而努力防止专利成为无果的、不增加福利的货币转移（Merges，1988；1997c）。这里的观点是，迄今为止的文献总体上不支持专利主要服务于寻租或劫持功能的观点（但请参见结论中的警示性说明）。因此，阿南德和康纳指出的更高的许可量与本文的理论一致：独立公司的真正的创新是通过公平合同（arm's length contracts）转让实现的。

【案例研究】化工和药品生产中的外包

本文第二部分中阿尔凯默斯与基因泰克的例子用GHM框架解释了生物技术产业中的一种研发/供应关系的条件。为了更广泛地了解产权如何促进投入品市场，以及这些市场的可及性如何鼓励建立独立的专业公司，我们现在将考察另一个行业中交易密集型部门的出现——精细化学中间体的外包生产。❷我们将研究产权（在该领域主要是专利）在构建研发密集型供应关系中的作用，并将尝试把这些产权的可及性和部署与专门制造中间产品的公司的出现联系起来。

---

❶ Crow等人的文章（Crow et al.，1998）是对研究型大学专利许可进行了更专业的研究，其结论是专利化的增加并没有明显导致更多新的信息流动。这些作者指出，在许多情况下，如果没有专利，仅仅通过扫描科学文献一项技术就会被工业界所采纳。当然，这种非专利技术转让机制依赖于科学的公共资金。正如作者们所指出的，大学的专利权已经（部分地）取代了政府的科学资助，实际上成了对大学研究的消费者的一种税收。

❷ 其他产业中也出现了外包与专利之间的类似联系。参见Rose（1997：C9）："如今，江森自控是全球汽车外包生产的最大也是最成熟的受益者之一。这家总部位于密尔沃基的公司今年的汽车销售额将达到70亿美元，高于1986年的约6.5亿美元。江森自控获得的汽车内饰设计专利数量超过了三大汽车制造商，并连续六年获得了更高的利润。"Moore（1996）："一家位于埃尔金的规模较大的老牌家具制造企业约翰逊实业走得更远。它甚至将其拥有专利的生产线制造都进行了外包。总裁罗斯·施拉姆说：'我们拥有与许多专业供应商之间的合作，而不是自己拥有生产设施，这些供应商都做得很好。'"

最近几年，这个行业的增长非常迅速。在过去，化工和制药公司很少进行生产阶段的外包。直到最近，它们还是垂直整合生产的典型例子。但现在，行业媒体描述了垂直供应交易的显著增长，这是研究、生产和临床试验外包的总体趋势的一部分（The Economist，1998；Chemical Business NewsBase，1997；Chemical Market Reporter，1997）。❶ 一份对制药产业趋势的最新概述表明，外包费用在研发费用中所占的比例正在迅速上升。现在大约有18%的医药研发资金被用于外包。❷ 而且外包行业中一些最受关注的公司已经收购了成熟的制药公司的生产设施，从而在创建独立外包部门时得到了客户的帮助。根据盖恩（Gain，1997）的说法：

> 精细化学品制造商 Catalytica（加利福尼亚州山景城）收购了葛兰素威康在北卡罗来纳州格林维尔的工厂，并签订了价值8亿美元的合同，这是精细化学品公司为说服制药公司将生产外包而不懈努力的一个里程碑。与1992年 Lonza 公司收购史克必成部门的做法类似，Catalytica 的转变表明，更多的精细化学品和定制化学品制造商正在以它们的能力帮助制药商更快地将其新产品推向市场并降低其成本的论点深入人心……
>
> 虽然大多数大型制药公司仍然将其开发过程中的关键要素保留在内部，但它们越来越愿意考虑将业务中的其他要素进行外包生产。"一个签约制造商可能比我们内部更有效率，因此值得考虑……"在过去的三到四年里，默克公司将其外包的中间体数量增加了一倍，"默克（Merck）公司的一位官员说，"仅在去年，我们就看到了20%~30%的增长。"

在礼来（Eli Lilly）公司（印第安纳波利斯），外包已被完全纳入到了生产评估流程当中。"在评估新药的开发战略时，可以从内部和外部获取的制造能力将得到同等程度的重视，"一位采购经理说，"［从经济上考虑往往］也不鼓励建

---

❶ 另见 Van Arnum（1977）："一种极端'精明'的经营方式——虚拟公司正在制药行业扎根。虚拟公司通常保留知识产权所有权以及销售和营销职能，将其他一切业务活动外包出去。这对于正在填补药物开发领域空隙的第三方供应商（如小型定制造商）来说是一个有利条件。对于制药和精细化工企业来说，过剩的制药生产能力和开发新化学实体的市场压力正在为一种新的经营方式——虚拟公司提供基础。总部位于康涅狄格州纽顿的咨询公司 Innotech 的总裁库尔特·伊斯门说，通常情况下，虚拟公司保留知识产权以及销售和营销功能的所有权，将所有其他业务活动承包出去。"

❷ The Economist（1998；Survey p. 16）。

立新的业务而是鼓励外包。"

外包公司是化学和医药制造技术发展的纽带，这些技术往往被专利所保护。即使是那些喜欢内部制造的公司也认识到了这一点（Gain，1997）。正如 GHM 的模型所预测的那样，产权在这个行业中发挥着重要作用。在一篇关于专门生产光学"纯净"或"手性"❶化合物的小公司的报道中，行业媒体报道：

> 专利的发展正在影响着定制制造商的商业战略。在有利于处理手性化合物的监管环境背景下，定制制造商正在为新工艺和光学纯化合物寻求专利保护。……手性化合物是最热门的化学品开发和专利领域。……由于许多领先的药品都是手性化合物，在不对称合成方面具有专业知识的定制制造商正在从中受益。监管环境 [有利于利用手性技术进行更纯净的生产]，再加上手性化合物作为治疗药物的潜在的更强功效，都促使人们急于为催化剂、工艺和分离的对映体 [有前途的药物版本] 申请专利。行业分析人士一致认为，工艺开发是由知识产权保护和成本决定的。❷

这种趋势的普遍性在对已颁发专利的一份非正式调查中得到了证实。例如，《化工市场报告》（Chemical Market Reporter，1997）提到了四家外包制造公司：Catalytica、Lonza、ChemDesign 和 SepraChem。这些公司自 1995 年以来就产生了86 项惊人的专利。这些专利中的绝大部分是工艺专利❸或在化学和医药生产中用作中间体的特定催化剂的专利。❹ 而且很明显，各公司认为它们的专有工艺技

---

❶ 简言之，许多分子可以以两种镜像形式存在——它们被称为"手性"。在人体中出现的大多数生物大分子只以这两种可能形式中的一种存在。由于错误的手性形式可能是无效的或有害的（如药物沙利度胺的情况），因此需要复杂的催化剂来确保药品的制造过程中只产生所需的分子形式。一般性地参见 Ball（1994：77 - 78）。

❷ Rose - Maniace（1997）。另见 Chemical Market Reporter（1997）："据一家英国的外包研究商和制造商 ChiroTech 的官员说，'技术是精细化学品制造商的差异化因素'。例如该公司就通过专有的生物溶解过程提供商业规模的 S - 萘普生。"

❸ 参见例如：US 5，684，157 号美国专利 "Process for the preparation of optionally 2 - substituted 5 - chloroimidazole - 4 - carbaldehydes"（1997 年 11 月 4 日授权，已转让给 Lonza，Inc）；US5，446，102 号美国专利 "Olefin metathesis catalysts for degelling polymerization"（1995 年 8 月 29 日授权，已转让给 Catalytica Pharmaceuticals，Inc）；US5，658，796 号美国专利 "Optical resolution of alkyl chroman - 2 - carboxylates"。[1997 年 8 月 19 日授权，已转让给 SepraChem，Inc.，公开了一种拆分外消旋烷基1，4 - 苯并二恶烷 - 2 - 羧酸酯的方法，该化合物用作合成光学纯药物化合物如（S） - 多沙唑嗪的中间体]。

❹ US5，641，726 号美国专利 "Quaternary ammonium carboxylate and borate compositions and preparation thereof"（1997 年 6 月 24 日授权，已转让给 Lonza，Inc.）。

术是外包行业的主要卖点。❶

　　大多数专门从事手性化合物的公司以及一般的精细化学品外包公司必须与它们的客户保持密切的工作关系。❷ 这对于将投入品供应商出售的中间产品纳入大型制药客户的整体制造过程当中是必要的。大多数交易的结构都是供应协议，手性化合物供应商公司只有在向客户出售最终的中间产品时才会得到补偿。❸ 就像阿尔凯默斯与基因泰克的交易一样，我们看到了与 GHM 文献中描述的交易的相似性：第一阶段，供应商为使其专利技术适应客户需求进行大量投资；第二阶段，出售中间产品。正如 GHM 文献所预测的那样，产权似乎在这些交易中发挥着重要作用。作者所审查的供应协议通常包括客户对供应商的技术许可。❹ 但供应商并不将其专利转让给客户，甚至通常也没有供应商给客户的许可。❺ 同样，按照 GHM 的说法，生产性资产的所有权为中间品供应商提供了一个合理的退路，以防将来与客户的交易无法实现。从手性化合物供应商的公开财务资料中可以看出，它们非常了解这种商业环境下的机会主义风险。❻

　　在一个方面，这个行业的交易条件似乎与 GHM 模型的基本结构不一致。GHM 模型的重点是表明资产所有权如何为企业特定型投资提供激励。化工生产

---

❶　Gain（1997）：引用了 Catalytica 总经理的话："在若干专利开发过程的帮助下，公司可以更快和更廉价地向客户提供药物。"另见 ChiRex 公司官网（http：//www.chirex.com）："Chirex 满足制药产业的外包需求，并在手性化学领域拥有 54 项专利和专利申请。"

❷　参见，例如 Catalytica，Inc.，SEC Form 10 - K，1998 年 10 月，第 4 页，可在 www.sec.gov/edaux/formlynx.htm 上获得。"精细化学品通常使用复杂的制造工艺以较小规格生产，并且需要满足明确界定的化学规格，这通常会让精细化学品生产商和客户之间的关系更加密切。精细化学品的售价通常高于其他化学品。对潜在客户的快速响应、产品供应的可靠性和质量是重要的竞争因素。精细化学品战略的一个关键组成部分是在药物生产流程设计的早期与客户沟通。精细化工从业者们相信，其技术和专业知识使其能够在研究和临床样品阶段开发高效的制造工艺，并成功扩大此类工艺的规模以制造商业产品。这些广泛的能力加上其研究、试验和制造设施，应使其能够成为客户药物开发过程的一个组成部分和客户商业精细化学品需求的首选供应商，从而与客户建立密切的关系。"

❸　参见：Supply Agreement between Chirex，Ltd. And Cell Therapeutics，Inc.（Chirex，Ltd.，SEC Form 10K - 405，Exhibit 10.11，1998 年 11 月 14 日提交，可在 SEC EDGAR 数据库获得）；Supply Agreement between Glaxo Operations（UK）Ltd. And Chirex，Ltd.（Chirex，Ltd.，SEC FORM 8 - K，Exhibit 10.13，1997 年 9 月 23 日提交，可在 SEC EDGAR 数据库获得）。

❹　参见同上第二项供应协议，§ 12.3，p.15。

❺　参见同上 § 12.4.2，p.16："对于 Chirex 发现或者了解到的所有改进，如果不是特定于产品的，Chirex 应有权对除供应协议涵盖的产品以外的所有产品进行此类改进。"

❻　参见，例如 Chirex，Inc.，1998 SEC Form 10 - K 405，supra，at 8："公司目前的竞争对手包括 Alusuisse - Lonza Holdings AG、DSM Andeno.V. 和 Laporte PLC。此外，公司还与自己开发工艺技术并内部生产精细化学品和医药中间体的主要药品制造商（包括公司的一些客户）竞争。"

外包企业似乎可以从多个贸易伙伴那里获得投资收益，而很难找到在 GHM 模型中关键性的企业特定型投资类型的证据。

然而，即使在 GHM 模型下，M2 通常也能从与 M1 以外的投入品买方的交易中获得一些回报。因此，投资促成了与其他企业之间的交易这个事实，并不能让化学品外包偏离 GHM 逻辑。另外，如果回报足够大，外包公司将其部分生产资源适配某个特定客户是合理的。事实上，GHM 和阿罗拉（Arora，1994）的一篇更密切相关的论文都预测，与没有专利的情况相比，外包公司的专利将使它更经常这样做。鉴于此，发现外包公司有一些针对客户的投资迹象也就不足为奇了。❶ 例如，Rose – Maniace（1996）描述了拥有制造 S^+ – 布洛芬专利的定制制造公司雅保（Albermarle）为欧洲的一个客户进行小量生产。一位行业顾问指出（Chemical Market Reporter，1996）：

> 制药公司不再与众多的中间体生产商打交道，而是依靠数量有限的核心供应商。这种密切的关系使精细化工企业能够在开发特定类型的分子方面建立起专业知识。

另一位行业分析员对这种情况进行了总结："每一个制造流程都有一条新的供应商必须要经历的学习曲线。"（Rose – Maniace，1996）因此，我们有充分理由相信，在化工生产外包中，生产企业的资产（专利）是使其能够进行为制造客户产品所需的客户特定型投资的原因。❷ 而且很明显，从长远来看，这些投资将是企业特定型的，如果可能的话，将作为商业秘密受到保护。❸（Rose – Maniace，1996）

正如人们所期望的那样，在这一专业领域有大量的公司进入。据《化工市场报告》报道（Chemical Market Reporter，1997）：

> 只要制药商的外包没有减少，对精细化学品的需求将继续有增无减。粗略估计，精细化学品在全球范围内的年增长率为7%。对于精细

---

❶ 参见 Gain（1997）："ChemDesign 的副总裁说，以前公司只会将已经过充分试验和检验的开发流程进行外包。如今我们看到化工厂商正在与制药公司一道开发生产流程，以期加速产品上市。"

❷ Gain（1997）：Catalytica 的战略为制药公司最大化药品开发效率和速度提供了"一站式"供应。该公司的一位官员说："我们接管了制药公司的生产流程，并通过许多受专利保护的开发流程，帮助它们节省成本并加速产品流通。"该官员提到辉瑞对 Catalytica 进行的用于开发药品（如齐拉西酮，一种正处于临床试验阶段的精神病药物）合成步骤的高达 1500 万美元的投资，就表明了一种信心。

❸ Rose – Maniace（1997）：引用了产业顾问的观点，即在短期内仍要进行大量流程性的工作和专利化。从长期来看，流程的优化将作为商业秘密受到保护。

化学品生产商来说，这意味着充足的产能、资本的扩张和一连串的潜在参与者。林茨化学的新业务主管尼汀·帕雷克指出："这里有很多新进入者。"

事实上，几家老牌企业通过将合同制造业务拆分为独立公司进入了这一市场（Chemical Market Reporter，1997）：

> 今年2月，该公司［Boehringer公司］成立了一个独立的业务部门，用于为制药和相关行业推广其合同工艺开发和制造服务。该部门提供的专业技术包括微生物发酵能力以及哺乳动物来源的细胞、动植物组织提取、基因工程、蛋白质复性以及蛋白质和酶技术。

重要的是，这些新成立的衍生公司被赋予了母公司的专利组合（Lepree，1995）。SepraChem是赛普拉科的子公司，它的成立是为了生产和商业化药品行业的中间投入品。它是在赛普拉科的专利技术许可之下运营的，其中包括46项关于手性中间体合成的美国专利。❶ 这可以被解释为将资产（例如 a2）重新分配给一个新的分拆公司（M2），该公司有能力对这些资产进行优化投资（如GHM）。

因此，化工生产行业的外包证明了本文所提出的论点的可行性。专利权促进了技术密集型投入品的市场交易，促进了市场进入和专业化。❷ 这是化工行业宏大篇章中的一小部分，在这个行业中，企业适应了专利环境，而专利保护反过来又帮助塑造了产业结构（Arora，1997）。下一部分将探讨如何将这样的例子纳入产权的经济理论当中。

四、从更强的权利到更有价值的资产：超越财产权利的朴素理论

我们已经看到，更强的产权可能会导致基础资产投资的增加。从传统产权理论的角度看，这种观点产生了一个问题。因为根据主流的朴素理论（Eggertsson，1990：249），立法机构只有在利益集团推动变革时才会改变产权。当然，这只是在这些利益集团感觉到相关资产的价值增加之后才发生的。

---

❶ Lepree（1995）。Lepree（1995）还指出：SepraChem目前利用其［专有的］手性合成和分离ChiRedox平台，为赛普拉科和其他制药公司生产中间体和活性物。

❷ 对比 Manufacturing Chemist（1997：11）："外包趋势意味着小型企业正在涌现以提供合成以及临床试验服务。"

该产权理论通常与哈罗德·德姆塞茨有关。在一系列早期论文中，德姆塞茨认为，产权总是根据基础资产价值的变化而调整。德姆塞茨（Demsetz，1967）关于拉布拉多省毛皮动物的产权的著名例子展现了他的洞察力。他描绘了这样一个场景：北美印第安人在广阔的公共狩猎区猎取海狸和其他动物，在那里并没有定义或执行具体的产权。随着欧洲人的到来以及随之而来的毛皮价值的增加，德姆塞茨认为，开始出现了对特定狩猎区的产权。德姆塞茨简洁有力的结论是，随着这里的基础资产即毛皮价值的增加，产权也越来越具体。

事实证明，德姆塞茨的理论是许多非常有用的讨论的强有力的起点。它构成了约拉姆·巴泽尔更详尽的产权理论的基础（Barzel，1989：64）。它也构成了在一些关于自然资源（Libecap，1978；1989）和发展中国家土地（Beslley，1995；Alston，Libecap & Scheneider，1996）的正式产权起源的论文中得到验证的基本理论。最后，它在最近一些旨在设计一个更细致的产权理论的重要尝试中得到了完善和扩展（Ellickson，1993；一般性地参见 Eggerston，1990）。

本文第二部分的分析表明，需要对朴素理论进行一些修改，至少在知识产权背景下应该如此。从我们前面研究的例子可以看出，也许在化学中间体企业中，权利的重新规定导致了对创造有用经济资产的更高投资。换句话说，产权是第一位的。诚然，国家作为授予权利的实体必须已经承认这种投资的潜力［诺思（North，1990）暗示了这一点］。但事实是，在这些例子中，产权刺激了投资。这与德姆塞茨的简单故事相反——在德姆塞茨的故事中，资产价值增加，产权调整作为回应。

公平地说，其他人也批评了朴素理论的简单性［思拉恩·埃格特森（Eggertsson，1990）和诺思（North，1990）引入了关键的政治经济问题］。这里的重点是，知识产权环境中的证据为这些批评提供了可信度。它还指出，有必要对产权规范和资产价值之间的关系进行更动态的、互动的说明。

五、结论

至少在某些条件下，更清晰的知识产权会使专业化程度得到提高。为了在所描述的投入品市场交易中获得收益（特别是扣除交易成本后），知识产权所涵盖的基础资产必须通过投入品供应商的专门投资变得更有价值。由于这些投资是通过资产的产权来实现的，因此可以说更清晰的产权增加了基础资产的价值。

本文的理论解释了最近的研究发现，即更强的知识产权与更多的许可活动相关。这也有助于我们理解为什么在知识产权更加清晰的时代，人们对交易密集型组织形式（合资企业、外包、研发顾问等）的兴趣激增。

有一点需要提醒的是，本文并不是说，只要对产权进行明确界定并提供一个执行机制，就一定会增加相关资产的价值。正如一些作者所发现的（Reynolds & Merges，1997；Heller & Eisenberg，1997），界定所有权的努力并不总是能提高效率。事实上，有时产权会产生新的交易成本，与之前的均衡相比会降低效率。这就是黑勒的"反公地悲剧"理论的要点。为了使新的产权有价值，必须有潜在的交易收益，以证明对做市活动的投资是合理的。这里提出的简单论点是，有时这些条件是成立的。无论是否存在比孤立的利益集团意识到的更大的效率，或者是否只有政策制定者领会了潜在的收益，关键是旧的、"朴素的"（naive）产权模式，即资产价值带动新产权的出现是不充分的。至少在某些情况下，是新产权促进了资产价值的增加。

最后要说明的是，GHM 文献强调的是事前的生产激励，这与传统意义上运作良好的专利制度的观点相呼应。甚至可以说，重新关注专利在生产过程中的作用，可能是仔细阅读 GHM 文献和相关资料后得到的更有趣的经验之一。至少，产权应该是为了鼓励生产性投资的想法可能会有一些适度的回报。仅举一例：至少在某些情况下，剩余权利的概念被证明对经济行为产生了强大的影响。因此，当这些权利被不适当地授予时，可能会有很大的社会成本。就专利而言，如果有效性标准没有得到严格的应用，就会出现这种情况。例如，由于并未花费多少精力来检索"现有技术"，使实际上已经十分过时的技术获得专利保护。如果立法机构和法院增强了产权的经济力量，那么至少值得探讨一下增加投入到授予这些权利的过程当中的资源是否合理，否则我们就忽视了关于产权力量的文献的一个重要意蕴。

参考文献：

AGHION P, TIROLE J, 1994. The management of innovation [J]. The quarterly journal of economics, 109 (4): 1185 – 1207.

ALSTON L J, EGGERTSSON T, NORTH D C, 1996. Toward an understanding of property rights [G] // ALSTON L J, EGGERTSSON T, NORTH D C, 1996. Empirical studies in institutional change. Cambridge: Cambridge University Press: 31 – 33.

ALSTON L J, LIBECAP G D, SCHNEIDER R, 1996. The determinants and impact of property rights: land titles on the Brazilian frontier [J]. Journal of law, economics & organization, 12 (1): 25 – 61.

ALSTON L J, LIBECAP G D, SCHNEIDER R, 1994. Property rights and the preconditions for markets: the case of the amazon frontier [J]. Journal of institutional and theoretical economy, 151: 89 – 107.

ANAND B N, KHANNA T, 1996. Intellectual property rights and contract structure [Z]. Mimeo, Harvard Business School, working paper: 97 – 016.

ARORA A, 1997. Patents, licensing, and market structure in the chemical industry [J]. Research policy, 26 (4): 391 – 403.

ARORA A, 1996. Contracting for tacit knowledge: the provision of technical services in technology licensing contracts [J]. Journal of development economics, 50 (2): 233 – 256.

ARORA A, 1995. Licensing tacit knowledge: intellectual property rights and the market for know – how [J]. Economics of innovation and new technology, 4 (1): 41 – 59.

BALL P, 1994. Designing the molecular world: chemistry at the frontier [M]. Princeton, N. J.: Princeton University Press.

BARZEL Y, 1989. Economic Analysis of Property Rights [M]. Cambridge: Cambridge University Press.

BESLEY T, 1995. Property rights and investment incentives: theory and evidence from Ghana [J]. The journal of political economy, 103 (5): 903 – 937.

CARR G, 1998. Beyond the behemoths [N]. The economist, 1998 – 02 – 19.

CROW M M, GELIGNS A C, NELSON R N, et al, 1998. Recent changes in university – industry research interactions: a preliminary analysis of causes and effects [Z]. undated Working Paper.

CURTIS G T, 1849. A treatise on the law of patents for useful inventions [M]. Boston: Little, Brown and Company: 240.

DE MEZA D, LOCKWOOD B, 1998. Does asset ownership always motivate managers? outside options and property rights theory of the firm [J]. The quarterly journal of economics, 113 (2): 361 – 387.

DEMSETZ H, 1967. Toward a theory of property rights [J]. American economic review, 57: 347 – 359.

EGGERTSSON T, 1990. Economic behavior and institutions [M]. Cambridge: Cambridge University Press.

EISENBERG R S, 1996. Public research and private development: patents and technology transfer in government – sponsored research [J]. Virginia law review, 82 (8): 1663 – 1727.

ELLICKSON R, 1993. Property in land [J]. Yale law journal, 102 (6): 1315 – 1400.

GAIN B, 1997. Custom manufacturing takes off [J]. Chemical Week, 159 (19): S10.

GEMSER G, WIJNBERG N M, 1995. Horizontal networks, appropriability conditions and industry life cycles [J]. Journal of industry studies, 2 (2): 129 – 147.

GROSSMAN S J, HART O D, 1986. The costs and benefits of ownership: a theory of vertical and lateral integration [J]. The journal of political economy, 94 (4): 691 – 719.

HART O, 1989. An economist's perspective on the theory of the firm [J]. Columbia law review, 89: 1757 – 1774.

HART O, 1995. Firms, contracts, and financial structure [M]. Oxford: Oxford University Press.

HART O, MOORE J, 1990. Property rights and the nature of the firm [J]. The journal of political economy, 98 (6): 1119 – 1158.

Heller M A, 1998. The tragedy of anticommons: property in the transition from Marx to markets [J]. Harvard law review, 111 (3): 621 – 688.

HOULTON S, 1997. "Build and go" formula for new structures [J]. Manufacturing chemist, 68 (12): 11 – 12.

KORTUM S, LERNER J, 1997. Stronger protection or technological revolution: what is behind the recent surge in patenting? [Z]. Harvard Business School Working Paper 98 – 012.

LAMAROUX N R, SOKOLOFF K L, 1996. Long – term change in the organization of inventive activity [J]. Proceedings of the national academy of sciences, 93 (23): 12686 – 12692.

LEPREE J, 1995. Fine chemical spinoffs set [J]. Chemical marketing reporter, 247 (5): S5.

LERNER J, ROBERT P, MERGES R P, 2003. The control of technology alliances: an empirical analysis of the biotechnology industry [J]. The journal of industrial economics, 46 (2): 125 – 156.

LERNER M, 1997. ChiRex sale of APAP business a move to focus on contracting [J]. Chemical market reporter, 251 (22): 37.

LIBECAP G D, 1978. The evolution of private mineral rights [M]. New York: Arno Press.

LIBECAP G D, 1989. Contracting for property rights [M]. Cambridge: Cambridge University Press.

LIBECAP G D, 1993. Entrepreneurship, property rights and economic development [M] //LIBECAP G D. Advances in the study of entrepreneurship, innovation and economic growth: Volume 6 [s. l.]: Emerald Publishing Limited. : 67 – 83.

LIBECAP G D, WIGGINS S N, 1985. The influence of private contractual failure on regulation: the case of oil field unitization [J]. Journal of political economy, 93 (4): 690 – 714;

MASHIMA R, 1996. The turning point for Japanese software companies: can they compete in the pre-packaged software market? [J]. Berkeley technology law journal, 11: 429.

MERGES R P, 1988. Commercial success and patent standards: economic perspectives on innovation [J]. California law review, 76 (4): 803 – 876.

MERGES R P, 1991. The public interest and private patent bills [Z]. Hearings on Patent Extensions (Private Patent Bills), Committee on the Judiciary, U. S. Senate, August 1, 1991.

MERGES R P, 1994. Of property rules, coase and intellectual property [J]. Columbia law review,

94 (8): 2655 – 2673.

MERGES R P, 1995. Intellectual property and the costs of commercial exchange: a review essay [J]. Michigan law review, 93 (6): 1570.

MERGES R P, 1996. A comparative look at intellectual property rights in the software industry [G] //MOWERY D C. The international computer software industry: a comparative study of industry evolution and structure. Oxford: Oxford University Press: 272 – 303.

MERGES R P, 1997a. Contracting into liability rules: intellectual property transactions and collective rights organizations [J]. California law review, 85 (2): 1293 – 1392.

MERGES R P, 1997b. The end of friction? property rights and contract in the "Newtonian" world of on – line commerce [J]. Berkeley technology law journal, 12 (1): 115.

MERGES R P, 1997. Patent law and policy: cases and materials [M]. 2nd ed. Charlottesville, VA. : Michie.

MERGES R P, NELSON R R, 1990. On the complex economics of patent Scope [J]. Columbia law review, 90 (4): 839.

MILMO S, 1996. Outsourcing in Europe adapts [J]. Chemical marketing reporter, 250 (6): SR8.

MOORE A, 1996. When outsourcing makes most cents [N]. Business Chicago, 1996 – 04 – 01 (p. 21).

MOWERY D M, ROSENBERG N, 1989. Technology and the pursuit of economic growth [M]. Cambridge: Cambridge University Press.

NOLDEKE G, SCHMIDT K M, 1997. Sequential investments and options to own [J]. The RAND journal of economics, 29 (4): 633 – 653.

NORTH D C, 1990. Institutions, institutional change and economics performance [M]. Cambridge: Cambridge University Press.

REYNOLDS G H, MERGES R P, 1989. Outer space: problems of law and policy [M]. 2nd ed. Boulder, CO: Westview Press.

ROSE R L, 1997. Driving ahead; UAW turns up heat on Johnson Controls as company perfects auto supply business [N]. Pittsburgh Post – Gazette, 1997 – 02 – 05 (C9).

ROSE – MANIACE P, 1996. The rush to patent [J]. Chemical marketing reporter, 249 (5): SR6

SANDBURG B, 1989. When strategic alliance leads to the courthouse [J]. Intellectual property magazine, 11: 1.

SCHWARTZ A, 1979. The case for specific performance [J]. Yale law journal, 89 (2): 271.

SHAN W, SONG J, 1997. Foreign direct investment and the sourcing of technological advantage: evidence from the biotechnology industry [J]. Journal of international business studies, 28 (2): 267 – 284.

STITES J, 1998. Prospectus: for start – up companies looking for corporate investors, it pays to know that philosophies differ from east to west [N]. New York Times, 1998 – 11 – 09 (C4).

TAKAISHI M, 1986. The perspectives from Japan on software protection [J]. Software law journal, (1): 187.

TEECE D J, 1986. Profiting from technological innovation: implications for licensing, integration and public policy [J]. Research policy, 15 (6): 285 – 307.

VAN ARNUM P, 1997. The incredible shrinking company: virtual companies are taking outsourcing to new limits [J]. Chemical market reporter, 251 (3): SR8.

VON HIPPEL E, 1988. The sources of innovation [M]. New York: Oxford University Press.

WILLIAMSON O E, 1985. The economic institutions of capitalism: firms, markets, relational con-tracting [M]. New York: Free Press.

WILLIAMSON O, 1996. The mechanisms of governance [M]. New York: Oxford University Press: 222.

ZECKHAUSER R, 1996. The challenge of contracting for technological information [J]. Proceedings of the national academy of sciences, 93 (23): 12743 – 12748.

"迷失在翻译中?" 经济移植的理论建构[*]

扬尼斯·雅诺斯 (Ioannis Lianos)[**] 著

王博文[***] 译

摘要: 经济学兴起为竞争法主要 (有些人可能主张是最重要的) 话语 "来源" 的事实已得到充分的记录。本研究聚焦于将经济分析整合到竞争法中的一个方面: "经济移植物"。"经济移植物" 一词是指通过 "翻译" 行动引入到法律话语当中的具体的经济学概念。它们代表法律与经济体系整合的终极水平。通过一个范式性的方法, 本研究考察了它们的具体特征以及是什么使其区别于将经济分析整合到竞争法中的其他形式。本文批判性地评估了它们的作用及其对法律与经济学对话的影响。本研究认为, 翻译的 "范式" 构成了最恰当的解释性框架, 可以将经济移植物的双重性质纳入考虑范围, 并可以更进一步地将法律与其他社会科学的互动加以概念化。它区别于现有的法律与经济学互动方法, 诸如, "经济法" 和法律与经济学方法等概念。

关键词[****]: 经济移植物 法律与经济学 竞争法 翻译范式

---

[*] 本文是纽约大学法学院 2009 年让·莫内研究论文 (Jean Monnet Working Paper 08/09), 英文原版刊载于牛津大学出版社《当代法律问题》(Current Legal Problems) 2010 年卷。译者感谢雅诺斯教授的授权及在翻译过程中的讨论和解释, 感谢杨明教授的邀约与信任。正如本文所强调的, 翻译受限于源文本和目标文本两种语言语境和逻辑的约束, 译文脱胎于但又独立于源文本。译者努力通过文本呈现其背后的话语, 但对译文中不可避免出现的意有不达之处, 责任是译者的。

[**] 伦敦大学学院 (University College London) 国际竞争法和公共政策教授, 现任希腊竞争委员会 (Hellenic Competition Commission) 主席。

[***] 北京大学法学院博士研究生, 伦敦大学学院法律经济和社会研究中心 (CLES) 研究员。

[****] 本文关键词为译者添加。

电影导演（用日语对翻译说）："翻译是非常重要的，好吗？翻译真的非常重要。"

翻译（用日语对导演说）："是的，当然了。我明白。"

电影导演（用日语对鲍勃说）："鲍勃先生。你正安静地坐在你的书房里，桌子上面放着一瓶三得利威士忌酒。你明白的，对吗？带着充沛的感情，慢慢地，看着镜头，温柔地，像见到老朋友一样，说出这句话。仿佛你是《卡萨布兰卡》中的鲍吉，说：'孩子，我在这里看着你。'——三得利时间！"

翻译（用英语对鲍勃说）："他想让你转过身来，看着镜头。好吗？"

鲍勃："他只说了这些吗？"

——索菲亚·科波拉《迷失东京》（*Lost in Translation*）（2003 年）

一、引言

法律与经济理论的互动是一个古老的故事。❶ 除了一些明显的例外，❷ 对法律与经济学互动感兴趣的第一代学者，主要通过分析当时的经济条件和理论来理解法律规则、制度的起源和变迁。❸ 判例法在需要揭示法律变革的基本原则❹时，偶尔也会引述经济理论❺。这一代的法律文献主要是理论性的，但有时（特别是现实主义运动开始以来）受到某种形式的"外部"方法的影响，这些方法强调社会、经济和政治现实在塑造法律变革方面的作用。❻ 法律与经济学的互动

---

❶ 参见：JONES J W. Historical introduction to the theory of law ［M］. Oxford：Clarendon Press，1956：235 – 269；PARRY D H. Economic theories in english case law ［J］. Law quarterly review，1931，47（2）：183 –202.

❷ ROBINSON H W. Law and economics ［J］. Modern law review，1939，2（4）：257 –265.

❸ 例如：RIPERT G. Aspects juridiques du capitalisme moderne ［M］. Paris：Librairie générale de droit et de jurisprudence，1946.

❹ 例如合同法中的放任主义理论：EPSTEIN R A. Contracts small and contracts large：contract law through the lens of laissez – faire ［M］// BUCKLEY F H. The fall and rise of freedom of contract. London：Duke University Press，1999：25 – 60.

❺ 例如，参见：COOKE C A. Adam Smith and Jurisprudence ［J］. Law quarterly review，1935，51（2）：326 –332.

❻ MCCRUDDEN C. Legal research and the social sciences ［J］. Law quarterly review，2006，122（4）：634.

是双向的：法律概念也对经济学话语产生了影响，并为经济概念提供了内容。❶ 法律和制度是经济分析的焦点话题之一，这些研究主要遵循归纳和实证的方法，对影响不同行业市场参与者行为的制度进行详细分析。❷ "经济法"学科的出现反映出引入当时主流经济学原则的必要性，但这并不使得法律放弃内部的教义分析。经济理论被引入到法律分析当中，随后经济概念被法律化，法律体系就会出现规范和认知上的闭环。❸

关于法律和经济学互动的第二代学术研究并不局限于简单的理论分析。这些文献明确地采用一种"外部方法"，考虑"如果根据外部道德、伦理或政治原则来评估，一项具体的法律干预是否是可接受的"。❹ 法律经济学学者提出了经济效率的概念并将其作为一项准则，这个概念本身是根据新古典主义经济学理论和均衡思想来锻造的，因此对法律体系而言完全是一个外部的、没有关联的原则。作为一个研究问题，法律和经济学的相互作用获得了规范性层面的关注。在这个意义上，经济概念和方法直接影响了法律话语的重构和拓展。这些发展导致了这种新范式的捍卫者和反对者之间的激烈辩论。同时，科斯定理的提出在某种程度上导致了经济分析对法律制度的漠视。该定理的基本信条之一是：当交易成本较低时，可以通过议价来实现效率，而无需来自法律规则的任何贡献。❺ 法律体系对外部资源的开放程度和开放形式决定了这些"外部方法"对法律变革的影响。在现实中，法律和经济理论之间有两种基本的互动选择：法律要么通过"对一个特定问题的跨学科研究"，要么"利用一个不是［自己的］

---

❶ JONES J W. Historical introduction to the theory of law ［M］. Oxford：Clarendon Press，1956：238 – 245；COOKE C A. The legal content of the profit concept ［J］. Yale law journal，1937，46（3）：436 – 446. 关于经济学中的利益概念：LEROUX A，MARCIANO A. La philosophie economique ［M］. Paris：Presses Universitaires de France，1998：15 – 18.

❷ 关于旧制度主义学派的观点，参见：HODGSON G M. The evolution of institutional economics：agency，structure and darwinism in American institutionalism ［M］. London：Routledge，2004.

❸ GERBER D J. Constitutionalizing the economy：German neoliberalism，competition law，and the new Europe ［J］. American journal of comparative law，1994，42（1）：25 – 84.

❹ MCCRUDDEN C. Legal research and the social sciences ［J］. Law quarterly review，2006，122（4）：632.

❺ COASE R H. The problem of social cost ［J］. Journal of law and economics，1960，3：1 – 44. 这不一定是科斯的本意，因为他在其他地方也认可了制度对经济理论的重要性。COASE R H. The nature of the firm ［J］. Economica，1937，4：386 – 405. 应当注意在新制度经济学中，制度重新成为了主流经济学研究的对象：WILLIAMSON O E. Markets and hierarchies：analysis and antitrust implications ［M］. New York：The Free Press，1975.

诠释学和文本方案"来定义自己。❶

在竞争法领域,人们尤其感受到了经济学话语日益增长的影响。竞争法的主要宗旨和原则发生了深刻的变化,即系统地引入新古典主义价格理论作为外部权威来源(external source of authority)。❷ 与其他法律领域相比(也许除了公用事业法领域之外),竞争法与经济学学科之间存在着更紧密的内在联系,集中表现为竞争执法机构、法院的判例以及为解释竞争法规范而不断扩充的软法都经常使用经济概念和方法。❸ 竞争法这类转变的一个共同特点是:强调对具体商业行为给消费者或更广泛的经济效率带来的福利影响进行分析。这是"更经济学的""基于效果的分析方法"❹ 的主旨。随着合并控制法规、《欧共体条约》第81条*的改革,以及最近的对第82条**和国家援助控制(state aids control)的改革,这种方法在欧盟竞争法中得到了广泛采纳。在竞争法案件中提出的证据也有很大一部分是经济学性质的,如消费者调查、模拟技术和经济模型。

但经济理论不只是与具体竞争法案件的证据裁决有关。为了界定本文的讨论范围,有必要提及的是:按照罗纳德·德沃金对法律推理四个阶段的归纳,经济理论在"教义阶段"的相关性也变得越来越强。❺ 德沃金区分了法律推理的语义阶段(涉及人们对法律概念的一般假设和实践,例如判准、自然、诠释等)、法理阶段(根据理论家对语义阶段问题的回答,发展适合的法律理论,换言之,是发展出正当化特定法律实践的价值)、教义阶段(根据法理阶段确定的价值,建构法律观点的要件体系)以及裁判阶段(法官或决策者根据教义阶段得出的结论,确定法律上的观点)。例如,经济效率与正义之间的争论贯穿了竞争法目标问题的讨论,这一问题就属于法理阶段,因为它指的是应当为法律解

---

❶ SAMUEL G. Is law really a social science? a view from comparative law [J]. Cambridge Law Journal, 2008, 67 (2): 296; 转引自: BERTHELOT J M. Épistémologie des sciences sociales [M]. Paris: Presses Universitaires de France, 2001: 12.

❷ LIANOS I. La transformation du droit de la concurrence par le recours à l'analyse économique [M]. Athènes: Ant. N. Sakkoulas, 2007.

❸ 关于经济学对法律的影响,参见: LANDES W M, POSNER R A. The influence of economics on law: a quantitative study [J]. Journal of law and economics, 1993, 36 (1): 385 – 424.

❹ 关于该术语以及"基于效果"的方法对"基于形式"的方法的反驳,参见: EAGCP. An economic approach to article 82 [R/OL]. 2, 7 (2005 – 06 – 21) [2022 – 08 – 18]. https://ec. europa. eu/dgs/competition/economist/eagcp_july_21_05. pdf.

* 现为《欧盟运行条约》第101条。——译者注

** 现为《欧盟运行条约》第102条。——译者注

❺ DWORKIN R. Justice in Robes [M]. Cambridge: Harvard University Press, 2006: 9 – 21.

释的一致性原则提供内容的某种价值（在这里是外部价值）。但这个重要话题不在本文的讨论范围之内，本文将试图集中讨论外部方法对教义阶段的影响。本文认为：法律和经济学之间第二代互动的一个重要影响是经济移植物（economic transplants）的出现，即在教义阶段被"翻译"到法律体系中的经济概念。这些概念同时也促进了经济学在裁判阶段的影响。

本文的观点是，翻译范式是对经济移植现象最充分的解释框架，按照这一框架解释，可以在解释策略选择的同时纳入对经济移植双重性质的考虑。这一框架还可以更广泛地用于归纳法律与其他社会科学的互动，如经济学，其互动方式与法律和经济学的第一代（"经济法"）或第二代（法律的经济分析）不同。

本文第二部分将介绍翻译的范式，它将为本文设定一个宽阔的理论框架，即以语言和概念的双向友好（hospitality）为标志的法律和经济学之间的关系。相比于此前的两种以单向交流为主的法律与经济学互动方式，这是一个重要的区别。第三部分将这一框架应用于竞争法并提供该领域出现经济移植的例证。该部分将识别经济移植的主要特征，并将经济移植与其他在法律中整合经济概念的形式区分开来。第四部分将讨论保留经济移植的具体特征并更广泛地避免在法律中出现经济概念的"霸权翻译"或"顺从翻译"的任何风险的解释技术。最后一部分将进行总结。

二、翻译的"范式"

"翻译"一词总结了以经济移植的形式将经济学概念整合到法律当中的过程。翻译的先决条件是存在不同的语言。❶ 只有将法律与经济学理解为是两种不同的语言/话语，"翻译"这一概念对于本研究的目的而言才是一个合适的术语。本文将首先探讨法律和经济学是否是两种独立的语言（或话语），然后再研究"翻译"的概念，即不同话语系统之间的交流形式。

---

❶ RICOEUR P. On translation［M］. translated by BRENNAN E. London：Routledge，2006：2. 我们当然可以效仿索绪尔，区分"语言"（langue）和"言语，或语言的使用"（parole）这两个术语。SAUSSURE F D. Course in general linguistics［M］. BASKING B, translate. New York：Columbia University Press，2011. 但是，本研究将假设语言和言语之间存在内在联系，原因将在下一部分中揭示。

（一）法律和经济学使用不同的语言/话语

术语"翻译"应被理解为指称一种跨语言外部交流的形式。❶ 作者采用
"跨语言"一词，是为了强调目标语言是与源语言不同的语言和/或话语的事实。
因此，难题是确定法律和经济学的确是不同语言/话语以及两者之间存在的差异
性或陌生性（alterité）关系。

人们可以通过识别两个采用不同会话方式（style of talk）的独立社区来确定
存在两种不同语言/话语。人们可以通过成员所使用的不同于其他社区的技术来
识别一个语言社区。经济学直到晚近（18世纪末以来）才被认为是一门独立的
科学学科，当时它从道德哲学转变为政治经济学。❷ 约瑟夫·熊彼特在其不朽的
《经济分析史》中提出了一个著名的问题："经济学是一门科学吗？"他的回答
是："由于经济学使用的技术并未被大众使用，而且有专门的经济学家来发展这
些技术，因此经济学显然是我们所说的科学。"❸ 熊彼特认为这些"技术"基本
上有三种：经济史、统计学和理论（解释性假设）。他在后来的经济社会学论述
中又讨论了这些技术，形成了他所说的"经济分析"。这些工具构成了科学经济
学家的会话方式，使他们区别于所有其他思考、谈论和撰写相同主题（经济）
的人。

这个群体并不总是采用这种特定的会话方式。熊彼特说，法学与经济分析
的历史是相关的。首先是因为经济学家在相当程度上曾是法学家，"他们把法律
的思维习惯带到了对经济现象的分析当中"。他举例说，16世纪学者的社会学和
经济学体系"主要是关于天主教会的政治和经济法律的论文"，其技术"主要来
自依据当时条件调整后的旧罗马法"。❹ 然而，在许多方面，这个学者群体的会

---

❶ STEINER G. After Babel［M］. New York：Oxford University Press, 1975：46. 乔治·斯坦纳对该术
语给出了广义的界定："……任何交流的形式同时也是翻译的模式，是意义的纵向或横向转移。没有任何
两个历史时代、两个社会阶级、两个地方使用词语和句法来表示完全相同的东西，发出相同的评价和推
理信号。两个人之间也是如此。"按照这个定义，一个人在接受来自其他任何人的语言信息时，就在这个
词的完整意义上进行了"翻译"的行为，但这个广义概念对本文的目的而言没有实际意义。因此，本文
将采用一个较窄的定义，即只包括"跨语言的翻译或翻译本身"（inter – lingual translation or translation
proper）。在此遵循的类型学，参见：JAKOBSON R. On linguistic aspects of translation［M］// BROWER R
A. On translation. Cambridge：Harvard University Press, 2013：233.

❷ BACKHOUSE R E. The ordinary business of life：a history of economics from the ancient world to the
twenty – first century［M］. Princeton：Princeton University Press, 2004：132.

❸ SCHUMPETER J A. History of economic analysis［M］. New York：Oxford University Press, 1994：6.

❹ SCHUMPETER J A. History of economic analysis［M］. New York：Oxford University Press, 1994：24,
fn. 2.

话方式的发展与那些自我定义为法学家的人们的会话方式不同。

在熊彼特著述期间，统计学工具并不是法律人群体使用的语言，这让熊彼特得出结论认为统计学是区分法学与经济学的一个要素。但今天的情况仍然如此吗？更历时性的方法将表明，统计学现在已经成为法律学术的工具（法律实证研究）。因此，我们还能主张法律和经济学采用两种不同的语言吗？或者说，经济学家的会话方式是否已经发展，使得法律语言和经济学语言仍然能彼此区分？

熊彼特只讲了故事的一部分。从孔多塞的"社会数学"研究❶开始，（政治）经济学家如卡纳德（Canard）、库尔诺（Cournot）、伯特兰（Bertrand）、瓦尔拉斯（Walras）、杰文斯（Jevons）、埃奇沃斯（Edgeworth）、马歇尔（Marshall）及其追随者们逐渐认识到，数学是自称经济学家的群体的主要会话方式。❷ 当然，从库尔诺使用的微积分到目前的博弈论和拓扑理论，数学工具已经有了很大的发展，但数学的假设–演绎系统始终构成经济学中"科学"话语的主干。迪尔德丽·麦克洛斯基在她对"经济学修辞"的开创性研究中指出："经济学研究中包括了许多雄辩的言论，但它最雄辩的段落是数学。"❸ 自20世纪30年代以来，经济学家已经被这种"科学"的思维方式所"俘获"。数学经济学和新古典主义价格理论于20世纪50年代达成的联盟，以及一般均衡理论数学证明方法的发展，在某些方面仍然主导着经济学——至少是在竞争法中应用的经济理论。❹ 同一时期，其他社会科学中也可以看到同样的数学化趋势，这是博弈论传播的一个副产品。❺

在经济学界并非人人都同意这种趋势。托尼·劳森事实上定义了与正统经济学或主流经济学对立的"异端经济学"。前者与"数学化倾向"或数学的

❶ BAKER K M. Condorcet: from natural philosophy to social mathematics [M]. Chicago: University of Chicago Press, 1975.

❷ 参见: VAZQUES A. Marshall and the mathematization of economics [J]. Journal of the history of economic thought, 1995, 17 (2): 247 –265.

❸ MCCLOSKEY D N. The rhetoric of economics [M]. 2nd ed. Madison: University of Wisconsin Press, 1998: 139.

❹ YONAY Y P. The struggle over the soul of economics [M]. Princeton: Princeton University Press, 1998: 187 –190; DEBREU G. Theoretic models: mathematical form and economic content [J]. Econometrica, 1986, 54 (6): 1259 –1270.

❺ O'RAND A M. Mathematizing social science in the 1950s: the early development and diffusion of game theory [J]. History of political economy, 1992, 24 (5): 177 –204.

"形式－演绎"框架联系紧密。❶ 为了概念上的清晰，我们可以区分经济分析的数学化和形式化。

　　经济理论紧跟数学的发展，从"微分计算和线性代数的元素开始，逐渐使用数学提供的更丰富的强大技术和基本结论"。❷ 阿里·汗在他对瓦尔拉斯一般均衡理论演变的开创性研究中，观察到了数学工具的影响，即这些工具被逐渐整合进并塑造了经济理论。❸ 他指出：经济理论的演变，是数学从微分计算发展到凸分析和非光滑分析的新工具的一个结果。❹ 凸分析的影响导致了博弈论和均衡理论的进一步发展。❺ 德布勒举了非标准分析的例子，主张"从一个数学上的新发现到它被应用于经济理论之间的时间差正随时间推移而缩小"。❻ 因此，人们可以预期，一旦数学的新发展被转化为经济学语言，经济理论就会发生演变。数学成为经济学的语言（reine sprache），并成为数学家群体与数学经济学家群体之间辩证互动的工具，❼ 他们是经济学"神庙"的新守护者。数学确保了精确性和对逻辑错误审查的开放性。数学本质上（par essence）是一种普世语言，与"经济物理学"（economic physics）的想象及其"统一科学"（unified science）的理想密切相关。❽ 数学方法据称还是价值中性而没有意识形态倾向的。❾

　　然而，将数学翻译成经济学，并非不会对经济学的内容产生重要影响。翻译者在从一种语言媒介转移到另一种语言媒介的过程中为两个主人服务：源语

❶　LAWSON T. The nature of heterodox economics [J]. Cambridge journal of economics, 2006, 30 (4)：488.

❷　DEBREU G. The mathematization of economic theory [J]. American economic review, 1991, 81 (1)：1 – 7.

❸　KHAN M A. The irony in/of economic theory [J]. Modern language notes, 1993, 108 (4)：784 – 785.

❹　KHAN M A. The irony in/of economic theory [J]. Modern language notes, 1993, 108 (4)：778 – 781.

❺　DEBREU G. The mathematization of economic theory [J]. American economic review, 1991, 81 (1)：1261.

❻　DEBREU G. The mathematization of economic theory [J]. American economic review, 1991, 81 (1)：3.

❼　DEBREU G. The mathematization of economic theory [J]. American economic review, 1991, 81 (1)：1263. "随着新的数学领域被引入经济理论并解决了其中的一些基本问题，一个'增长—成果'的循环开始运作。经济理论所提出的问题的数学趣味吸引了数学家，他们反过来又使这一学科在数学上更加有趣。"

❽　STIGUM B P. Towards a formal science of economics：the axiomatic method in economics and econometrics [M]. Cambridge：The MIT Press, 1990.

❾　DEBREU G. The mathematization of economic theory [J]. American economic review, 1991, 81 (1).

言和目标语言。一种语言的形式有可能影响或改变借由另一种语言所传递的信息内容。避免持续演化并回应外部刺激（社会现象）的经济学内容与数学形式的封闭系统之间的矛盾是不可能的。唯一的部分解决方案是理论的"公理化"（axiomatization），德布勒解释说：

> 一个公理化的理论首先选择它的原始概念集合，并用数学形式来表示其中的每一个……接下来，对代表原始概念的数学形式进行假设，并从这些数学形式中推导出结果。这样在分析的最后一步得到了对定理的经济解释。根据这一模式，一个公理化的理论有一个与它的经济内容完全分离的数学形式。如果我们去掉对模型的基本概念、假设和结论的经济解释，它的数学结构仍然必须成立。❶

的确，经济学的数学化倾向转变成了对模型和形式化的使用。❷ "理论意味着模型，模型意味着用数学形式（语言）表达的思想。"❸ 尽管我们不能否认经济学中存在着不同话语（其中一些拒绝使用数学，如奥地利学派），甚至在主流经济理论中也有不同的会话方式，但数学化倾向无疑是现代经济学的一个共同特征。异端经济学缓慢地融入主流范式，也是按照其向数学化倾向转化的速度进行的。

这种公理化可以理解为是对经济学缺乏"可靠实证基础"的回应，公理化可能导致经济理论通过"方法论上的形式化"❹ 来突出"内部的逻辑一致性"。在这种情况下，形式主义可以采取"自足的规则遵循"形式，采用形式语言和"独立于内容的演绎系统"。❺ 对"均衡"概念的采纳❻、最近发生的对经济行为

---

❶ DEBREU G. The mathematization of economic theory [J]. American economic review, 1991, 81 (1): 1265.

❷ WOO H K H. What's wrong with formalization in economics: an epistemological critique [M]. Newark: Victoria Press, 1986.

❸ STRASSMANN D L. Feminist thought and economics; or, what do the Visigoths know? [J]. American economic review, 1994, 84 (2): 154. 转引自: LAWSON T. The nature of heterodox economics [J]. Cambridge journal of economics, 2006, 30 (4): 490.

❹ BACKHOUSE R. E. If mathematics is informal, then perhaps we should accept that economics must be informal too [J]. The economic journal, 1998, 108: 1857; 基于: DEBREU G. The mathematization of economic theory [J]. American economic review, 1991, 81 (1): 2.

❺ CHICK V. On knowing one's place: the role of formalism in economics [J]. The economic journal, 1998, 108: 1859.

❻ MOSINI V. Equilibrium in economics: scope and limits [G]. London: Routledge, 2006.

的研究与行为科学研究的脱离❶或者 "经济人（homo economicus）关注的狭隘性
（假定经济学与政治和社会哲学具有可分离性，缺乏利他主义和缺乏具体情境）"
等，构成了这种公理化和形式逻辑的副作用。❷ 与 "公理推理" 相反，"普通推
理" 允许 "几个不同的出发点，每个出发点从不同的角度接近主题并带来不同
的知识"。❸

数学构成了经济学的语言，这一事实对经济学会话，即经济学话语产生了
深刻的影响。能够被形式化的东西可以作为经济学研究的主题，不能被形式化
的东西则被排除在经济学科的重点之外。德布勒指出，由于 "他（理论家）对
要求解的问题的选择，受到自身数学背景的影响"，"危险永远存在，在这种判
断中，经济学将成为次要的，甚至是边缘的"。❹ 换句话说，语言的自然限制约
束了对话的话题和叙事。这是现代主义思想的一个深刻后果，经济学是其衍生
品。现代主义认为科学是公理的和数学的。在现代主义看来，对效率和正义的
考虑应该分开。"它们都形成了具有各自信徒的教会：每个人都可以专门从事一
种论证……但论点是不交叉的：今年的国民生产总值是一回事；社会选择的公
理是另一回事；对穷人的同情还是另一回事。"❺

现代主义传统也出现在法律话语中。否则，人们怎么能理解法学界某些人
面对经济效率的论点时的狂怒？❻ 他们否定和讽刺经济效率的价值，认为效率之
说是错误的，是对正义圣殿的功利主义亵渎。❼ 他们认为这种效率理论事实上来
自于 "叛教者"，即皈依经济学话语的法律人，这些人被怀疑具有意识形态上的

---

❶ 一个有趣的分析，参见：HANDS D W. Introspection, revealed preference and neoclassical economics:
a critical response to Don Ross on the Robbins – Samuelson argument pattern [J]. Journal of the history of econom-
ic thought, 2008, 30 (4): 453 – 478.

❷❸ CHICK V. On knowing one's place: the role of formalism in economics [J]. The economic journal,
1998, 108: 1862.

❹ DEBREU G. The mathematization of economic theory [J]. American economic review, 1991, 81 (1):
4. 这一问题并不仅限于经济理论，也延伸到了应用经济学、计量经济学等。对统计和经济上的重要性的
比较，参见：ZILIAK S T, MCCLOSKEY D N. The cult of statistical significance [M]. Ann Arbor: University
of Michigan Press, 2007.

❺ MCCLOSKEY D N. The rhetoric of economics [M]. 2nd ed. Madison: University of Wisconsin Press,
1998: 6.

❻ 从经济学的角度来看，效率也受到了批评，特别是法律经济学者中的奥地利学派成员，他们强调
动态过程而不是静态方法：RIZZO M. The mirage of efficiency [J]. Hofstra law review, 1980, 8 (3): 641 –
651.

❼ 相关讨论参见：Symposium on efficiency as a legal concern [J]. Hofstra law review, 1980, 8 (3):
485 – 770.

偏见，他们的效率之谈是对根深蒂固的自由主义政治议程进行的伪装，并以此掩盖论争的本质。对于数学和优化的修辞方法，法律人使用他们最喜欢的武器，即解释学的武器，用价值和道德的修辞来回应。❶ 但在本质上，这些人的论点也有深刻的现代主义底色：法律是关于正义而不是关于效率的，正义和效率的概念应该被分开。如果效率没有成为一个有价值的考虑，那很可能是因为法学没有足够的语言在吸收效率考虑的同时避免对内部价值和前提进行深刻重构的风险。这些法学的内部价值据称比新古典主义经济理论传统上所追求的价值更广泛。证据法学者对证据理论中引入概率论和数学证明方法的影响感到越来越焦虑，也可以说明话语和语言的问题是如何相互关联的。❷

演绎推理和抽象方法在法律话语中当然不会缺席。实证主义的模式旨在将法学转变为一个严谨的科学领域。对法律一致性的追求参与了这种"对自然科学地位的追求"。❸ 杰弗里·塞缪尔令人信服地指出，"法律与科学理性的联系"是民法史的遗产，"标志着认识论上的转变"，可以理解为对罗马法权威文本之外的新的权威来源的追求："……对于接替中世纪神学的法学家来说，可以在法律的'科学'或系统一致性中找到一部分权威，因为这种理性不仅提供了演绎上有效的解决方案，而且在这样做的过程中，审判摆脱了主观偏见，这正是赋予法律正当性的权威。"❹ "法律是一个类似于数学的系统，由公理组成，从中可以逻辑地推导出所有其他规范以及案件问题的解决方案。"❺ 克里斯托弗·麦克卢登也指出："法律学者们不断地从他们所掌握的法律材料中构建解释的'模型'，然后用这些法律材料来检验这些模型。"❻ 然而，法律中的公理化和形式主义运动从来没有达到它们在经济学中所取得的成功和完美程度。一些学者嘲讽

❶ 例如，参见：DWORKIN R. Why efficiency? [J]. Hofstra law review, 1980, 8 (3): 563 – 569; DWORKIN R. Is wealth a value? [J]. Journal of legal studies, 1980, 9 (2): 191 – 226.

❷ TRIBE L H. Trial by mathematics: precision and ritual in the legal process [J]. Harvard law review, 1971, 84 (6): 1329.

❸ SAMUEL G. Is law really a social science? a view from comparative law [J]. Cambridge law journal, 2008, 67 (2): 294.

❹ SAMUEL G. Is law really a social science? a view from comparative law [J]. Cambridge Law Journal, 2008, 67 (2): 295.

❺ SAMUEL G. Is law really a social science? a view from comparative law [J]. Cambridge Law Journal, 2008, 67 (2): 312.

❻ MCCRUDDEN C. Legal research and the social sciences [J]. Law quarterly review, 2006, 122 (4): 634.

"法律概念的天堂"❶,在那里,对于法院如何决定案件的预测——这一进行科学伪装的基石——终于可以通过抽象分析和演绎思维来实现,但又很快就被利益法学(interessenjuriprudenz)❷ 的挑战和现实主义运动的功能主义击碎了。❸ 数学永远不可能成为法律的语言。

法律人和经济学家群体所采用的不同会话技术/方法,不可避免地导致他们被认为形成了各自独立的社会子系统。这是一种深刻的建构主义方法。在系统理论(systems theory)或自生理论(autopoietic theory)中,对于现实的社会建构思想也并未缺席。❹ 科学知识,同其他任何知识一样,都是在一个复杂的社会过程中形成的。因此,为了传递被翻译的话语的深层含义,而不是采用(法学或经济学)纯粹内部的视角,检查科学知识被实际建构的方式,❺ 并严格追溯该理论的历史发展❻是同等重要的。话语的发展假定组成社会子系统的不同社区之间存在共通的意义和信念。人们确实可以将法律和经济学领域概念化为两个不同的自足和自我参照(self-referential)的社会系统或子系统(如果人们着眼于它们在道德哲学中的共同起源❼),它们各自采用一种独特的会话/修辞方法。例如,"理性"的概念在经济学话语和法律话语背景下可能采取不同形式。❽

自生系统的一个特点是沟通主要发生在系统内部,而不是与外部世界之

---

❶ JHERING R V. In the heaven for legal concepts: a fantasy [J]. translated by LEVY C L. Temple law quarterly, 1985, 58 (4): 799-842.

❷ 参见:JOUNJAN O. Une histoire de la pensée juridique en allemagne [M]. Paris: Presses Universitaires de France, 2005.

❸ TWINING W. Karl Llewellyn and the realist movement [M]. 2nd ed. Cambridge: Cambridge University Press, 2014; SAMUEL G. Can legal reasoning be demystified? [J]. Legal studies, 2009, 29 (2): 205-206.

❹ 例如,参见:LUHMANN N. Law as a social system [M]. Oxford: Oxford University Press, 2004. 其第二章阐释了法律系统的操作性封闭。

❺ LAW J. Theories and methods in the sociology of science: an interpretative approach [J]. Social science information, 1974, 13 (4/5): 163.

❻ 例如,参见:PICKERING A. Science as practice and culture [M]. Chicago: University of Chicago Press, 1992.

❼ 亚当·斯密的经济学思想仅仅是更大的道德理论的一部分,参见:EVENSKY J. Adam Smith's moral philosophy: a historical and contemporary perspective on markets, law, ethics, and culture [M]. Cambridge: Cambridge University Press, 2005.

❽ 理性概念是"情境分析"的产物。它并没有任何内容,而"只是对一个人将根据其目标和情境采取充分而明智的行动的假设"。GORTON W A. Karl Popper and the social sciences [M]. Albany: State University of New York Press, 2006: 8.

间。❶ "社会被视为由多个封闭的交流网络分割而成",每个网络构建 "自己的现实"。❷ 理解这个结论的方法之一,是设想在不同的对话者群体内部同时进行着不同的对话。一旦对话开始,他们就有各自的脚本,其他群体的参与者可能偶尔会参与到这些对话中来,但不能改变这些脚本。❸ 尽管如此,每个子系统并不忽视其他子系统。尽管不应排除两种话语之间不可通约(incommensurability)的情况,自生的社会系统虽然在规范上是封闭的,但在认知上对其环境是开放的。

更具体地说,自生社会系统的自我封闭属性意味着外来话语不能直接进入内部对话的脚本/程序。"每个系统都在自己内部重建外部系统的形象"。❹ 这保留了每个环境的复杂性,但也可能导致不可通约性,因为在每个系统("环境")内运作的不同的规范性价值体系,会在缺乏必要转译的情况下被模糊地理解和交流。两种话语之间发展出某种程度的不可通约性是不可避免的。因此出现了规范性封闭(normative closure)和不可翻译(untranslatability)的领域。❺ 然而,相互渗透确保了每个系统在认知上的开放性:法律和经济学话语可以相互沟通和相互影响,而不必共享相同的价值。正如迪尔德丽·德怀尔所解释的:"这将意味着,人们相信有可能与来自另一个社会群体的人在关于外部世界的陈述上达成一致,但关于价值的陈述不能直接翻译。"❻

由此可见,系统之间的互动并不是单向的,例如,经济学影响法律,法律话语也应该影响经济学话语的形成和演变方向,因为对于相互渗透的系统来说情况总是如此。卢曼解释说,"当这种情况相互发生时,也就是当两个系统通过将自己已经构成的复杂性引入对方而使对方得以存在时,相互渗透的系统就出

---

❶ 参见:TEUBNER G. Autopoietic law:a new approach to law and society [M]. New York:De Gruyter,1988.

❷ TEUBNER G. How the law thinks:towards a constructivist epistemology of law [J]. Law and society review,1989,23(5):738.

❸ TEUBNER G. How the law thinks:towards a constructivist epistemology of law [J]. Law and society review,1989,23(5):740. 假设法律作为自生社会系统是由法律交流(而不仅仅是由规则或法律决策者)构成的。

❹ DWYER D. The judicial assessment of expert evidence [M]. Cambridge:Cambridge University Press,2008:126.

❺ DWYER D. The judicial assessment of expert evidence [M]. Cambridge:Cambridge University Press,2008:125.

❻ DWYER D. The judicial assessment of expert evidence [M]. Cambridge:Cambridge University Press,2008:115.

现了"。❶ 当然，相互渗透是一个程度问题，并且可能遵循特定的周期。例如，尽管早期法学家在限定不同社会科学（包括政治经济学）研究方法方面发挥了重要作用❷，但在随后的一段时间里，每个学科群体的发展都是不同的。

对这种不同方向的可能解释是不同的"范式"，即每个学科主要参与者的"认识论方向"、"推理类型"❸ 或"态度或行为体系"❹：据称社会科学遵循一种"将研究置于验证手段之下"（如果遵循波普尔的说法，则是"证伪"）的研究范式，而法律则接受一种"权威范式"，"其中认识论的有效性不是来自科学调查，而是完全来自权威"。❺ 这种权威的来源显然已经发生了变化，包括了基于对文本的参考、基础规范（grundnorm）或某种道德哲学原则等的法律一致性理想，甚至不惜因此与社会现实保持一定距离。

然而，即使坚持这种广义的描述，一致性原则对公理化了的现代经济学显然也具有核心意义。经验主义和证伪在经济理论中基本缺席了。许多经济理论不是基于实证研究，而是基于"相当抽象的、有时无法验证的、主要是以数学方式得出的关于人类行为的结论"。❻ 经济理论中的主流范式仍然是弗里德曼的工具主义，其中唯一的有效性检验是将预测与经验进行比较。❼ 重要的是理论产生预测的充分性和简洁性，而不一定是其假设与现实的对应性。因此，"权威范式"在经济学中也起着核心作用。此外，"权威范式"和"探究范式"之间的

❶ LUHMANN N. Social systems［M］. Stanford：Stanford University Press，1995：213.

❷ 例如，参见：KELLEY D R. The human measure：social thought in the western legal tradition［M］. Cambridge：Harvard University Press，1990.

❸ SAMUEL G. Is law really a social science? a view from comparative law［J］. Cambridge Law Journal，2008，67（2）：182.

❹❺ SAMUEL G. Is law really a social science? a view from comparative law［J］. Cambridge Law Journal，2008，67（2）：204.

❻ HOVENKAMP H. Economic expertise in antitrust cases［M］// FAIGMAN D L，et al. Modern scientific evidence：the law and science of expert testimony. 2nd ed. St. Paul：West Group，2002：723.

❼ FRIEDMAN M. Essays in positive economics［M］. Chicago：University Chicago Press，1953：40. "不能通过直接将其'假设'与'现实'相比较来检验［一个］理论。事实上，没有任何有意义的方法可以做到这一点。完全的'现实主义'显然是无法实现的，而一个理论是否'足够现实'的问题只能通过看它产生的预测是否足以达到计划的目的，或者是否比其他理论的预测更好来判断。然而，人们普遍认为一个理论可以通过其假设的现实性来检验，而不需要考虑其预测的准确性，这也是有关经济理论不现实的长期批评的来源。这种批评在很大程度上是不相关的，因此，它所激发的大多数改革经济理论的尝试都是不成功的。"

尖锐对立，忽略了法官也会"对任何决定的后果很敏感"的事实。❶ 人们的期望是，法院的判决不仅应该被视为认识论上的真理（某种合理/真实的信念），而且还应该被视为有说服力，甚至对法律子系统之外的行为者也是如此。

对于一个法律体系的合法性来说，重要的是那些受司法裁决影响的人们相信法院充分解释了它的裁决，从而使败诉方承认它是"有效的"，即便是对其不利的"司法权力的行使"。❷ 重点在于决策的过程，而不是从某种外部现实或原则的角度看结果。结果当然是重要的，从公共政策的角度来看，如果认为一项法律规则导致了不可接受的后果，最终就可能导致其被修改。然而，从外部的（例如公共政策的）角度来看，法律的权威性与这种结果的可接受性之间没有直接联系。

这并不是说法律现实可以完全"免疫于社会中其他话语所产生的相冲突的现实"。❸ 正如特布纳所解释的，"……法学建构被暴露在社会中其他话语的建构中……（它们）被暴露在'社会一致性'的测试中，这取代了与外部现实对应测试的旧的假想"。❹ 这一"干扰"或"法律和其他社会科学的相互扩散"对法律话语具有重要意义：后者"被预设应该将社会知识纳入其世界建构，并根据社会科学知识的积累不断地修正针对社会现实的法律模式"。❺

人们可以就经济理论的演进及其实证主义转向提出类似的观点，即在该学科的严格限制之外的其他结果并不重要。例如，经济学中的序数主义革命（ordinalist revolution）的目的之一是使经济学摆脱对心理假设的任何依赖：基数效用（cardinal utility）的概念被放弃，取而代之的是偏好尺度（scale of preference）。❻ 这与可接受的观察方法转变有关。用莱昂内尔·罗宾斯的话说，"估价是一个主观的过程。我们无法观察估价。因此，它超出了科学解释的领域。我们的理论构建必须假定可观察的数据"❼ 拒绝基数效用概念也导致行为主义心理学受到经济分

---

❶ SAMUEL G. Is law really a social science? a view from comparative law [J]. Cambridge Law Journal, 2008, 67 (2)：207.

❷ KATSKEE R B. Science, intersubjective validity, and judicial legitimacy [J]. Brooklyn law review, 2008, 73 (3)：861.

❸❹ TEUBNER G. Autopoietic law：a new approach to law and society [M]. New York：De Gruyter, 1988：745.

❺ TEUBNER G. Autopoietic law：a new approach to law and society [M]. New York：De Gruyter, 1988：747.

❻ BAERT P. Philosophy of the social sciences [M]. Cambridge：Polity, 2005：150.

❼ ROBBINS L. An Essay on the nature and significance of economic science [M]. 2nd ed. London：Macmillan, 1945：87.

析的排挤，被认为是一种"奇怪的崇拜"。❶ 罗宾斯认为，经济学应该试图回答的问题是"稀缺性下的选择"，稀缺性是"实现**给定**目的的给定手段的稀缺性"。❷ 代理人偏好是一个"给定条件"，经济学家必须确定它才能分析消费者的选择。"显示性偏好"（revealed preference）的概念进一步试图将消费者行为的理论建立在可观察的基础上，并抑制对心理学和内省法（introspection）❸ 的任何借助。然而，这样建立的模型缺乏与现实的对应关系，最终被证明不适合（也不正当）用于公共政策的制定，但经济学家在公共政策领域的作用正在扩大。❹ 这最终导致当代经济理论更加重视来自心理学的知识。❺ 在最近的许多经济学说发展中可以看到的使用心理学的趋势，如行为经济学、实验经济学以及神经经济学，均将经济学转变为一种认知科学，在使用实验反省的方法发现"心理事实"的基础上重新认识经济行为。经济学和经济学家正在寻找数学以外的新的"翻译来源"，而能够提供更多"现实证据"的认知科学成为一个大受欢迎的选项。激进一些的假设是，经济学越是试图占据政策制定和分析的领域，并试图对特定经济子系统之外的行为者产生影响，就越是需要对来自现实的压力作出反应。这种压力还没有像法律体系通常面临的压力那么大，但它可以解释为什么最近的经济理论重视更现实的假设。❻ 总之，权威与探究的二分法没有考虑到社会科学发展的广泛社会背景。

我们还应该考虑到这样一个事实：在科学（包括社会科学）中"追求真理"的目的与在法律和法庭中"追求真理"的目的不同，❼ 这可能解释了每个独立子

---

❶ ROBBINS L. An Essay on the nature and significance of economic science ［M］. 2nd ed. London：Macmillan，1945：87.

❷ ROBBINS L. An essay on the nature and significance of economic science ［M］. 2nd ed. London：Macmillan，1945：46.

❸ 一种批评性的观点，参见：WONG S. The foundations of Paul Samuelson's revealed preference theory：a study by the method of rational reconstruction ［M］. London：Routledge，1978.

❹ 在竞争法实践中兴起的经济学顾问群体，可以很好地说明经济学作为竞争法主要知识来源并导致经济学顾问在竞争政策分析和制定中发挥更大作用的扩张过程。参见：NEVEN D J. Competition economics and antitrust in Europe ［J］. Economic policy，2006，21（48）：741 – 756.

❺ 一个概述，参见：KAHNEMAN D. A psychological perspective on economics ［J］. American economic review，2003，93（2）：162.

❻ 例如，参见：AKERLOF G A. The missing motivation in macroeconomics ［J］. American economic review，2007，97（1）：3 – 36.

❼ 如美国最高法院在 *Daubert v. Merrell Dow Pharmaceuticals*，509 U. S. 579，597（1993）案中揭示的："法庭上关于事实真相的追求和实验室中关于事实真相的追求有一些重要的不同。"

系统的不同演变。人们认为，科学方法的目的不是使科学家的权力合法化，而是增加"客观知识"的存量，换句话说，是探索和发现更多关于世界的知识。与此相反，在法庭上对"真理"的追求是为了在合法行使权力的意义上达成一个终局的、有说服力的解释。❶ 终局解释因法院的定义而存在。❷ 在科学发现的过程中，情况则并非如此，因为"每一种解释都可能被进一步解释"，在这个意义上，一个已知的事态总是可以被一个未知的事态所解释。❸ 换句话说，"客观性"和"真理"可能是科学和法律过程共同的目标，但它们旨在揭示的"客观性"或"真理"的性质是不同的。

一旦我们接受了法律和经济学形成了两个不同但相互影响的子系统的观点，就必须研究它们之间的相互联系和认知开放性是如何运作的。

首先，人们可以说，当另一个自生的话语系统产生时，其中含有更广泛的社会话语的一些元素，这些元素在自生系统实现规范和操作上的封闭之前就已经为之所用。如果我们认可这个比喻，可以说我们所有人都同时参与了不同的对话或游戏。这些不同对话的参与者（一个人可以属于一个以上的学科）可能会把他参与其他社会子系统对话所获得的信息，传递到另一个子系统的对话中。❹ 这就是事实、概念、方法论和理论如何随着时间的推移从一个专业系统传播到另一个专业系统或整个社会中的方式。❺ 这为不同系统之间的社会交流确立了基本规则，即类似于一种元语言。"共同对比基础"（tertium comparationis）或"元语言"的存在也是一些翻译理论的共同观点。瓦尔特·本雅明认为翻译意味着一种纯语言（reine sprache 或 mentalese），它通过确保两种语言 A 和 B 的表达

---

❶ 正如美国最高法院在 *Daubert v. Merrell Dow Pharmaceuticals*，597 案中所承认的那样："科学的结论是可以被后续修正的。而法律必须终局和快速地解决争端……我们认识到，在实践中，法官的把关作用，无论多么灵活，都不可避免地会不时阻止陪审团了解真正的见解和创新。然而，这正是《证据规则》所要达到的平衡，它不是为了详尽地寻找宇宙的真知，而是为了解决法律纠纷的具体问题。"

❷ KATSKEE R B. Science, intersubjective validity, and judicial legitimacy [J]. Brooklyn law review, 2008, 73 (3): 861.

❸ RESCHER N. The limits of science [M]. Pittsburgh: University of Pittsburgh Press, 1999: 136.

❹ KERCHOVE M V D, OST F. Le droit ou les paradoxes du jeu [M]. Paris: Presses Universitaires de France, 1992.

❺ 一个跨学科项目 "The Nature of Evidence: How Well Do 'Facts' Travel" 通过大量实证研究记录了事实与证据主张如何在各社会科学之间以及随时间迁移。

都等同于元语言 C，来实现从语言 A 到语言 B 的信息传递。❶ 乔姆斯基的"生成语法"（generative grammar）理论❷来自类似的知识传统，被奥斯特敏锐地称为"废弃的巴别塔：完美的语言和其他假想的语言"（Babel aboli：langues parfaites et autres langues imaginaires）。❸ 我们还可以对这一观点进行批评，因为为了确定 A 和 B 是否与语言 C 的文本意义相似，可能需要一种新的元语言 D，等等（"第三人论点"）。❹

其次，有些人可能主张语言和话语可以由采用它们的不同子系统中的权力、支配力和权威关系所表征——因此，翻译不仅仅是一种简单的传递意义的技术工作。❺ 几个子系统中的一些参与者可能在主系统中获得特定的地位或权力，能够被视为外部认知信号的"官方"翻译者，从而影响到选择哪种源语言进行翻译。如果在 1965 年，一位社会学家或行为社会科学家，而不是经济学家唐纳德·特纳（Donald Turner），被任命为主管反垄断监管的助理司法部长，那么美国反垄断法的发展会不会有不同的结果？ 劳伦斯·沙利文曾经考察过反垄断法中存在着的不同于经济学的思想来源，并提出了一个可能的替代方案，从而证明了经济学不应该是竞争法的唯一（外部）思想来源。❻ 正如贡塔·托依布纳所指出的，"经济理性并不拥有在全社会范围内制度化的特权"。❼ 问题不是要消除"道德－政治的一神论而支持经济一神论，在此法律只需要反映"它们，而是要"从一神论变为多神论，从现代理性的一神论变为多种话语的多神论"。❽

总之，自生理论使人们注意到对一个子系统的理解可能激活另一子系统的参与者。这些外部理解可能是它们的语言技术具体限制的结果，因此也是它们对话的故事和脚本的结果。因而，我们可以区分法律和经济学话语：在这个意

---

❶ BENJAMIN W. The Task of the Translator [M] //translated by ZOHN H，VENUTI L. The translation studies reader. New York：Routledge，2004：21. "真正的译作是透明的，它不掩盖原作，不遮蔽其光芒，而是让纯语言通过自己的媒介得以强化，只有这样，译作才能完全落实到原作。"

❷ CHOMSKY N. Aspects of the theory of syntax [M]. Cambridge：MIT Press，1965：3.

❸ OST F. Traduire：défense et illustration du multilinguisme [M]. Paris：Fayard，2009：67 – 105.

❹ ECO U. Experiences in translation [M]. Toronto：University of Toronto Press，2001：12.

❺ 尤其参见葛兰西（A. Gramsci）与巴赫金（M. M. Bahktin），分析参见：IVES P. Gramsci's politics of language：engaging the Bakhtin Circle and the Frankfurt School [M]. Toronto：University of Toronto Press，2004：chapter 2.

❻ SULLIVAN L. Economics and more humanistic disciplines：what are the sources of wisdom for antitrust? [J]. Philadelphia：University of Pennsylvania law review，1977，125（6）：1214 – 1243.

❼❽ TEUBNER G. Altera pars audiatur：law in the collision of discourses [M] // RAWLINGS R. Law, society and economy. New York：Oxford University Press，1997：150.

义上，每个学科所研究的主题和会话方式是不同的。据此，如果我们把一个术语/论点与它所融入的对话隔离开来，这个术语/论点的含义可能就会有所不同。作者可以举出这种多义性概念的例子，比如"产权"，它同时存在于两个学科的词汇中，但有不同的含义。但这更像是语用学的研究对象（研究语境对话语解释的影响），而不是翻译的研究对象。在这里，我们应该首先假设，翻译强调的是将意义从一种语言/话语转移到另一种语言/话语，目的是实现含义上的对等（深层意义上的对等）。

（二）翻译的目的

如果翻译是指从源语言到目标语言的意义/影响传递，其目的是传达含义，表达一个言语（话语）的深层意义。在这个意义上，翻译是一个不同于沟通或失真沟通行为的概念，后者不一定涉及传递含义或深层意义的目标。没有人比刘易斯·卡罗尔（Lewis Carrol）的《爱丽丝梦游仙境》更能说明这一点：居住在仙境的众生或多或少都能理解爱丽丝的语言，但那个地方的居民彼此之间并没有进行有意义的（结构化意义上的）交流。查姆·佩雷尔曼将这个世界与他所提出的论证范式对立起来。他观察到："在爱丽丝和仙境的居民之间，没有任何等级、特权或规则要求必须是一方而非另一方作出回应。即使是那些已经开始的对话也很容易突然中断。"❶

人们也可以将翻译与解释区分开来。翻译可以被视为一种有限的类型，"一种受某些翻译特有原则支配的解释"。❷ 解释涉及与原文的某种程度的对应，这是翻译所不面临的约束。在翻译中，两个文本之间不可能存在对应关系。乔治·斯坦纳指出：

> ……完整的翻译，翻译者需要完全了解对文本中将词与物联系起来的方式中的决定性知识和概括。翻译者必须经历一个完全的心理变化。❸

由此可见，源语言和目标语言之间不存在同一性，而是存在某种松散的意

---

❶ PERLEMANN C, OLBRECHTS - TYTECA L. New rhetoric［M］. Notre Dame：University of Notre Dame Press, 1969：15.

❷ ECO U. Experiences in translation［M］. Toronto：University of Toronto Press, 2001：80. 在这个意义上，翻译是解释推论的结果（对文本意义的赌注），可以或不可以被其他读者所分享（见该文献第16页）。

❸ STEINER G. After Babel［M］. New York：Oxford University Press, 1975：309.

义等同性。因此，翻译者可以自由改变故事（内容），他必须决定需要传达的基本内容是什么。正如埃科所解释的："为了保全一个深刻的故事，翻译者将有权改变表面的故事。"❶ 翻译是一种"系统间的解释，在表达的实质上有明显的变化"❷。没有什么比翁贝托·埃科《翻译中的经验》（*Experiences in Translation*）一书的书名从意大利语翻译成法语和英语更能说明问题了。该书的意大利语标题是"*Dire Quasi la Stessa Cosa，Esperienze di Traduzione*"*，法语翻译为"*Dire Presque la Même Chose：Expériences de Traduction*"**。标题的第一部分在英文版中已经消失了。这表明，翻译是"*dire PRESQUE la même chose*"（**几乎**一样的话）。翻译涉及不同含义之间的不断协商，而不以含义的对应为目的。一旦背弃了"完美翻译的理想"，"哀悼之作"就开始了，也就是把自己暴露在"外国的考验"之下。❸

但是，如果翻译不以（在形式和内容上）严格对应为目的，那么它的目的是什么？一个可能的选择是"动态等同"，即"反应的等同"（equivalence of response）或翻译与受体语言文化的整体"符合性"。❹ 因此，翻译者的目的（skopos）有可能是为了抵达目标文化中的"一组地址"："译文文本……是面向目标文化的，正是这一点最终决定了翻译是否具有充分性"。因此，"源文本和译文文本可能会有相当大的差异，不仅在内容的表述和传播上，而且在每个文本设定的目标以及在内容的安排上"。❺ 反思我们对法律和经济学之间互动的讨论，这表明寻求法律话语中的经济概念与某种理想的"好的经济学"的形式对应/等同是一种徒劳的做法。

外国文本的本国化并非没有限制。翻译者在原作者和读者之间进行调解——"翻译是为两个主人服务：外国人与他的作品，读者与他的占有欲"。❻ 在某些情

---

❶ ECO U. Experiences in translation [M]. Toronto：University of Toronto Press，2001：31.

❷ ECO U. Experiences in translation [M]. Toronto：University of Toronto Press，2001：106.

* 意为"说的几乎是同一件事，翻译心得"。——译者注

** 意为"说几乎一样的话：翻译心得"。——译者注

❸ RICOEUR P. On translation [M]. translated by BRENNAN E. London：Routledge，2006：23.

❹ NIDA E. Principles of correspondence [M] // VENUTI L. The translation studies reader. New York：Routledge，2004：163.

❺ VERMEER H J. Skopos and commission in translational action [M] // VENUTI L. The translation studies reader. New York：Routledge，2004：229. 翻译不是"转码"，这种程序是"回顾性地面向源文本，而不是前瞻性地面向目标文化"，因此"与翻译行动的理论截然相反"。

❻ RICOEUR P. On translation [M]. translated by BRENNAN E. London：Routledge，2006：4.

况下，译文将通过表明其与目标语言文化的差异，来保持翻译信息的外国特性（外国化的翻译）。

从本质上讲，翻译的目的是围绕被翻译的文本将两个异质的社区联系起来。它的目的是培养"一个读者社群（原来因文化差异而被相互区隔）"，同时也建立"一个包括外来知识和兴趣的群体，一个与另一种文化、另一种传统共同的理解"。❶ 因此，经济移植的目标是在外来文化和受体文化之间建立这种"语言接触区"❷，在我们的讨论中就是在法律修辞和经济修辞之间建立语言接触区。这具有重要影响，因为它牵涉一个律师与经济学家的混合话语社群。因此，必须在所有的话语参与者（法律人和经济学家）之间建立共识，以确定观点的真伪。

三、竞争法中出现的经济移植

在定义了翻译的含义之后，本文将从翻译范式的角度分析竞争法领域中法律和经济学话语的互动。本文将首先考察将经济学话语纳入法律话语的不同形式，然后集中讨论一种特定的形式——经济移植，它与翻译范式完全吻合。

（一）竞争法中经济分析的多面性

在将经济分析纳入法律论述的方法上，法官或法律决策者有不同的选择。

他们可以选择将翻译任务委托给一个"专家"，即一个精通经济学话语的人，他将试图向法官解释经济学话语的深层含义。翻译的任务将由专家证人、法院指定的专家、鉴定员或者独任共同专家（single joint expert）来完成。法官和经济专家之间存在的"认识上的不对称"❸ 使得将翻译任务委托给专家具有必要性。法官认识到这一概念属于不同的话语（经济学），而且没有努力将其纳入自己的话语体系。法官决定求助于经济学话语的"专家"有很多原因。

经济学话语是法官执行竞争法的观念和权威的重要来源（"经济权威"）。例如，竞争法向经济学方法演变的主要影响之一，就是规范性经济学观点和理论对于解释什么是"限制竞争"发挥了重要作用。"限制竞争"、"滥用支配地位"或"对有效竞争构成重大障碍"这些术语本身并不包含任何内容，除非解释者

---

❶❷　VENUTI L. Translation, community, utopia［M］］// VENUTI L. The translation studies reader. New York：Routledge, 2004：491.

❸　BREWER S. Scientific expert testimony and intellectual due process［J］. Yale law journal, 1998, 107（6）：1586. 其中提到了"认知尊重"（epistemic deference）的概念。

诉诸某些经济考虑，如消费者福利、经济效率、单边效应、协调效应、共谋等。因此，法官需要获得经济学方面的专业知识，使得竞争法这一法律部门具有强大力量。

很明显，法官在执行竞争法条款时，会受到经济权威和法律先例的影响。在法律界和经济学界对什么是适用于商业行为的适当竞争法标准尚未达成共识的情况下，情况尤其如此。关于经济效率收益的芝加哥理论、关于纵向并购和封锁之反竞争损害的后芝加哥理论（如提高对手成本的理论），以及关于创新激励的理论等，正日益成为某些商业行为适当竞争法标准的辩论框架。法院隐含或明确地寻找"经济权威，以确立反垄断法的法律权威"❶。

然而，我们不应把经济学话语看作具有整体性的话语，相反它是由众多子话语、流派、理论等刻画的话语。通常，这些理论都是建立在首要假设之上，而自我界定的"经济学家"群体对这些首要假设没有共识。因此，专家的选择将对翻译行为产生重要影响。如前所述，每个译本都会有所不同，因为它是一种解释推论的结果，因而可能或不可能被每个人所认同。每个翻译者将不可避免地强调原始话语的不同部分。

最近美国最高法院在 *Leegin* 案中关于转售价格维持所适用的本身违法规则是否持续有效的审理可能说明了翻译的这种多样性，因此也展示了法官任务的难度。❷ 在庭审听证中，代表 Leegin 出庭的西奥多·奥尔森（Theodore Olson）和布雷耶大法官之间发生了有趣的对话。奥尔森声称，只有在零售商拥有强大市场力量的经济背景下，转售价格维持才很有可能导致反竞争的效果。他的论点基于芝加哥学派的假设，即供应商和消费者的利益总是一致的，同时需要保护经销商的促销努力不被搭便车。这一假设受到了其他一些经济学家的质疑，他们主张纵向限制，特别是转售价格维持可能会导致消费者受到伤害。❸ 布雷耶大法官是反托拉斯和监管经济学的优秀专家，他很快就意识到：

> 布雷耶："哪些经济学家？我知道芝加哥学派倾向于强调合理分析
> 原则之类的。舍勒（Sherer）教授是一位经济学家，对吗？在联邦贸易

---

❶ GAVIL A. Competition policy, economics and economists: are we expecting too much? [M] // HAWK B. 1998 Fordham Corporate law Institute: International Antitrust Law and Policy, 1999: 579.

❷ *Creative Leathers Products, Inc. v. PSKS, Inc.*, 127 S Ct 2705 (2007)。

❸ 参见：COMANOR W S. Vertical price‐fixing, vertical market restrictions, and the new antitrust policy [J]. Harvard law review, 1985, 98 (5): 983 – 1002.

委员会工作了很长时间？他是这个领域很好的专家……而他的结论是，就像在统一执行转售价格维持的情况下，限制措施可能造成巨大的消费者利益损失。巨大的……"

奥尔森："绝大多数研究过这个问题的经济学家都得出了相反的结论，布雷耶大法官。"

布雷耶："我们应该统计经济学家的数量？我们就是这样决定案件的吗？（笑声）"❶

人们可以理解在遵循不同假设和不同推论的、相互冲突的经济专业知识基础上作决策时所面临的挑战。由于认识上的不对称，法官无法自己来评估翻译对原文的"忠诚度"。同样不清楚的是，如果不是由另一位专家来审查的话，应当如何评估翻译的"忠诚度"。但由另一位专家审查将不可避免地会引起"第三人论证"问题（例如，由第三位专家来验证第二位专家关于第一位专家忠诚度结论的忠诚度，等等）。最后，如果人们把这两个话语看作独立的、封闭的子系统，那么忠诚度也可能有一点关系。但我们知道，在现实中情况并非如此。法律体系对特定经济学话语的选择将对经济学家之间的对话产生深远的影响，它赋予某些学派以法律机构的权威和支持，并削弱其他学派，使其更难以招募拥趸加入其"教会"。

在其他情况下，法官不必在不同译文中作出选择，因为在经济学话语中存在着广泛的共识。对于"经济事实"来说尤其如此：统计数据（公司的销售额、营业额、行业内的销售额、规模经济等）或行业内广泛使用的经济概念，如机会成本、可变成本、固定成本、平均可避免成本、边际成本等。这些数据都是基于观察的，但最终也是理论引导的。❷ 然而，经济专家之间对它们的含义一般都有广泛的共识。但这种共识并不包括使用统计方法从数据中得出的推论，换言之，经济事实的概念包括描述性数据，但不包括推论性数据。❸ 在这些案件

---

❶ US Supreme Court No 06/480. Oral argument transcript［EB/OL］：（2007 - 03 - 26）［2007 - 03 - 26］. http：//www. supremecourtus. gov/oral_arguments/argument_transcripts/ 06 - 480. pdf.

❷ 观察总是受理论的启发。BEECHER - MONAS E. Evaluating scientific evidence：an interdisciplinary framework for intellectual due process［M］. Cambridge：Cambridge University Press, 2007：37 - 39. 其中提示了科学"事实"的社会建构性。

❸ 描述性数据描述现实（包括标准差等概念）。推断性数据用于从一项研究中得出关于一般人群的结论/推断。BEECHER - MONAS E. Evaluating scientific evidence：an interdisciplinary framework for intellectual due process［M］. Cambridge：Cambridge University Press, 2007：60.

中，法官的参与仅限于决定是否在对案件事实的定性中将这种经济背景纳入考虑。如果法官决定考虑争端的经济背景，这些经济事实将由专家以经验方式确定。认识上的不对称程度将因此达到顶峰：与法官相比，专家不仅对收集和展示数据的统计方法有更高的认识，而且还花时间收集这些具体数据并将其与特定争议的经济背景联系起来。

我们还可能遇到这样的情况：经济理论不仅被绝大多数经济学家普遍接受，而且已经被纳入一般的社会体系，即"经济规律"。❶ 对于经济规律，非专业人士或非专业法官无须翻译就能理解其含义。这些概念构成了法律和经济子系统共同准则的一部分。在最极端的情况下，经济规律被很好地纳入了所有不同形式的话语中，并采用了"常识"的形式。例如，市场力量可能产生配置"非效率"（inefficiency）的观点是基于完全竞争模式的，它可以被认为是需求定律的具体表现。正如马克·布劳格在他的《经济学方法论》中所说，这不是一个像万有引力定律一样可以被检验的自然法则（布劳格采用的是波普尔的观点），而是依赖于例如"看不见的手"、理性人假设等假设和假定，并构成一个部分平衡的模型。经济规律可能会受到相反经验证据的质疑。例如，实验经济学的最新进展表明，即使在作出了明确经济选择时，真正的消费者有时会受到他们对公平的看法而不是边际效用等经济因素的指导。❷

但是，尽管有这些挑战，经济规律还是构成了一般经验的一部分，因此没有必要由专家来确立和解释。在这种情况下，法官和专家之间的认识不对称性是最小甚至几乎不存在的。人们可以提出，这些经济规律是在法理阶段被整合进法律的，或者像勒恩德·汉德所说的那样，是"从专门经验中得出的一般真理"❸。人们当然可以质疑这些一般"真理"的普遍有效性。然而，这些经济规律构成了法律和经济关系中不可区分的一部分。例如，质疑供给和需求之间"经济规律"的理论，在竞争法中很难被接受为有效的经济权威。基于对这种理论经济证词和奠定法律体系经济基础的基本假设之间可能会存在紧张关系的经

---

❶　关于经济"事实"和"规律"之间的区别遵循了法律思想中传统的"事实/法律"区分模式：MORRIS C. Law and fact [J]. Harvard law review, 1942, 55 (8)：1315. "事实是短暂的和特殊的"，但规律相反。这种分类可能会受到批评，因为事实与价值有关，而规律并不独立于事实（例如统计规律）。因此，我们不应该认为经济事实和规律最终是不同的。

❷　RABIN M. Incorporating fairness into game theory and economics [J]. American economic review, 1993, 83 (5)：1281 – 1302.

❸　HAND L. Historical and practical considerations regarding expert testimony [J]. Harvard law review, 1901, 15 (1)：54.

验，法官会自动排除这种类型的经济专业知识。

(二) 竞争法中的经济移植物

翻译的任务也可能不会被完全委托给经济学专家，部分任务可以由法律决策者/法官完成。这构成了经济移植的一个重要特征。经济移植还包含了不仅在裁判阶段（如经济事实和经济权威），而且在教义阶段明确整合经济分析的决定，即将其吸纳作为裁判阶段所有决定的指导原则。本节将研究经济移植物的出现，然后分析没有将翻译的工作完全委托给经济专家的解释性理由。

1. 经济移植物的出现

"经济移植物"指的是通过有裁决权的机构的翻译行为纳入法律话语，从而能够对法律规范的解释产生影响的经济学话语。在大多数情况下，经济移植带来了分析性概念（如市场力量、进入壁垒、消费者福利、效率收益），这些概念是对案件事实定性的重要中间步骤，例如，行为是否构成《欧共体条约》第81条规定的竞争限制，或者第82条规定的滥用支配地位。软法文件（如指南）是经济移植物进入法律话语最常见的通道。正如埃莉诺·福克斯的名言"在指南中经济学家成为国王"，其为软法所发挥的作用提供了充分的解释。❶ 经济移植物通常不会一开始就被纳入刚性法律文件（如法规等），这些刚性法律文件往往采用的是描述性而非分析性概念（比如市场份额，后者是市场力量概念的替代物）。❷

这种情况应区别于将专家经济证据"提炼为法律标准并应用于后续案件"的情况。❸ 巴尔比耶·德拉塞尔和希伯尼提示了"共同市场支配地位"（collective dominant position）概念的例子，这一概念是判例法根据提交给法院的关于默示合谋（tacit collusion）理论的经济证据逐步发展形成的。值得注意的是，法院并没有采用"默示合谋"这一经济概念，而是倾向于发展出一个新的法律概念——共同支配地位，从而区隔了这个新概念与其经济基础。经济移植物的情况则并非如此，法律选择采用与经济学话语相同的名称以强调移植物的经济学

---

❶ FOX E. The 1982 Merger Guidelines: when economists are kings? [J]. California law review, 1983, 71 (2): 281.

❷ 例如，参见 *Commission Regulation (EC) 2790/1999 of 22 December 1999 on the application of Art 81 (3) of the Treaty to categories of vertical agreements and concerted practices* [1999] OJ L336/21; *Commission Notice on Guidelines on Vertical Restraints* [2000] OJ C291/1.

❸ BARBIER DE LA SERRE E, SIBONY A – L. Expert evidence before the EC courts [J]. Common market law review, 2008, 45 (4): 969.

起源和性质。我们可以认为这种选择表明了一种法律界的解释准则——不要忽视这个概念也属于另一种独立话语体系。欧盟委员会近期用"协调效应"（coordinated effects）的经济概念替代或补充共同市场支配地位的努力，表明了经济移植将继续存在。这一变化也导致了欧盟委员会和欧洲法院之间的对话，但欧洲法院在整合经济学话语方面并不那么迅速（很可能因为其只由法律人组成）。法院试图将协调效应这一经济移植物纳入其自己创设的共同市场支配地位的法律概念，而不是放弃后者。

经济移植物的一个有趣特点是，对它们的解释并不总是与经济学中该概念的确切含义一致。在这个意义上，它们与"法律移植物"概念的特点相同。

在艾伦·沃森看来，法律体系在发展过程中不断从其他体系中借用概念或方法。❶ 皮埃尔·勒格朗则否定了这种可能性，他认为法律规则可以传递，但法律意义和文化却不能。❷ 在最好的情况下，这些概念会沉浸在受体环境中，发展出独立的形式和生命。❸ 经济移植的概念是指通过翻译行为借用经济概念。然而，对于任何好的翻译来说，即使语言的"主体"（hospes）和"受体"（hostis）之间存在某种程度的对等，二者也可能存在重要的差异：正如翁贝托·埃科对他的小说《玫瑰的名字》（*The Name of the Rose*）的翻译所作的说明的那样，同一个意大利文本在俄语、德语或法语中的翻译可能是不同的。❹ 经济移植物一旦被翻译，就会产生不同的形式：其内容的发展与原来的环境不同，它的发展与宿主语言的背景相一致。

在竞争法中，经济移植物的整合主要是通过软法文件（指南）实现的。❺ 这也是美国反垄断法的发展轨迹。从《1968 年并购执法指南》开始，美国反垄断

————————————————

❶ WATSON A. Legal transplants: an approach to comparative law ［M］. 2nd ed. Athens: University of Georgia Press, 1993.

❷ LEGRAND P. The impossibility of legal transplants ［J］. Maastricht journal of European comparative law, 1997, 4 (2): 111 – 124.

❸ WATSON A. Law out of context ［M］. Athens: University of Georgia Press, 2000; LEGRAND P, MUNDAY R J C. Comparative legal studies: traditions and transitions ［M］. Cambridge: Cambridge University Press, 2003.

❹ ECO U. Experiences in translation ［M］. Toronto: University of Toronto Press, 2001: 28 – 29.

❺ AREEDA P. Justice's merger guidelines: the general theory ［J］. California law review, 1983, 71 (2): 303 – 310.

法整合了许多不同的经济概念，这些概念对美国法院的反垄断案件产生了影响。❶

希拉里·格林关于美国并购指南在反垄断话语中的制度化的重要研究，提供了一个通过指南这一工具整合经济移植物的绝佳例子。❷ 格林以并购审查中衡量市场集中度的标准为例，阐释了指南的影响。在《1968 年并购执法指南》出台之前和之后不久，美国法院在分析并购影响时采用了市场前四名公司集中度标准（CR4），即市场上四家最大公司的市场份额之和。❸ 1982 年，美国司法部修订了《1968 年并购执法指南》，并引入了新的市场集中度衡量标准——赫芬达尔 - 赫希曼指数（HHI），即市场上各公司份额的平方和。❹ 格林指出，至少在 20 世纪 60 年代初，HHI 就已经被经济学界广泛讨论，❺ 其中包括乔治·斯蒂格勒关于寡头垄断理论的开创性研究❻，并在法学教授、当时的法官理查德·波斯纳的推动下"成为主流法律文献的一部分"。❼ 然而，格林注意到，在《1982 年并购执法指南》颁布之前，有关《克莱顿法》第 7 条❽的判例却都忽略了HHI❾。在这之前，判例几乎完全是依靠 CR4 或其他集中度比率作出的。《1982 年并购执法指南》颁布后立即进入了一个过渡期，在此期间，CR4 和 HHI 集中度指标都被法院所使用，但后者的作用逐渐增强。❿ 格林还指出，自 20 世纪 70 年代初以来，对并购执法指南的引用率有了很大提高。总之，新版并购执法指

❶ 《1968 年并购执法指南》是唐纳德·特纳思想的产物。他是第一位担任反垄断助理司法部长的经济学博士，也是 20 世纪 60 年代美国反垄断法的经济学转向中的关键人物。参见：WILLIAMSON O E. The merger guidelines of the US department of justice：in perspective ［EB/OL］．（2015 - 08 - 04）．［2022 - 08 - 19］．http：//www. usdoj. gov/atr/hmerger/11257. htm#N_1_．

❷ GREENE H. Guideline institutionalization：the role of merger guidelines in antitrust discourse ［J］．William & mary law review, 2006, 48（3）：771 - 857.

❸ US DOJ. Merger guidelines：1968 ［J］．Trade regulation reporter, 1968, 4：101.

❹ US DOJ. Merger guidelines：1982 ［J］．Trade regulation reporter, 1982, 4：102.

❺ GREENE H. Guideline institutionalization：the role of merger guidelines in antitrust discourse ［J］．William & mary law review, 2006, 48（3）：788.

❻ STIGLER G. A theory of oligopoly ［J］．Journal of political economy, 1964, 72（1）：59.

❼ POSNER R A. Oligopoly and the antitrust laws：a suggested approach ［J］．Stanford law review, 1969, 21（6）：1602 - 1603.

❽ 15 U. S. C. § 12。

❾ GREENE H. Guideline institutionalization：the role of merger guidelines in antitrust discourse ［J］．William & mary law review, 2006, 48（3）：789.

❿ GREENE H. Guideline institutionalization：the role of merger guidelines in antitrust discourse ［J］．William & mary law review, 2006, 48（3）：790 - 791.

南的颁布深刻地影响了案例法（硬法）的方向。❶

"小幅但显著且非临时性的价格上涨测试"（SSNIP）也说明了指南在将经济概念移植到法律话语中的作用。❷ 该测试通过一个假设性的实验来衡量两种产品之间的交叉价格弹性，即假设二者的相对价格出现一个小幅但持久的变化（5% ~ 10%），并评估客户对该涨价的可能反应。这个测试是美国经济学家莫里斯·阿德尔曼 1959 年发表在法律刊物上的一篇文章❸中首次提出的，由美国经济学家舍勒在 1972 年 4 月提交给密歇根州东区联邦地区法院的专家证词中重新整理，并将其写入他 20 世纪 80 年代出版的产业组织理论教科书❹中。当经济学家劳伦斯·怀特以美国司法部反垄断部门首席经济学家的身份在《1982 年并购执法指南》中写入该测试时，这个测试正式在官方反垄断法律话语中找到了它的位置。❺ 后来的事实证明，这一测试对美国法院产生了巨大的影响，这是因为在《1982 年并购执法指南》出台之前，美国法院在并购控制中采用的是美国最高法院布朗鞋（*Brown Shoes*）案确立的标准，即强调从功能特征出发界定相关市场。❻ 自 1982 年以来，交叉价格弹性和 SSNIP 测试在美国并购审查的讨论中逐渐占据了重要地位，这一趋势后来也扩散到了欧洲。

欧盟委员会在 1987 年的 *Eurofix - Bauco v. Hilti* 案决定中使用了"交叉价格弹性"这一概念。❼ 该决定后来受到欧洲法院的司法审查。❽ 欧盟委员会辩称，其强调交叉价格弹性，是"根据法院以前的判例要求，综合考虑所有决定两个

❶　GREENE H. Guideline institutionalization：the role of merger guidelines in antitrust discourse ［J］. William & mary law review, 2006, 48（3）：802 - 803. 根据格林的说法："引用率从 20 世纪 70 年代的 10% ~ 15%，上升到 20 世纪 70 年代末和 80 年代初的 15% ~20%。1983 年，在《1982 年并购执法指南》发布后不久，引用率上升到 50% 以上；到 20 世纪 80 年代末，引用率平均为 60% 或更高。《1982 年并购执法指南》发布后，迅速成为《克莱顿法》第 7 条判决的基本参照点。"

❷　GREENE H. Guideline institutionalization：the role of merger guidelines in antitrust discourse ［J］. William & mary law review, 2006, 48（3）：796 - 798.

❸　ADELMAN M A. Economic aspects of the Bethlehem opinion ［J］. Virginia law review, 1959, 45（5）：688.

❹　SCHERER F M. On the paternity of a market delineation approach ［EB/OL］.（2009 - 01 - 12）.［2022 - 08 - 19］. https：//ssrn. com/abstract = 1337079.

❺　WHITE L. Present at the beginning of a new era for antitrust：reflections on 1982 - 1983 ［EB/OL］.（1999 - 07 - 13）［2022 - 08 - 19］. https：//ssrn. com/abstract = 167208.

❻　*Brown Shoe Company v. United States*, 370 U. S. 294（1962）。

❼　*Commission Decision 88/138/EEC* ［1988］OJ L 65/19, para 73。

❽　Case T - 30/89 *Hilti AG v. Commission* ［1991］ECR II - 1439。

不同产品是否可以适当地被认为属于同一相关市场的因素"❶。欧洲法院重申了其以前的判例，强调了产品特性和可替代程度分析（在 *Continental Can* 案中确立的功能主义方法❷），但认定欧盟委员会的决定对支撑其结论而言"足够清晰和令人信服"❸。在 SSNIP 测试于 1997 年正式被纳入软法（教义阶段）❹ 之前，法院也在其他案件中采用了这一测试❺。这成了欧盟竞争法"现代化"努力的第一步，即在 20 世纪 90 年代末试图使欧盟竞争法与新古典价格理论和经济学相一致。❻ 最初法院的反应并不是很积极。在 *Colin Arthurs Roberts* 案中，原告主张消费者是根据啤酒价格差异来区分酒吧和俱乐部的（酒吧啤酒价格是俱乐部价格的 82% ~83%）。他们认为这表明：如果假设价格上涨 5% ~10%，酒吧啤酒消费者不会转而消费俱乐部啤酒。❼ 原告依赖的是欧盟委员会的《市场界定通知》。这一论点被法院驳回。法院虽然引用了该《市场界定通知》，但也考虑了以前关于啤酒行业市场界定更强调结构性因素的案例（*Delimitis* 案❽）。法院认为，原告所依据的是价格差异这一单一标准，而忽略了啤酒销售的一个具体特点，即"在销售啤酒的场所消费啤酒，基本上不取决于经济因素"，而是"主要受到其环境和氛围的影响"。❾

但是，在后来的案件中，法院明确而系统地引用了欧盟委员会的《市场界定通知》，特别是在并购审查领域，但也包括其他领域。❿ 目前，法院采纳 SSNIP 测试的案件越来越多（见图 1），最终在 2006 ~2008 年将 SSNIP 测试制度化，成为判例中相关市场界定的主要测试。欧盟委员会也在其《市场界定通知》中纳入了

---

❶ Case T – 30/89 *Hilti AG v. Commission* [1991] ECR Ⅱ –1439, para 55.

❷ Case 6/72 *Continental Can v. Commission* [1973] ECR 215, para 32。

❸ Case T – 30/89 *Hilti AG v. Commission* [1991] ECR Ⅱ –1439, para 70。

❹ *Commission Notice on the Definition of Relevant Market for the Purposes of Community Competition Law* [1997] OJ C 372/5, para 17。

❺ 例如 Case T – 83/91 *Tetra Pak International SA v. Commission* [1994] ECR Ⅱ – 755, paras 67 – 68; Case C – 333/94 *Tetra Pak International SA v. Commission* [1996] ECR I – 5951, para 16。

❻ 一个批评性的评估，参见：LIANOS I. La Transformation du droit de la concurrence par le recours à l'analyse économique [M]. Athènes: Ant. N. Sakkoulas, 2007: 163 – 290.

❼ Case T – 25/99 *Arthur Roberts and Valérie Ann Roberts v. Commission* [2001] ECR Ⅱ –1881, para 20.

❽ Case C 234/89 *Stergios Delimitis v. Henninger Brau AG* [1991] ECR Ⅰ –935。

❾ Case T – 25/99, supra note 156, para 40。

❿ 例如 Case T – 342/99 *Airtours plc v. Commission* [2002] ECR Ⅱ – 2585, para 45; Case T – 210/01 *General Electric Co v Commission* [2005] ECR Ⅱ – 5575, para 477; Case T – 177/04 *Easyjet Airline Co. Ltd v. Commission* [2006] ECR Ⅱ – 1931; Case T – 340/03 *France Télécom SA. v. Commission* [2007] ECR Ⅱ – 107, para 86; Case T – 201/04 *Microsoft Corp. v. Commission* [2007] ECR Ⅱ – 3601, para 484。

所谓的"玻璃纸谬论"，即建议不要在滥用支配地位的案件中采用基于现行市场价格的 SSNIP 测试，因为"现行价格是在没有充分竞争的情况下确定的"。❶

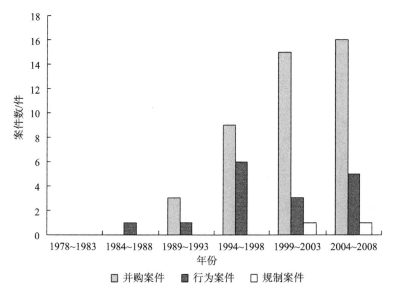

图1 "SSNIP 测试"在不同竞争法领域的引用情况

总之，经济移植物应与经济权威区分开来。经济移植物的一个重要特征是：立法者（法律子系统的行为者）决定了术语的内容和用法，同时立法者通过采用与经济学相同的术语，提示这个概念的外来属性。这强调了术语的双重属性，即术语同时依附于法律和经济学这两个独立的子系统，这一特性为解释这些术语提供了重要指导。此外，这也可以解释同一经济概念进入不同的法律体系中时可能采取不同的形式。关于 SSNIP 测试，欧洲立法者规定的用于假设实验的价格上涨百分比（5% ~ 10%）❷，与美国立法者选择的水平（5%）不同❸。尽管不清楚在多产品的情况下，SSNIP 测试是否要求候选市场中的一种、一些或所

---

❶ *Commission Notice on the Definition of Relevant Market*, para 19。

❷ *Commission Notice on the Definition of Relevant Market*, para 17.

❸ US DOJ, FTC. Horizontal merger guidelines：1992［J］. Trade regulation report, 1992，4：104. 其中也提到"什么是小幅但显著且非临时性的价格增长，取决于不同的行业性质，执法机构有时可能使用大于或小于5%的增长幅度"。

有产品的价格均相对增加（总转移比率），❶ 而且在实践中不同案件对强调供应还是需求方因素也有很大差异。❷ 这些差异往往是由经济论述之外的政策动机引起的。政策制定者的目的可能是偏向于边际以下的消费者，而不是边际消费者，进而在一般情况下（或在某些特定情况下）采用较低的市场界定门槛。❸ 欧盟法律文件对 SSNIP 测试的总体引用情况见图 2。

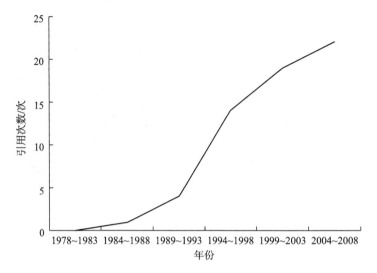

图 2　欧盟法律文件对 "SSNIP 测试" 的总体引用情况

　　但是，为什么政策制定者或法律裁决者不把翻译的任务委托给（对法律系统而言）外部的专家，就像经济权威的情况那样？

　　2. 经济移植物和翻译者的目的

　　经济移植物具有双重性质——它们同时属于法律和经济学话语。这构成了采纳它们的主要原因：建立一座与 "外国" 文化之间的桥梁，在法律人和经济

---

❶　相关讨论参见：DALJORD Ø, SØRGARD L, THOMASSEN Ø. The SSNIP test and market definition with the aggregate diversion ratio：a reply to Katz and Shapiro [J]. Journal of competition law and economics, 2008, 4（2）：263 - 270；KATE A T, NIELS G. The relevant market：a concept still in search of a definition [J]. Journal of competition law and economics, 2009, 5（2）：297 - 333.

❷　COATE M B, FISCHER J H. A practical guide to the hypothetical monopolist test for market definition [J]. Journal of competition law and economics, 2008, 4（4）：1031.

❸　参见：FREEMAN P, ALMOND J, DONOGHVE, et al. The supply of groceries in the UK market investigation [R]. London：Competition Commission, 2008：4, 11. "鉴于食品杂货支出在家庭预算中的重要性，我们认为评估食品杂货供应的相关市场的适当价格增长可能低于 5%。"

学家的不同社区之间建立一个共享空间，并将这些概念与两种话语的可理解性联系起来。建立这种共同理解需要在法律过程和科学过程之间建立一种联系。

希拉·亚桑诺夫观察到，法律话语和科学话语之间的互动并不只有一个方向（例如只是经济学影响法律），法律话语或法律机构也会影响经济学话语。❶她雄辩地强调了"当今的法律不仅解释了科学的社会影响"，而且还"建构"了使科学话语具有"意义、效用和力量"的环境。❷研究的过程和对研究结果的解释是为了回答法律问题，而科学知识的内容是在一个复杂的社会过程中形成的，其中包括法律子系统和具体的科学话语。司法决策过程对"好的科学"的定义产生了重要影响，因此也影响了经济理论的内容和方向。

法律话语和经济学话语之间深刻互动的一个例证是经济学不同"思想流派"的产生，这是一种将竞争法领域的事后规制（ex post）法律理论和权威概念化和合理化的方式。如果经济学话语的解释特征（如经济思想流派）也成为法律话语的解释特征，这就有力地说明了竞争法中这两种话语形式之间的深刻互动和相互关系。这种将竞争法理论的演变概念化的方法表明，制度化的"学派"或"网络"在竞争法中发挥着重要的作用，即使不是在竞争法教义的形成过程中，至少也是在对判例法的事后概念合理化阶段以及其后的解释阶段发挥重要作用。

因此，法律决策者决定通过将经济移植纳入法律话语来维持权威（而不是将权力下放给"外部"专家），是由一个更宏观的监管目标决定的：尽可能多地影响法律和经济两种话语的演变。那么，在更准确的意义上，法律翻译者所遵循的监管目标是什么？

首先，就对法律话语的影响，翻译者可能试图将具体的移植物与已纳入另一个司法管辖区法律体系的现有移植物区分开来。换句话说，翻译者的目的是明确其法律体系所遵循的具体目标。这意味着，与法律移植物一样，经济移植物在被纳入不同法律体系时并不总是具有相同的内容，即使它们都源自相似的经济概念。

其次，就翻译对经济学的影响，翻译者也可能希望保持经济学话语的多样性：换言之，是为了保护翻译者的法律体系不受经济学中主流趋势的影响，因为这种主流趋势可能（由于不同的原因）不涉及或不符合翻译者法律体系的目

---

❶ JASANOFF S. Science at the bar［M］. Cambridge：Harvard University Press，1997.
❷ JASANOFF S. Science at the bar［M］. Cambridge：Harvard University Press，1997：16.

标（偏好）。或者更广泛地说，监管者可能重视经济理论的多样性及内部竞争，但主流趋势可能因为占据主导地位而抑制了经济学中任何其他竞争话语。在这种情况下，监管部门的干预将旨在维护思想市场的多样性。❶

（1）经济移植物对法律话语的影响

经济移植物往往是经济权威的首选，因为经济移植物能够将特定法律体系（相较于其他法律体系）的目标纳入经济学话语中。在这种情况下，与法律体系中整合的类似经济移植物相比，移植内容的定义，甚至整合的形式，都可能表明经济移植的具体性质。"市场力量"和"消费者福利"这两个经济移植物就体现了这种影响。

"市场力量"

竞争法中接受"市场力量"概念的例子，说明了经济移植物在竞争法论述中日益重要。图3更明确地说明了市场力量概念的流行，该图反映了法院案件、欧盟委员会的决定、指南和与竞争法有关的监管文件中对"市场力量"概念的引用总数（基于对 Westlaw 和 LexisNexis 的研究）。

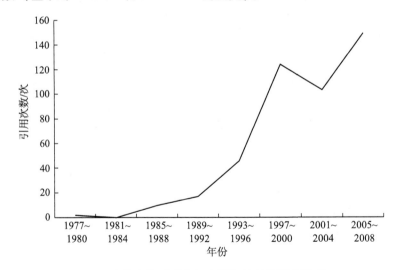

图3　法律文件对"市场力量"的总体引用情况

图4显示了竞争法各细分领域法律文件对"市场力量"的引用情况。市场

❶　关于竞争经济学的"单一文化"的风险，参见：BUDZINSKI O. Monoculture versus diversity in competition economics［J］. Cambridge journal of economics, 2008, 32（2）：295－324.

力量的概念在并购审查领域起着主导作用。此外，在与垄断行为有关的案例或文件中（与《欧共体条约》第81条和第82条有关的文件），市场力量概念的引用数量出现下降，但这不意味着这一概念在这一领域的相对重要性发生下降。实际上，是欧盟委员会在此期间（特别是在2002～2004年，可能是由于2001年网络泡沫破灭后的经济危机）根据《欧共体条约》第81条和第82条发起的竞争法案件总数出现了下降，以及在此期间竞争法的执法权力下放所致。

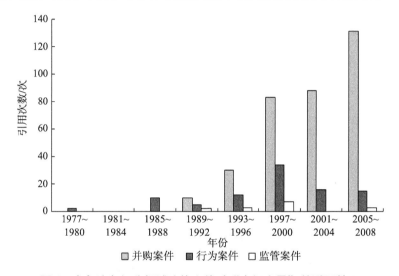

图4　竞争法各细分领域法律文件对"市场力量"的引用情况

经济移植物的一个有趣的特点是，其解释并不总是与经济学概念的含义完全相同。这种不对称的一个典型例子就是竞争法和经济学中对"市场力量"的不同概念。❶ 新古典主义经济学对市场力量的定义一直集中于经营者提高价格和减少产出并获利的能力上，这是基于竞争提供有效产出的概念;❷ 而市场力量/垄断的法律定义则一直强调企业排除竞争者和影响竞争过程的能力，这一定义

---

❶　进一步的分析参见：LIANOS I. La Transformation du droit de la concurrence par le recours à l'analyse économique［M］. Athènes：Ant. N. Sakkoulas, 2007：328 – 384.

❷　关于法律和经济学中对市场/垄断力量的不同原始定义的对比，参见：MASON E S. Monopoly in law and economics［J］. Yale law journal, 1937, 47（1）：34 –49.

是基于竞争是一种对抗过程的范式❶。

欧盟竞争法中"市场支配地位"的概念主要受到第二种方法的启发，因为它强调企业使其行为与市场体系中其他行为人的行为保持独立的能力，而不是某种特定的市场结果。对《欧共体条约》第82条规则下市场支配地位概念的经典定义见于欧洲法院在 *United Brands* 案中的判决，它指的是：

> ……经营者享有的某种经济实力地位，使其有能力在很大程度上独立于其竞争者、客户和最终消费者而行事，进而能阻止相关市场维持有效竞争。❷

将支配地位广泛地定义为一种实质上独立行为的能力，使得法院能够考察各种经济权力的来源，包括排除竞争对手的权力（排挤性经济权力），或由于存在经济依赖的情况而产生的纯粹关系性经济权力。❸

尽管如此，欧盟竞争法的立场已经朝着与结果导向的方法更加趋同的方向发展。1989年《合并控制条例》（Regulation 4064/89）第2条采用了支配地位的概念，但比以前关于《欧共体条约》第82条的判例更直接地将其与"有效竞争"的概念联系起来。❹ 为了确定有效竞争的存在，人们应该在关注市场结构的同时也关注竞争绩效。换言之，对市场的影响也是重要的。依靠这种基于效果的方法，后来的判例法扩大了支配地位的概念，以涵盖协调效果。然而，这一概念是否可以扩展以涵盖单边效应则不甚清楚。这导致在欧盟并购审查中采用了一个新的实质性判断标准，即"对有效竞争造成重大障碍"（significant imped-iment of effective competition）标准。根据2004年《合并控制条例》（Regulation

---

❶ 参见：BLAUG M. Competition as an end – state and competition as a process [M] // BLAUG M. Not only an economist：recent essays by Mark Blaug. Cheltenham：Edward Elgar，1997. 人们可以注意到市场力量的定义也与"结构—行为—绩效"这一时期竞争政策中新古典主义经济分析的主导学派对进入壁垒的强调相一致。参见：BAIN J. Barriers to new competition [M]. Cambridge：Harvard University Press，1956. 芝加哥学派对分配效率的强调，以及他们对进入壁垒概念的更严格限缩，扩大了市场力量的法律概念和经济概念之间的距离，参见：COASE R H. Industrial organization：a proposal for research [G] // FUCHS V. Policy issues and research opportunities in industrial organization：retrospect and prospect. New York：National Bureau of Economic Research，1972：59 – 73.

❷ Case 27/76 *United Brands v. Commission* [1978] ECR 207。另见 Case 85/ 76 *Hoffmann – La Roche v. Commission* [1979] ECR 461。

❸ LIANOS I. La Transformation du droit de la concurrence par le recours à l'analyse économique [M]. Athènes：Ant. N. Sakkoulas，2007：348 – 384.

❹ *Council Regulation（EEC）No 4064/89 on the Control of Concentrations between Undertakings* [1989] OJ L395/1。

139/2004),支配地位标准被用于简单说明对"有效竞争造成重大障碍"从而对消费者产生潜在损害。❶

然而,所谓的单边效应的"缺失"并不是欧盟并购审查采纳新的实质性检验标准的主要原因。❷ 采纳新标准实际上是为了给法律界和经济界提供工具,使其在一起制定新的实质性标准时,不受以前关于支配地位的判例法的限制。换句话说,"对有效竞争造成重大障碍"这个概念确认了翻译的必要性。

在其最近的文件中,欧盟委员会在欧盟并购审查以外的领域也接受了这种更加以经济为导向的支配地位概念定义。关于《欧共体条约》第 82 条适用优先性的工作人员讨论文件展现了这种微妙的演进:

> 支配地位的定义包括三个要素,其中两个是密切相关的:(a)必须在一个市场上有经济实力;(b)通过赋予其在相当程度上独立行事的权力;(c)使其能够阻止该市场维持有效竞争。❸

这里特别重要的是后两个要素,根据工作人员讨论文件,这两个要素有着内在联系。讨论文件揭示了支配地位的这两个要素之间关系的性质,即独立行为的概念和有效竞争的概念,并使这一概念比以往更接近"垄断"的经济概念:

> 独立性的概念是支配地位的特点,它与相关企业所面临的竞争限制的程度有关。换言之,垄断企业必须具有实质性的市场力量。❹

市场力量,或者说实质性市场力量,是统一《欧共体条约》第 81 条和第 82 条适用背后缺失的线索,也是在证明竞争法进行市场干预的合理性时所引入的更加经济学的方法。对于竞争者和消费者来说,独立的行为能力并不是认定支

---

❶ *Council Regulation* (*EC*) *No* 139/2004 *on the Control of Concentrations between Undertakings* (*the EC Merger Regulation*) [2004] OJ L24/1, art. 2 (2)。

❷ 对该检验标准的一个批评性的评估,参见:MONTI G. The new substantive test in the EC merger regulation: bridging the gap between economics and the law? [EB/OL]. (2008 – 07 – 30) [2022 – 08 – 19]. https://ssrn. com/abstract = 1153661; COATE M B. Did the European Union's market dominance policy have a gap? evidence from enforcement in the United States [EB/OL]. (2009 – 05 – 30) [2022 – 08 – 19]. https://ssrn. com/abstract = 1410246.

❸ DG Competition. Discussion paper on the application of Art. 82 of the treaty to exclusionary abuses [R/OL]. Brussels: European Commission DG Competition, 2005: 11. (2005 – 12). [2022 – 08 – 18]. https://ec. europa. eu/competition/antitrust/art82/discpaper2005. pdf.

❹ DG Competition. Discussion paper on the application of Art. 82 of the treaty to exclusionary abuses [R/OL]. Brussels: European Commission DG Competition, 2005: para 23 [2022 – 08 – 18]. https://ec. europa. eu/competition/antitrust/art82/discpaper2005. pdf.

配地位的充分标准。讨论文件采用的方法更接近于新古典主义价格理论对市场力量的定义（提高价格并减少产出的能力）。最近欧盟委员会《关于适用〈欧共体条约〉第82条查处滥用市场支配地位企业滥用性排他行为的执法重点指导意见》（以下简称《欧委会指导意见》）采用了近似的表述，但进一步强调了与新古典主义价格理论的联系：

> ……委员会认为，一个企业如果能够在相当长的时间内将价格提高到竞争水平之上并从中获利，就意味着其没有面临足够有效的竞争限制，因此一般可以被视为具有支配地位。❶

但垄断力量/支配地位的法律定义并未与经济定义完全重合。虽然《欧委会指导意见》以及最近的《非横向合并指南》所采用的市场力量概念定义与其经济概念相似，但其涵涉的范围更广。在与《欧共体条约》第81条、第82条以及欧盟并购审查目的有关的类似表述中，欧盟委员会将市场力量定义为"一个或多个公司提高价格、减少产出、降低商品和服务的选择或质量、削弱创新，或以其他方式对竞争产生负面影响，但仍然能从中获利的能力"❷。这一宽泛的定义适应了欧盟竞争法强调保护竞争过程和消费者主权的观点。虽然提高价格的能力仍然是竞争法的主要关注点——这与新古典主义的价格理论方法是一致的——但对价格以外的其他竞争要素（特别是消费者选择）的强调，体现了欧盟竞争法对什么是限制竞争采取了广泛的定义，同时确认了质量和品种投资竞争的重要性。❸

相比之下，美国法院在界定市场力量和评估反竞争效果时，一般并不会将

---

❶ *Communication from the Commission providing Guidance on the Commission's Enforcement Priorities in Applying Article 82 of the EC Treaty to Abusive Exclusionary Conduct by Dominant Undertakings*，COM（2009）864 final，para 11。

❷ *Guidelines On The Assessment of Non – Horizontal Mergers Under the Council Regulation on the Control of Concentrations Between Undertakings*［2008］OJ C265/6，para 10；*Guidelines On The Application of Art.* 81（3）［2004］OJ C101/97，para 25；DG Competition. Discussion paper on the application of Art. 82 of the treaty to exclusionary abuses［R/OL］：para 24［2022 – 08 – 18］. https：//ec. europa. eu/competition/antitrust/art82/discpaper 2005. pdf；*Commission Guidance on Art.* 82，Ibid，para 11。

❸ 基于增加产品质量和种类的投资进行的竞争与价格竞争同样重要。理查德·马可维迪斯将前一种竞争定义为"竞争者通过额外的质量和品种投入来争夺其潜在的超额利润，直到产品相关领域中最有利的项目只产生正常回报率的过程"。MARKOVITS R. Truth or economics：on the definition，prediction，and relevance of economic efficiency［M］. New Haven：Yale University Press，2008：90. 这类竞争的重要性也在案件中受到欧洲法院的认可：Case 26/76 *Metro SB – Großmarkte GmbH & Co KG v. Commission*［1977］ECR 1875，para 21。

价格以外的其他参数作为同等的考虑因素：非价格竞争在一些美国案件中受到关注，但在这些案件中仍然是次要因素，在其他案件中则没有被提及。❶

美国的判例法也对是否考虑其他的市场力量来源进行了很多辩论。但由于历史原因，欧洲竞争法对市场力量的排他性和关系性来源均给予了同等分量的考虑，而不是仅仅考虑通过限制产出来控制价格的能力。美国的情况则不同：在美国，斯蒂格勒式的市场力量解读（坚持垄断者限制其产出的能力）比贝恩式的解读（市场力量的来源是企业提高其竞争对手成本并因此减少其产出的能力）❷ 或关系式的市场力量解读❸更受关注。

这个例子说明了经济移植物受其所处的法律环境和法律体系所追求具体目标的影响。同样的经济概念（市场力量），当它被移植到欧盟竞争法中时，与被移植到美国反垄断法中的内容可能会有所不同。正如罗伯特·博克曾经敏锐指出的："反垄断必然是一门混合的政策科学，是法律和经济学的交叉，它所产生的推理模式与法律和经济学各自的推理模式都有些不同。"❹ 这是由于政策制定

---

❶　参见 *Fortner Enterprises*, *Inc. v. United States Steel Corp.*, 394, 495, 503（1986）（"市场力量通常被表述为是卖方涨价及限制产量的能力"）；*Jefferson Parish Hosp. Dist. No 2 v. Hyde*, 466 U. S. 2, 27 n. 46（1984）（"作为一个经济事实，当价格可以被提高到高于竞争市场条件时，存在市场力量"）；*NCAA v. Board of Regents of the Univ. of Oklahoma*, 468 U. S. 85, 109 n. 38（1984）（"市场力量是可以将价格提高到高于竞争市场条件下水平的能力"）；*Ball Memorial Hospital*, *Inc. v. Mutual Hospital Insurance*, *Inc.*, 784 F. 2d 1325（7th Cir., 1986）1335（"市场力量来自减少市场产量或提高价格的能力"）；*Wilk v. American Med. Ass'n*, 895 F. 2d 352, 359（7th Cir., 1990）（"市场力量是通过限制产量将价格提高到竞争水平以上的能力"）；*PSI repair Services*, *Inc v. Honeywell*, *Inc.*, 104 F. 3d 811, 817（6th Cir., 1997）（"单一卖家提高价格和限制产量的能力"）；*Ryko Mfg. Co v. Eden Services.*, 823 F. 2d 1215, 1232（8th Cir., 1987）（"市场力量一般被定义为一个公司限制产出，从而提高其商品在市场上的销售价格的力量"）；*Rebel Oil Co. v. Atlantic Richfield Co.*, 51 F. 3d 1421, 1441（9th Cir., 1995）["控制产出和价格的能力（是）市场力量的本质"]；*U. S. v. Microsoft Corp.*, 253 F. 3d 34, 51（D. C. Cir., 2001）（"如果一个公司能将价格提高到大大超过竞争水平并从中获利，那么它就是一个垄断者"）. 但是参见 DOJ, FTC. *Antitrust Guidelines for the Licensing of Intellectual Property*. 1995, section 2. 2 ["市场力量是指在相当长的时间内将价格维持在竞争水平之上，或将产量维持在竞争水平之下的能力。市场力量可以在其他经济层面上行使，如质量、服务、开发新的或改进的商品和工艺。买方也可以行使市场权力（例如，通过将价格维持在竞争水平以下，从而压低产出）"].

❷　关于该区分参见：KRATTENMAKER T G, SALOP S C. Anticompetitive exclusion: raising rivals' costs to achieve power over price [J]. Yale law journal, 1986, 96 (2): 209 – 293; KRATTENMAKER T G, LANDE R H, SALOP S C. Monopoly power and market power in antitrust law [J]. Georgetown law review, 1987, 76 (2): 249 – 250.

❸　GRIMES W. Market definition in franchise antitrust claims: relational market power and the franchisor's conflict of interest [J]. Antitrust law journal, 1999, 67 (2): 243 – 281.

❹　BORK R H. The antitrust paradox: a policy at war with itself [M]. New York: Free Press, 1993: 8.

者和裁决者努力按照其法律体系的偏好来解释经济移植物的结果。正如选择"市场力量"而不是"支配地位"或其他的法律概念所显示的那样，这种话语的实质仍然是经济性的。但经济移植物也是被"驯化"过的。法律体系"在其内部重建了自己的外部体系的（法律）形象"。❶ 由此可见，即使两个子系统使用相同的术语，各自也可能以不同的方式理解它们。例如，在市场力量的定义方面，人们可以找出两种不同的规范性价值来塑造经济和法律的话语。如果对市场力量进行经济分析的目的是突出当前供求平衡发生的变化，那么法律话语的最终目的是为市场力量的这种经济"事实"状态赋予合法或非法的标签，或者换句话说，适用或者不适用竞争法的干预。因此，如果经济学家们毫不犹豫地宣布每个公司都从一定程度的市场力量中获益，即它们有能力至少对某一类消费者提高价格且有利可图，那么这一结论就不会与法律讨论相关。因为在法律领域，只有某种类型或程度的市场力量才会被定性为"非法的"或"需要干预的"。这也可以解释每个法律体系对市场力量的经济移植物所赋予的不同内容，体系的内部考虑扮演着重要的角色，包括：监管者更加希望避免假阳性还是假阴性的风险，可接受的实质性（错误）成本水平如何。❷

"消费者福利"

将经济移植物纳入法律话语中也可能是为追求一个变革性的目的。这是否可能获得成功，取决于翻译者是否有能力吸引在制定法律规则和法律解释方面最有力的行为者——法院的支持。就此，"消费者福利"这一概念可以提供一些启示。

消费者福利，指的是在从一个均衡状态转变为另一个均衡状态之后，特定产品的消费者将从剩余和/或财富转移中受益，也就是说，他们满足自己偏好的能力将得到提高。选择将消费者福利作为竞争法的目标具有分配性的后果。这一概念通常与总福利的概念有所区别，后者还考虑到了其他社会群体的利益，例如采取特定商业行为的被调查公司的股东（消费者剩余和生产者剩余）。消费者福利是一个绝佳的例证，说明翻译者的作用以及社会科学建构"被整合至法律话语当中，不是仅仅被改变或被扭曲，而是会被全新地建构"。❸ 罗伯特·博克在反垄断法中

---

❶ DWYER D. The judicial assessment of expert evidence［M］. Cambridge：Cambridge University Press，2008：126.

❷ STEIN A. Foundations of evidence law［M］. Oxford：Oxford University Press，2005：1.

❸ TEUBNER G. Autopoietic law：a new approach to law and society［M］. New York：De Gruyter，1988：749.

对消费者福利所进行的"翻译",是为了在一个封闭的法律交流构成性网络中推进一个立场而尝试在宿主语言中重构术语含义的经典例证。❶

在竞争法中,将消费者福利作为竞争法的一个重要目标,意味着在对某一具体行为的合法性作出任何决定之前,评估该行为对消费者所造成的影响很重要。排挤一个竞争者的行为,或者两个竞争者之间达成相互合作的协议,如果不可能导致消费者损害,这些行为就不会被认为是非法的。另一种不同的方法则是从价值上强调竞争,而不考虑具体行为对消费者的任何实际或潜在影响。"影响"可能是指在实施反竞争行为后,对特定消费者群体在价格或质量等方面恶化的经验性观察结果(实际影响)。"影响"也可以指这样的情况,即没有可观察的对这些消费者群体影响的结论,但有一个"严谨的消费者损害理论",并得到经验上的验证。也就是说,"损害理论应该与事实观察相一致"(事前验证),"市场结果应该与理论的预测相一致"(事后验证)。❷ 损害理论的目标是在具体行为和消费者损害之间建立一种因果关系。我们可以从概率可能性的角度来分析,也就是对这种关系的"推理合理性"的评价,❸ 或者从具体的消费者损害叙事的相对合理性的角度来分析❹。

本文不会讨论将消费者福利概念纳入欧盟竞争法的相对损益:这可以作为一项具体研究的主题。学者们批评了"均衡经济学"❺ 和强调"社会偏好"❻、

---

❶ 博克将消费者福利与总福利或效率混为一谈,在考虑特定商业实践对消费者福利的影响时,将垄断者也纳入考虑,主张垄断者也是消费者。参见:BORK R H. The antitrust paradox:a policy at war with itself [M]. New York:Free Press, 1993:108 – 110.

❷ PAPANDROPOULOS P. Implementing an effects – based approach under Article 82 [EB/OL]. [2022 – 08 – 19]. https://www.concurrences.com/fr/review/issues/no – 1 – 2008/droit – et – economie/implementing – an – effects – based – approach – under – article – 82 – ec – 15435.

❸ COHEN J L. The probable and the provable [M]. Oxford:Clarendon Press, 1977:27.

❹ ALLEN R J. The nature of juridical proof [J]. Cardozo law review, 2011, 13 (2/3):373 – 422; PARDO M S, ALLEN R J. Juridical proof and the best explanation [J]. Law and philosophy, 2008, 27 (3):223 – 268.

❺ 例如,参见:KALDOR N. The irrelevance of equilibrium economics [J]. The economic journal, 1972, 82 (328):1237 – 1255; RIZVI S. The microfoundations project in general equilibrium theory [J]. Cambridge journal of economics, 1994, 18 (4):357 – 77. ACKERMAN F. Still dead after all these years:interpreting the failure of general equilibrium theory [J]. Journal of economic methodology, 2002, 9 (2):119 – 139.

❻ 例如,参见:FEHR E, FISCHBACHER U. Why do social preferences matter:the impact of non – selfish motives on competition, cooperation and incentives [J]. The economic journal, 2002, 112 (478):C1 – C33.

内生偏好形成❶和对消费者行为进行更多现实主义评估❷的经济思想,对这一概念的哲学基础❸以及对显性偏好方法进行测量的方法❹提出了质疑,从而导致在概念化消费者选择时将社会、行为和制度约束结合起来。❺ 本文的目标是描述性的:为这一概念在竞争法话语中日趋提升的重要性提供一种解释。

这个概念是最近才被引入竞争法话语中的,而且也是通过指南和其他软法文本的方式。这个词第一次出现在欧盟竞争法的讨论中是在 1997 年关于纵向限制的绿皮书中,该文件标志着欧盟竞争法"现代化"的首次亮相。❻ 有趣的是,它还出现在欧盟委员会和美国 1998 年签订的关于在竞争执法中适用积极礼让原则的协议中。❼ 在关于纵向限制的指南发布之后,"消费者福利"概念又被传播

---

❶ 例如,参见: BOWLES S. Endogenous preferences: the cultural consequences of markets and other economic institutions [J]. Journal of economic literature, 1998, 36 (1): 75 – 111.

❷ 例如,参见: THALER R. Towards a positive theory of consumer choice [J]. Journal of economic behavior & organization, 1980, 1 (1): 39 – 60; AKERLOF G A, DICKENS W T. The economic consequences of cognitive dissonance [J]. American economic review, 1982, 73 (3): 307 – 319.

❸ 关于福利经济学的两种"基础理论",参见: BLAUG M. The fundamental theorems of modern welfare economics, historically contemplated [J]. History of political economy, 2007, 39 (2): 185 – 207.

❹ SAMUELSON P A. A note on the pure theory of consumer behavior [J]. Economica, 1938, 5 (17): 61 – 71; SAMUELSON P A. Consumption theory in terms of revealed preference [J]. Economica, 1948, 15 (60): 243 – 253; SAMUELSON P A. The problem of integrability in utility theory [J]. Economica, 1950, 17 (68): 355 – 385.

❺ 对于这些新的限制在竞争法评估中可能产生的影响的分析,特别是根据《欧共体条约》第 82 条的规定,参见: LIANOS I. Classification of abuses: a straight story? [Z]. (forthcoming 2009) CLGE Working Paper Series 1/09, University College London.

❻ Green Paper on Vertical Restraints in EC Competition Policy COM (96) 721 final, 22 Jan. 1997, para 25; 另见 Communication From The Commission On The Application of the Community Competition Rules to Vertical Restraints—Follow up to the Green Paper on Vertical Restraints COM (1998) 544 final; Communication Pursuant to Art 5 of Council Regulation No 19/65/EEC on the application of Art. 81 (3) of the Treaty to categories of agreements and concerted practices [1999] OJ C270/7, para 3. ("欧盟委员会在纵向限制领域的竞争政策有以下目标:保护竞争是首要目标,因为这可以提高消费者的福利并导致有效的资源配置。")

❼ Agreement Between the European Communities and the Government of the United States of America on the Application of Positive Comity Principles in the Enforcement of Their Competition Laws [1998] OJ L173/28, point 3。["本协议的目的包括:(a) 帮助确保缔约方之间的贸易和投资流动以及缔约方领土内的竞争和消费者福利不受反竞争活动的阻碍,而一方或双方的竞争法可以提供补救措施。"] 因此,"消费者福利"的概念成为解释欧盟和第三国之间的国际协议范围的一个相关概念。

到了欧盟竞争法的其他领域，比如技术转让协议❶、一些垄断协议案件❷、一些并购审查案件❸，然后是 2004 年的《横向合并指南》❹、《欧共体条约》第 81 条第 3 款的适用指南❺、2008 年关于损害赔偿诉讼的白皮书❻以及最近的《欧委会指导意见》。❼欧盟在法律文件中对"消费者福利"的引用情况见图 5。

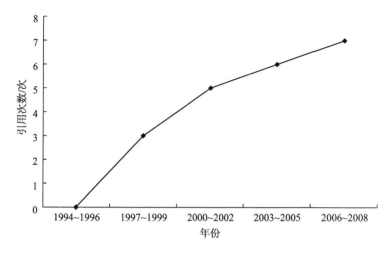

图 5　欧盟法律文件中引用"消费者福利"的情况

"消费者福利"概念整合进欧盟竞争法的过程是经过精心设计的，并逐步在欧洲法院的判例法中找到了自己的位置。在欧洲法院的判例法中，雅各布斯总

---

❶ *Commission Evaluation Report on the Transfer of Technology Block Exemption Regulation* 240/96, COM (2001) 786 final, paras 29, 31; *Commission Notice – Guidelines on the Application of Art. 81 of the EC Treaty to Technology Transfer Agreements* [2004] OJ C101/2, paras 5, 7。

❷ *Glaxo Wellcome*, Commission Decision, [2001] OJ L302/1, para 153。

❸ 例如，参见 *Newscorp/Telepiu*（Case COMP/M. 2876）Commission Decision [2004] OJ L110/73, para 269; *Ryanair/Aer Lingus*（Case COMP/M. 4439）Commission Decision [2008] OJ C47/9, para 26。

❹ *Guidelines on the Assessment of Horizontal Mergers under the Council Regulation on the Control of Concentrations Between Undertakings* [2004] OJ C31/5, para 61。

❺ *Communication from the Commission—Notice—Guidelines on the Application of Article* 81（3）*of the Treaty* [2004] OJ C101/97, paras 13, 21, 33, 104。

❻ *Commission Staff Working Paper Accompanying the White Paper on Damages Actions for Breach of the EC Antitrust Rules*, COM (2008) 165 final, para 179。

❼ Communication from the Commission providing Guidance on the Commission's Enforcement Priorities in Applying Article 82 of the EC Treaty to Abusive Exclusionary Conduct by Dominant Undertakings, COM (2009) 864 final, paras 19, 29, 85。尽管欧盟委员会也使用了"消费者损害"这一术语，但没有解释消费者福利是否是消费者损害的一个属类，或者消费者损害和消费者福利是否应被理解为相同。

检察长在 2004 年 *SYFAIT* 案的意见中首次使用了"消费者福利"这个词，当时他研究了对医药行业创新的经济分析。❶ 但欧洲法院在其判决中并没有涉及这个问题，它直接拒绝回答希腊竞争主管部门提出的初步问题，因为根据《欧共体条约》第 234 条，后者在形式上不是一个司法机构。随后，这一概念出现在 2007 年一审法院对微软案的判决中，但只是引述了法院所审查的欧盟委员会决定。❷ 这一概念在特里斯滕尼亚克总检察长于 2008 年 9 月在 *Beef Industry Development* 案的意见中发挥了更突出的作用。该总检察长引述了一种理论，根据该理论，《欧共体条约》第 81 条第 1 款和第 81 条第 3 款反映了"消费者福利"的不同方面：

> 《欧共体条约》第 81 条的一般概念是为确保对消费者的最佳供应。然而，《欧共体条约》第 81 条第 1 款和第 81 条第 3 款考虑到了消费者福利的不同方面。《欧共体条约》第 81 条第 1 款原则上禁止限制市场参与者之间的竞争，从而限制其以尽可能低的价格向消费者提供最佳产品或创新产品的功能的协议。这种协议直接影响到消费者的福利，因此原则上是被禁止的。❸

但是，法院没有接受特里斯滕尼亚克总检察长的观点，也没有在判决中提到"消费者福利"的概念。❹

法院其他成员的反应并没有花费很长时间。在最近关于 *T - Mobile* 案的意见中，柯克特总检察长为一个不同的观点辩护：

> 《欧共体条约》第 81 条与条约的其他竞争规则一样，不是仅仅或主要为了保护个别竞争者或消费者的直接利益，而是为了保护市场的结构，从而保护竞争本身（作为一种制度）。通过这种方式，消费者也得到了间接的保护。因为在竞争本身受到损害的情况下，消费者的不利处境也是值得担心的。❺

---

❶　Case C – 53/03 *Syfait and others v. GlaxoSmithKline plc and GlaxoSmithKline AEVE* ［2005］ECR I – 4609，Opinion of AG Jacobs，paras 91，92。

❷　Case T – 201/04 *Microsoft Corp. v. Commission* ［2007］ECR II – 3601，para 41。

❸　Case C – 209/7 *Competition Authority v. Beef Industry Development Society，Ltd* ［2008］ECR I – 8637，Opinion of AG Trstenjak，para 56。

❹　Case C – 209/7 *Competition Authority v. Beef Industry Development Society，Ltd* ［2008］ECR I – 8637，Judgment of the Court。

❺　C – 8/08 *T – Mobile Netherlands BV and others* ［2009］ECR I – 4529，Opinion of AG Kokott，para 58。

该总检察长认为，"反竞争目的"概念涵盖了两种形式的做法：第一，对消费者及其支付的价格产生直接影响的，被当事人称为影响"消费者福利"的做法；第二，通过限制或扭曲竞争对消费者产生间接负面影响的做法。❶柯克特总检察长注意不使用"消费者福利"这个词，而是倾向于对影响消费者的形式进行描述性说明。在教义阶段，她小心翼翼地避开了经济术语和经济移植。首先，她提到了不被扭曲的竞争属于公共利益，表明维持竞争仍然是一个重要的问题。其次，她对《欧共体条约》第81条第1款的范围提出了一个（基于结果）的限制性原则，以及她所倡导的"基于过程的"竞争定义，然而，这个定义是极其模糊的："欧盟竞争法的目标必须是**保护竞争而不是保护竞争者**，因为间接地，这也有利于**消费者和广大公众**。"❷对"广大公众"的提及，似乎将《欧共体条约》第81条第1款所规定的竞争原则受益者扩大到了最终消费者，甚至是中间消费者的范畴之外，从而暗中质疑了"消费者福利"这一概念的效用。法院接受了柯克特总检察长的表述，但小心翼翼地省去了对"广大公众"的引述，从而开启了一种可能性，即这一判决可以被解释为采用了"消费者福利"概念或受到"消费者主权"原则的启发。❸

这些例子表明：将"消费者福利"的经济移植与欧盟竞争法的传统目标（如内部市场一体化或保护竞争结构）结合起来，说明了政策制定者为使对条约中竞争法条款的解释更符合最接近的经济论述所作的努力。对一些人来说，新的经济论述应该把旧的原则放在一旁。对其他人来说，新引进的经济学话语应该是对现有价值和原则的补充。经济移植的工具有足够的灵活性来适应这两种可能性。

（2）经济移植是保留经济学话语多样性的一种手段

在欧盟竞争法中，"进入壁垒"的概念对于界定相关市场（现有竞争壁垒）以及判断是否构成《欧共体条约》第81条下的限制竞争或第82条下的的支配地位（潜在竞争壁垒）具有特别的重要性。关于进入壁垒的经济概念已经有大量的文献。在新古典主义经济学将竞争作为最终状态的传统中，进入壁垒是一种在长时期内阻碍市场进入的因素。经济学家们感兴趣的通常是确定是否存在一个平衡点，在这个平衡点两侧会不会发生市场进入：人们关注的是对市场进

---

❶ C – 8/08 *T – Mobile Netherlands BV and others*［2009］ECR I – 4529, Opinion of AG Kokott, para 59。

❷ C – 8/08 *T – Mobile Netherlands BV and others*［2009］ECR I – 4529, Opinion of AG Kokott, para 71。

❸ C – 8/08 *T – Mobile Netherlands BV and others*［2009］ECR I – 4529, Opinion of AG Kokott, para 38。

入的威慑，而不是简单的延迟。相比之下，法律人认为进入壁垒是导致长期垄断高价的因素（作为最终状态的竞争）或允许排挤竞争者的因素（作为竞争过程的竞争），因此包括减缓市场进入的因素。因而，竞争法研究者的兴趣"并不局限于垄断定价造成的无限社会损失的情况，而在于如果以某种完全由公共政策决定的尺度（例如监管者对市场开放程度的偏好）来看，社会损失太大"的那些情况。因此，将进入壁垒的概念纳入不同的法律体系不会产生相似的效果。"进入壁垒"概念在美国反垄断法中的含义可能与在欧盟竞争法中的含义不同，在竞争法中的含义也可能与在贸易法中的含义不同。

即使在新古典主义经济学的范式中，也有许多关于进入壁垒概念的不同传统。尽管人们可以列出更多的观点，本文将只关注两个基本的观点来说明问题：例如，根据新产业经济学的行为方法，进入壁垒可以被定义为绝对/自然壁垒或战略壁垒，然后分为源于内生沉没成本的壁垒和源于外生沉没成本的壁垒。❶

贝恩式的方法认为进入壁垒是指，即便是已在市场中的企业能够索要高于竞争水平的价格，仍然威慑市场进入的因素。❷ 例如，贝恩的定义将规模经济界定为进入壁垒。规模经济意味着一个考虑进入市场的企业不仅要考虑生产成本，还要考虑获得足够的销售量以使自己进入市场有利可图所需的成本。如果规模经济的效果很强，占支配地位的企业就可以把价格定得高于其成本，并在不引起新的进入的情况下赚取利润，因为剩余的市场不会大到足以让新竞争者把其成本降低到相同水平。

斯蒂格勒式的方法并不赞同这一对于进入壁垒的定义。对于斯蒂格勒以及自由主义的芝加哥学派来说，规模经济可以成为进入壁垒的观点似乎是不合理的，因为规模经济本身就是一种效率。❸ 将规模经济视为进入壁垒将使效率成为一种反垄断法上的违法行为。主要出于这些原因，斯蒂格勒将进入壁垒定义为"一种由试图进入一个行业的企业承担，而不由已经在该行业的企业（以某种或

---

❶ 例如，参见：SALOP S C. Strategic entry deterrence [J]. American economic review, 1979, 69 (2)：335 –338. 关于进入壁垒的多种定义，参见：MCAFEE R P, MIALON H M, WILLIAMS M A. What is a barrier to entry? [J]. American economic review, 2004, 94 (2)：461 –465.

❷ BAIN J S. Barriers to new competition: their character and consequences in manufacturing industries [M]. Cambridge：Harvard University Press, 1956：3.

❸ STIGLER G. The organization of industry [M]. Homewood：R. D. Irwin, 1968：113 – 122；另见：DEMSETZ H. Economics as a guide to antitrust regulation [J]. Journal of law & economics, 1976, 19 (2)：382 （"所谓的广告、纵向一体化和资本要求等进入壁垒，都属于更可能与生产性竞争而不是非生产性垄断相关的竞争策略……"）；DEMSETZ H. Barriers to entry [J]. American economic review, 1982, 72 (1)：47 –57.

每一种产出率）承担的生产成本"❶。关于规模经济，这些成本很明显是由已经在该行业的公司承担的，因此不应该被视为进入的障碍。斯蒂格勒提出了比贝恩的定义更宽松的反垄断标准，因为只有当新进入者的成本至少与在位者相同时，潜在的竞争才是社会所需要的。信贷便利性的假设对斯蒂格勒的论点至关重要。他质疑贝恩对资本市场不完善的强调，后者强调资本市场的不完善会阻碍新进入者和潜在进入者为它们的投资提供资金，直到它们能够从与主导企业相当的规模经济中受益为止。斯蒂格勒认为，考虑到金融和信贷市场上广泛的资金选择，大量的投资需求不会阻碍新企业进入市场的计划。❷ 但在信贷紧缩的时代，这一假设是否仍然有效？

因此，很明显，一个法律体系对进入壁垒的一种或另一种定义的选择，是这个特定体系对"效率"、开放性和市场准入的价值/偏好的函数，并且基于对企业获得必要信贷以资助其进入市场能力的基本假设。

美国法院的判例法对进入壁垒的定义一直很模糊。❸ 一些巡回上诉法院采用了斯蒂格勒的方法❹，而另一些则采用了接近贝恩的定义❺，还有一些则同时受到这两种定义的启发❻。在欧洲，法院在一些案例中使用了进入壁垒的概念，但欧盟竞争法并没有对这一概念进行权威定义，尽管在 *United Brands* 案中，法院将规模经济作为进入壁垒的一个例子，从而采用了贝恩的定义。❼ 定义进入壁垒的各种可能的方法，导致欧盟委员会在其《纵向限制指南》中采用了一种似乎更接近贝恩的立场：

---

❶ STIGLER G. The organization of industry ［M］. Homewood：R. D. Irwin，1968：67.

❷ SCHMALENSEE R. Sunk costs and antitrust barriers to entry ［J］. American economic review，2004，94（2）：472；GAVIL A，KOVACIC W E，BAKER J B. Antitrust law in perspective：cases，concepts and problems in competition policy ［M］. 2nd ed. St. Paul：Thomson/West，2008：983 – 987.

❸ WERDEN G J. Network effects and conditions of entry：lessons from the microsoft case ［J］. Antitrust law journal，2001，69（1）：103 – 109.

❹ 例如，参见 *Advo Inc. v. Philadelphia Newspapers*，*Inc.*，51 F. 3d 1191，1200 – 1202（3d Cir.，1995）。

❺ 例如，参见 *Fortner Enterprises v. United States Steel Corp.*，394 U. S. 495，509（1969）；*Jefferson Parish Hospital District No 2 v. Hyde*，466 U. S. 2，13 no. 19，14（1984）；*Eastman Kodak Co. v. Image Technical Services*，*Inc.*，504 U. S. 451，485（1992）；*Concord Boat Corp. v. Brunswick Corp.*，207 F. 3d 1039，1059（8th Cir.，2000）。

❻ *Rebel Oil. Co. v. Atlantic Richfield Co.*，51 F. 3d 1421，1439（9th Cir.，1995）（"进入壁垒是指现有企业没有承担的，但新进入者必须承担的额外的长期成本，或者是市场中阻止进入的因素，同时使现有企业能够获得垄断回报"）；*Accord W. Parcel Express v. UPS*，190 F. 3d 974，975（9th Cir.，1999）。

❼ Case 27/76 *United Brands v. Commission* ［1978］ECR 207，para 122。

进入壁垒的衡量标准是，在位公司可以将其价格提高到竞争水平之上，通常高于最低平均总成本，并在不吸引市场进入的情况下获得超常利润。❶

然而，与此同时，欧盟委员会通过引入认定进入壁垒的额外要求来反映新的产业经济学研究：

这些因素中的某些是否应该被认定为进入壁垒，取决于它们是否与沉没成本有关。沉没成本是指那些为进入市场或在市场上活跃而必须付出的成本，但在退出市场时就会损失。建立消费者忠诚度的广告费用通常是沉没成本，除非退出的公司可以出售其品牌名称或在其他地方使用而不产生损失。❷

最近关于《欧共体条约》第82条执法重点的欧盟委员会通知❸明确引用了规模经济和范围经济作为进入壁垒的例子。有趣的是，欧盟委员会的指导意见并没有采用沉没成本的因素作为认定进入壁垒的指标，从而从《纵向限制指南》采用的观点中后撤。❹ 这可能是由于最近的经济理论研究对沉没成本因素提出了质疑❺，以及竞争法论述中出现的经验性转向：事实上，最近经济合作与发展组织《关于进入壁垒的最佳实践报告》完全略过了进入壁垒的定义问题，并得出结论认为"在实际案例中，重要的不是一个障碍是否符合进入壁垒的这个或那个定义，而是在每个案件事实下，是否、何时以及在何种程度上可能会发生进入等更为实际的问题"。❻

总之，进入壁垒的经济移植旨在保持经济学话语的多样性。然而，这并不意味着经济移植应该导致对被翻译的科学话语的静态看法。经济移植的双重性保证了这种情况不会发生。本文最后将提出一些关于解释理论的想法，该理论将保留经济移植的特殊性并与翻译范式的要求相对应。

---

❶　Guidelines on Vertical Restraints，supra note 125，para 126。

❷　Guidelines on Vertical Restraints，para 128。

❸　Communication from the Commission providing Guidance on the Commission's Enforcement Priorities in Applying Article 82 of the EC Treaty to Abusive Exclusionary Conduct by Dominant Undertakings，COM（2009）864 final。

❹　Commission Guidance on Article 82，para. 17。

❺　CABRAL L M B，ROSS T W. Are sunk costs a barrier to entry？［J］. Journal of economics & management strategy，2008，17（1）：97 – 112。

❻　OECD. Competition Committee. Barriers to entry［R］. Paris：OECD，2005.

四、"超越巴别塔"：经济移植时代的法律和经济学话语

正如保罗·利科提醒我们的，翻译的范式是基于"语言的好客性"（linguistic hospitality）原则："我们被要求给自己的语言穿上陌生人的衣服，同时也邀请陌生人进入我们自己的语言结构。"❶ 然而，翻译仍然应该是两个不同社区之间的中介，它们各自忠于自己的话语，同时对翻译的"背叛"保持开放。这种微妙平衡的风险来自"霸权翻译"或"顺从翻译"。在两种话语之间建立一种非同步的辩证互动将能够防止这种情况的发生。

（一）"霸权翻译"和"顺从翻译"的风险❷

当东道国的法律体系提炼并采用现有的经济学话语，而不考虑这种话语的演变潜力或这种话语在外国（经济）子系统中的多样性时，便可能发生霸权翻译。换句话说，法律体系建立了自己的经济学话语形象，挪用它并切断了它与源语言/话语的演变可能存在的任何联系。

人们可以认为，欧洲大陆传统中的"经济法"概念是霸权翻译的一个例证。❸ 经济法是关于市场组织的法律，是法律的一个分支，而不是像法律经济学自我认知的那样作为法律和经济学话语之间的沟通媒介。然而，如果人们更仔细地观察这个概念，就会发现经济法的概念涉及法律和经济之间的某种交流形式。经济法与法律经济学的主要区别在于，对经济法而言这种交流只发生在将经济概念转化为法律规范的时刻。翻译是对经济概念的内国化，使其失去了独特的特征或原有的性质被具体化为法律子系统的一个术语，并受制于后者的自动引证过程。这一建构性时刻结束了交流的努力：一旦经济学话语成为法律话语/规范，它的起源就被遗忘了，它被解释为好像是任何其他形式的法律话语，而没有特别注意经济学话语中源概念处于实时演变之中。最常见的情况是，翻译工作涉及对概念的重新命名，以便更清楚地表明概念与其起源之间的分离（驯化的翻译）。

❶ RICOEUR P. On translate［M］. BRENNAN E, translate. London：Routledge, 2006：23.

❷ 这两个术语的灵感来自于 Antoine Bayeux 和 François Ost 在跨学科法学研究研讨会上的发言，参见：BAILLEUX A, CARTUYVELS Y, DUMONT H, et al. Traduction et droits Européens：enjeux d'une rencontre［M］. Brussel：Facultés Universitaires de Saint Louis, 2009：19 - 20. 另见：BAYEUX A. Traduction et droits européens：premiers jalons［M］//BAILLEUX A, CARTUYVELS Y, DUMONT H, et al. Traduction et droits Europeens：enjeux d'une rencontre. Brussel：Facultés Universitaires de Saint Louis, 2009：17 - 34.

❸ LIANOS I. La Transformation du droit de la concurrence par le recours à l'analyse économique［M］. Athènes：Ant. N. Sakkoulas, 2007：69 - 81.

秩序自由主义思想中的"自由竞争"概念就是这种做法的一个例证。❶ 如果我们阅读瓦尔特·欧根在《经济学基础》中对这一原则的表述，就会非常清楚这一概念与基于完全竞争模式的原子式竞争（atomistic competition）概念有着内在的联系。❷ 把这个概念改名为"自由竞争"，可以确保概念的经济渊源及其可能的概念缺陷不会困扰法律解释的努力，从而削弱认识上的合法性，进而削弱法律话语的权威。人们确实可以把经济法看作受困于其创建时期的经济想象：1940 年以前的庇古（Pigou）式的福利经济学，直到受到新的挑战，如 20 世纪 40 年代获得了突出地位的希克斯（Hicks）和卡尔多（Kaldor）的"新福利经济学"，或 20 世纪 60 年代的科斯式的新制度经济学也对庇古的学派提出了挑战。❸ 对霸权翻译的批评也可以针对理查德·波斯纳法官等人开创的法律经济学运动，该运动基本上是在法律话语中引进一种不同的经济范式，即基于科斯主义框架的新福利经济学，而不考虑经济学话语中对该模式的批评和反对。

当经济学话语的翻译没有考虑到法律体系的具体目标时，就存在"顺从翻译"。例如，只强调经济效率的规范性，而不适当考虑法律制度的其他目标，就会产生从合法性的角度看起来不令人满意的结果。经济分析对经济效率的强调可以从方法论角度来理解。例如，对声望和概念一致性的追求，对福利经济学家逐步构建其理想"经济人"（homo economicus）模型产生了特别的影响，使其忽略任何伦理、社会、分配或心理层面的因素。经济学家们意识到，他们的方法从本质上讲是不完整的，而且基本上是一个纯粹的基于逻辑实证主义的方法论立场，试图将经济学设想为一门硬（自然）科学。❹ "方法论往往都是对权威的渴求"。❺ 与此相反，法律话语本质上就是整体论的：如果它要对它所面对的更广泛的群体具有说服力，它就应该包括人类生存的所有层面。因此，翻译者

---

❶ MÖSCHEL W. The proper scope of government viewed from an ordoliberal perspective: the example of competition policy [J]. Journal of institutional and theoretical economics, 2001, 157 (1): 3–13.

❷ EUCKEN W. Foundations of economics [M]. Chicago: University of Chicago Press, 1951: 269–270.

❸ 一个有趣的讨论参见：BLAUG M. The fundamental theorems of modern welfare economics, historically contemplated [J]. History of political economy, 2007, 39 (2): 185–207; HOVENKAMP H. Knowledge about welfare: legal realism and the separation of law and economics [J]. Minnesota law review, 2000, 84 (4): 805–862.

❹ 关于这一联系的一个有趣的分析，参见：HACKNEY J R. Under cover of science: american legal-economic theory and the quest for objectivity [M]. Durham: Duke University Press, 2007: ch. 3.

❺ MCCLOSKEY D N. The rhetoric of economics [M]. 2nd ed. Madison: University of Wisconsin Press, 1998: 11.

应该意识到存在不可翻译的领域，这正是因为法律话语和经济学话语所针对的方法不同，更具体地说——受众不同。翻译者还应该注意使科学话语开花结果的条件：其开放性、对话和持续的批判性自我评估。这将是本文最后一部分的主题。

（二）法律和经济学话语之间需要进行辩证的交互作用

经济移植的双重性质及其对法律和经济学话语的潜在影响，不可避免地对在不同的事实模式和背景下在裁决阶段发挥作用的解释方法的选择产生影响。这种方法将基于默认的解释规则，即从经济学话语到法律话语的翻译行为保持了概念的经济性质，并为解释者提供指导，使其对经济学话语中可能影响这一概念意义和运作的发展保持认知上的开放性。换句话说，以经济移植的出现为缩影的翻译范式，要求在法律和经济学话语之间建立起一种双时空的辩证互动。以下是一些实际的影响。

首先，存在经济移植的领域应首选专业化的法庭或具有"意见专业化"❶ 和强大的跨学科资源（书记员、研究和文档化部门）的通才法庭，以确保经济分析在经济移植物被翻译为法律话语后仍体现在应用中。换句话说，专门的裁决将避免向经济法的"倒退"和法官与"专家"之间在认识上的不对称问题，这种不对称可能会增加外部（法官指定的或当事人选派的专家）翻译的风险。这并不意味着我们应该任命经济学家或其他没有法律培训和经验的社会科学家做司法机构的成员——除非他们与受过法律培训或有经验的法官一起组成合议庭，否则这可能会增加内部翻译的风险（法官可能对自己的学科有知识偏见）。

其次，应特别注意解释是否符合法律子系统的偏好，特别是在翻译工作中考虑经济学话语中的少数观点——这些观点可能已经被决策者纳入经济移植物的设计中。

最后，应避免在硬性法律文本中对经济移植进行权威性和封闭性的定义，以限制经济学话语僵化的风险和随之而来的向"经济法"倒退的风险。这并不意味着硬性文本（如判例法）不能包括对经济移植物的引述，但应特别努力与首次引入这些经济移植物的文件建立联系，以强调其在法律话语中的引入的偶然性和开放性。这一点具有特别的意义和重要性，因为经济学的正统观念可能

---

❶ 参见：CHENG E K. The myth of the generalist judge [J]. Stanford law review, 2008, 61 (3)：519 – 572.

受到质疑，经济学话语目前正在经历一个重要的转变。❶

五、结论

翁贝托·埃科的小说《玫瑰的名字》为描述经济移植物提供了一个有趣的隐喻。该书的主题是：解释的背景与事实和演绎推理一样重要。小说中巴斯克维尔的威廉（William of Baskervile）在试图破解发生在本尼迪克特修道院的不同谋杀案时广泛使用了现代解释学。但对我们的目的来说，特别有趣的是萨尔瓦托雷（Salvatore）这个人物。当阿德索（Adso），也就是书中的叙述者第一次见到他时，把他比作自己心目中的怪物，把他的脸描述成是用别人的脸的碎片拼成的。萨尔瓦托雷说的不是拉丁语，也不是任何语言，"萨尔瓦托雷说所有的语言，也没有语言"。他有时从一种语言中取词，有时从另一种语言中取词。萨尔瓦托雷实际上不是在发明自己的句子，而是使用他过去在不同情况下听到的词语。萨尔瓦托雷的喃喃自语可以作为纯经济和法律论述的信徒们对经济移植物畸形外观的充分隐喻。特伯纳正确地指出，法律的这种"社会科学启蒙"可能会导致产生"一种具有模糊的认识论地位和未知社会后果的混合人工制品"。❷经济移植物就是这种情况。

然而，经济移植物的出现，尽管对"我们思想中熟悉的地标"来说可能是个挑战，但它提供了经济学和法律之间开展更深入互动的机会。经济移植物是在经济学中发展起来并在教义阶段被转化为法律的概念。如果我们把经济移植物看作向翻译范式转变的例证，就可以更好地理解它们的作用。与纯粹的法律或经济学话语的封闭系统解释学相比，翻译范式旨在将法律和经济学这两个群体置于相互之间的历时与辩证的互动中。与经济法的概念和法律经济学运动相比，经济移植是法律和经济学两个学科交汇处的一种混合话语方法，它独立发展，但也与这两个学科相契合。对经济移植物的解释应该结合这样一个事实，即它们是翻译行为的产物：我们不能期望它们与源语言中的概念相似。它们随后的解释和应用也不应该与它们的原生社区的话语相割裂。因此，法律人和经济学家必须一起工作，才能使经济移植有意义——这毕竟是翻译范式的主要含义。

---

❶ 参见：AKERLOF G A. The missing motivation in macroeconomics［J］. American economic review，2007，97（1）：5–36.

❷ TEUBNER G. Autopoietic law：a new approach to law and society［M］. New York：De Gruyter，1988：752.

平台的掠夺性定价问题研究[*]

陈永伟[**] 易 芳[***]

摘要： 反垄断理论和实践已经发展出许多适用于传统经济条件下掠夺性定价问题的分析框架。但是在互联网经济的平台条件下，平台运营模式出现了许多新的网络外部性、补偿多元性等特征，使得传统的有关掠夺性定价问题的理论不再适用。本文综述了传统经济和平台经济中的掠夺性定价相关理论和分析框架，并针对平台条件下的网络外部性和补偿多元性特征进行了分析，提出了一个适用于互联网经济的平台企业掠夺性定价问题分析框架。

关键词： 平台 掠夺性定价

在互联网经济条件下，大规模补贴是平台企业常用的一种经营策略。为了迅速扩大规模、占领市场，平台企业经常通过"红包""返券"等方式来吸引用户。以前几年滴滴和优步的"网约车大战"为例，从 2015 年初到 2016 年中，仅滴滴投入的补贴总额就达到了 200 多亿元。

在高额的补贴之下，用户经常可以以极低的价格从平台购买到商品或服务，甚至零价格、负价格的情况也不罕见。如果实施这种低价策略的企业本身具有足够的市场力量，那么以下问题就出现了：这种现象是否会构成反垄断意义上的掠夺性定价（predatory pricing）？在现实中，我们又应该用怎样的方式来对类

---

　* 本文为国家社会科学基金项目"数字经济背景下平台企业滥用市场势力的理论与量化研究"（19000720277）的研究成果。
　** 《比较》研究部主管。
　*** 北京工商大学经济学院副教授。

似的问题进行处理？对这些问题进行探讨，对反垄断理论和实践都有重要的意义。本文将针对传统条件下和平台条件下的掠夺性定价分别进行理论和实践方面的探讨，并且提出平台条件下掠夺性定价的分析框架。

一、传统条件下掠夺性定价的经济分析

（一）掠夺性定价的定义和实施条件

所谓"掠夺性定价"，指的是企业通过在一定时期内设定低价，以排挤竞争对手或者阻碍潜在竞争对手进入的行为。❶ 这里，企业制定的所谓"低价"，一般是相对于成本而言的。例如，著名的反垄断学者霍文坎普教授曾在自己的著作《联邦反托拉斯政策》中对掠夺性定价给出过如下的定义："按其最正统的形式，'掠夺性定价'是指以低于成本的价格销售，从而将对手赶出市场的行为。掠夺者的意图是在把对手赶走后，或者在使对手受到惩戒后，再索取垄断价格。"❷ 关于"低于成本"中的"成本"应该如何解释，学者们的理解各不相同。一些学者将其理解为平均成本，另一些学者将其理解为平均可变成本，也有一些学者将其理解为平均可避免成本。❸

从本质上讲，掠夺性定价是一种以短期利益换长期利益的策略。如图 1 所示，0~t 期间的短期利润的下降就是其所需付出的成本，而在未来（t 之后）可能获得的垄断利润，就是其可以获得的收益。

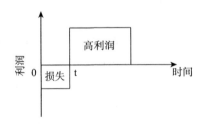

图 1　掠夺性定价的逻辑图示

如果一个企业是以利润最大化为目标的，那么它进行掠夺性定价的条件就

---

❶　OECD. Predatory pricing［R/OL］.［2021 - 10 - 12］. https：//www. oecd. org/competition/abuse/2375661. pdf.

❷　HOVENKAMP H. Federal antitrust policy：the law of competition and its practice［M］. st. Paul：West Academic Publishing, 2015：372.

❸　许光耀. 掠夺性定价行为的反垄断法分析［J］. 政法论丛, 2018（2）：53 - 54.

是必须能够获得净收益。这就决定了企业只有在满足两个条件时才会使用这一策略：一是它要比对手拥有更为雄厚的财力，以保证自身可以在"价格战"中最终存活下来；二是它应该要比较确信在把对手排挤出市场之后，自己获得的长期利润足以弥补自己在短期"价格战"中遭受的损失。

当然，除了以上两个条件外，掠夺性定价策略最终能否成功，还取决于很多其他的因素。例如，它取决于市场进入门槛的高低。如果市场进入门槛很低，那么即使企业可以通过掠夺性定价的办法把对手排挤出市场，只要对手发现有利可图，也可以很快地重新进入市场。再如，它取决于对手是否会采用一些反制措施。如果它的对手事先与客户签订了长期合约，或者在掠夺期采取适当减产、转产等方式来对抗其发动的掠夺，那么这种策略就不太容易成功。

（二）掠夺性定价的经济理论

1. 前芝加哥学派的掠夺性定价理论

经济学家很早就注意到了掠夺性定价问题。早在 20 世纪中叶，哈佛学派的早期代表人物贝恩（Joe Bain）就指出，掠夺性定价可能是在位企业阻止其他企业进入竞争的一种重要工具。[1]

早期，人们对于掠夺性定价问题的理解很直观，主要是将其认定为一种"放长线钓大鱼"（long purse strings）的行为。一般来说，在位的大企业总会比小企业或者那些试图进入市场的新竞争者拥有更多的资源，从而也就更能够忍受长时期的亏损。因此，它们会和这些竞争者展开持续的价格战，直至把对手排挤出市场，从而确立自己的垄断地位。在此之后，它们可以通过提升价格来弥补在低价阶段造成的亏损。

2. 芝加哥学派的掠夺性定价理论

对于早期经济学家们提出的掠夺性定价理论，芝加哥学派的学者表示了明确的反对。在他们看来，试图通过掠夺性定价来排挤对手、实现垄断，从而达到"放长线钓大鱼"的目的是一种非理性的行为。

麦基在一篇论文中指出，对于在位企业而言，进行掠夺性定价和对新进入的对手进行并购是两种可以相互替代的企业策略。在这两种策略当中，并购不会让两个企业的利润下降，因此是一种成本更低的策略。因此，如果企业的决

---

[1] 参见：BAIN J S. Barriers to new competition: their character and consequences in manufacturing industries [M]. Cambridge: Harvard University Press, 1956.

策是理性的，那么它就不应该实施成本更高的"掠夺性定价行为"。❶

伯克法官则在他的名著《反垄断悖论》中进一步阐述了芝加哥学派关于掠夺性定价的观点。❷ 他指出，在位企业如果要进行掠夺性定价，需要在前期投入十分巨大的成本，为了弥补这些成本，它必须在"掠夺"成功之后制定高价格。不过，当它制定更高的价格时，其他的在位者就会发现进入市场是有利可图的。为了防止这些新对手的进入，在位企业就必须重新降低价格。长此以往，实施掠夺性定价的企业就根本没有机会收回成本。基于以上判断，他甚至认为不应该从法律层面对掠夺性定价行为进行限制。

应该说，芝加哥学派对于掠夺性定价问题的分析是充满洞见的。后来的不少实证证据也证明了芝加哥学派观点的正确性。例如，科勒就曾对 1907 年至 1965 年的 23 例掠夺性定价案件进行过分析，结果发现其中只有 7 例是真正的掠夺性定价，而最终成功的只有 4 例。❸ 不过，由于假设和分析过于简单，芝加哥学派的观点也存在显而易见的问题。首先，芝加哥学派的分析都是建立在十分严格的假设之上的，如不存在信息不对称、不存在沉没成本等。但在现实中，这些假设显然很难得到满足。其次，芝加哥学派也没有考虑企业之间的策略互动关系，因此其结论难免有过于抽象简略之嫌。最后，芝加哥学派在进行论述时，也没有考虑到相关法律和制度的约束。例如，麦基关于掠夺性定价成本高于并购的论述，显然就忽略了现实中政府对于并购的管控，从而作出了过于轻率的判断。

3. 后芝加哥学派的掠夺性定价理论

大约从 20 世纪 70 年代开始，博弈论开始逐步对整个产业经济学进行重塑。很多后芝加哥学派的经济学家开始应用博弈论模型来对掠夺性定价问题进行分析，从而得到了很多重要的结论。限于篇幅，这里我们仅对其中的三个进行介绍。

（1）金融市场不完善情况下的掠夺性定价

在传统的"放长线钓大鱼"模型中，存在一个很关键的逻辑问题：如果金

---

❶ 参见：MCGEE J. Predatory price cutting: the Standard Oil（NJ）Case [J]. Journal of law and economy, 1958, 1: 137 – 169.

❷ 参见：BORK R H. The antitrust paradox: a policy at war with itself [M]. New York: Basic Books, 1978: 149 – 155.

❸ KOLLER R H. The myth of predatory pricing: an empirical study [J]. Antitrust law and economics review, 1970, 4（4）: 111 – 112.

融市场是完善的，当银行预见到在位企业不可能长期实施掠夺性定价时，就会有激励以相对较低的利率向这些新的企业提供贷款。如果有了无限的资金支持，那么这些新企业就有能力和在位者持续竞争，这就会反过来让在位企业的掠夺性定价不可能有利可图，因而"放长线钓大鱼"的逻辑也就无法成立。

但是，在现实中，金融市场是不完善的，这时"放长线钓大鱼"的策略就有可能成功。特尔瑟最早在自己的论文中阐述了这个观点。❶ 他指出，当金融市场不完善时，通过信贷获得资金的成本通常会比使用企业内部资金的成本更高。这时，资金相对雄厚的在位企业就可以凭借资本使用成本更低的优势，通过掠夺性定价来将对手挤出市场。后来，弗登伯格和梯若尔在特尔瑟的基础之上进一步构建了不完全信息博弈模型，对掠夺性定价进行了分析。❷ 当存在信息不对称时，金融机构出于对还贷风险的考虑，会要求贷款的企业进行相应的抵押，并根据其抵押的多少来决定利率的高低。一般来说，企业拥有的抵押物多少是和其拥有的资产价值正相关的，而其资产价值又取决于其本身的盈利能力。在这种情况下，在位企业发动的掠夺性定价就拥有了更大的威力。除了直接限制竞争对手的盈利能力之外，这个行为还可以间接导致其资产缩水，从而抬升其获得资金的成本。通过多重压力，在位者就可以将竞争对手排挤出现有的市场。

（2）掠夺性定价的声誉理论

现实中，有很多企业会同时在多个市场上进行经营。例如，超市会在全国各地都开设连锁店，网约车公司则会在多个城市同时经营。在这种情况下，这些企业就有可能同时在多个市场上遭遇新进入对手的挑战。为了避免这种情况的发生，在位企业就需要通过掠夺性定价来显示一种强硬的姿态，以期吓退潜在的竞争者。❸

具体来说，当潜在的竞争者考虑进入市场时，它们会关注在位者的类型。如果在位者是一个强硬的对手，在发现对手后就会斗争到底，那么进入市场就可能无利可图，这时它们就会放弃进入；而如果在位者是一个软弱的对手，发

---

❶　参见：TELSER L G. Cutthroat competition and the long purse ［J］. The journal of law and economics, 1966, 9: 259 – 277.

❷　参见：FUDENBERG D, TIROLE J. Predation without reputation ［D］. Cambridge. Massachusetts Institute of Technology, 1985: 377; FUDENBERG D, TIROLE J. A "signal – jamming" theory of predation ［J］. The RAND journal of economics, 1986, 17 (3): 366 –376.

❸　KREPS D M, WILSON R. Reputation and imperfect information ［J］. Journal of economic theory, 1982, 27 (2): 253 – 279; MILGROM P, ROBERTS J. Predation, reputation, and entry deterrence ［J］. Journal of economic theory, 1982, 27 (2): 280 –312.

现对手进入后就会妥协，那么进入市场就会是有利可图的选择。给定潜在进入者的这种考虑，在位者如果要阻止它们进入，就必须在发现第一个进入对手时就通过执行掠夺性定价来将其排挤出市场，从而在市场上树立起一个"强硬"的形象。

（3）掠夺性定价的信号理论

与声誉理论类似，关于掠夺性定价的信号理论也是建立在信息不对称的前提之下的。当一个潜在的进入者考虑进入市场时，它必须关注在位者的成本状况。如果在位者是高成本的，那就意味着进入者更有可能在进入市场后获利；而如果在位者是低成本的，那么进入者更可能会在随后的竞争中落败，其获利机会也更少。因此，低成本的在位企业为了确保自身的市场地位，就有激励通过掠夺性定价来向对手传递信号，表明自己是低成本的，从而让它们知难而退。[1] 此外，如果市场的容量比较小，不能容纳过多的企业，那么在位企业也有激励通过低价向潜在竞争者发送信号，让它们意识到这一点，从而打消进入市场的意向。[2]

（三）掠夺性定价的判定标准

如上所述，从根本上看，掠夺性定价是一个用短期亏损为代价换取长期垄断利润的策略。因此，要判断一个低价行为究竟是不是构成掠夺性定价，需要考虑两个问题：一是所谓的牺牲问题，即企业在短期是否真的作出了牺牲，产生了亏损；二是所谓的补偿问题，即企业在未来是否可以成功获得足够的垄断利润，以补偿其在前期损失的成本。在实践中，人们发展出了很多判定掠夺性定价的规则，但从本质上讲，所有的规则其实都是对上述两个问题的某种回答。

1. 基于短期成本的判定：阿里达 – 特纳规则

在 1975 年的一篇经典论文中，阿里达和特纳提出了一个判断掠夺性定价的规则。[3] 这个规则认为，如果具有市场支配地位的企业对商品的定价 P 低于其短期边际成本 MC，那么这种定价行为就可以被判定为是掠夺性定价。这是因为，如果 P < MC，那么企业以这种价格策略进行的销售就会产生亏损。给定企业拥有市场支配地位，这种因低价而产生的亏损不可能源于其没有能力将价格调整

---

[1] SALOP S C, SHAPIRO C. A guide to test market predation [Z]. Unpublished manuscript, 1980.

[2] ROBERTS J. A signaling model of predatory pricing [J]. Oxford economic papers, 1986, 38: 75 – 93.

[3] 参见：AREEDA P, TURNER D F. Predatory pricing and related practices under Section 2 of the Sherman Act [J]. Harvard law review, 1975, 88 (4): 697 – 733.

到可盈利水平之上。这也就从反面说明了，这种过低的定价只能是出于企业的自愿。显然，如果一个企业是以利润最大化为目标的，那么就不可能故意选择亏损。因此，它故意选择短期亏损的唯一可能原因就是为了排挤对手，独占市场，从而达到长期盈利的目的。

在现实中，边际成本是很难计算的，因此阿里达和特纳建议用短期平均成本 AVC 来替代它。因此，以上判别掠夺性定价的规则就可以重新表述为：如果具有市场支配地位的企业对商品的定价 P 低于其短期平均成本 AVC，那么这种定价行为就可以被判断为是掠夺性定价。这个判断规则就是著名的"阿里达 – 特纳规则"（Areeda – Turner Rule）。由于"阿里达 – 特纳规则"操作方便、计算简单，因此在实践当中经常被采用。

2. 基于长期成本的判定：波斯纳规则

波斯纳认为，"阿里达 – 特纳规则"存在一定的理论瑕疵，因为它事实上隐含了一个假设，就是新进入者都不愿意忍受短期的亏损。但事实上，在大多数时候，新进入者为了获得长期的收益，都会选择承担短期亏损的成本。如果是这样，那么在位者仅仅将价格定在自己的短期平均成本以下就还不够。只有将价格定在自己的长期平均成本以下，它们才可能让那些效率不高于自己的新企业在长期内无利可图，才可能将它们阻挡在市场之外。基于这个原因，波斯纳建议，用长期平均成本来取代"阿里达 – 特纳规则"中的短期平均成本，以价格低于长期平均成本作为判定掠夺性定价行为的指标。❶

3. 基于产量扩张的判定：威廉姆森规则

威廉姆森认为，阿里达和特纳等人主张的完全基于成本的判定规则没有考虑到一个重要因素，即企业对产量的扩张。事实上，在位企业完全可以通过追加投资来增加产量。由于规模经济的存在，在位企业的平均成本会降低，而市场价格也会随着产量的增加而下降。这样，在位企业就可以在不违背"阿里达 – 特纳规则"的条件下达到排除竞争的目的。基于这个理由，威廉姆森建议，可以把在位企业在面临新进入者时的产能扩张作为判断其实施掠夺性定价的一个重要参考标准。❷

---

❶ 参见：POSNER R A. Antitrust law：an economic perspective ［M］. Chicago：University of Chicago Press，1976：191 – 193.

❷ 参见：WILLIAMSON O E. Predatory pricing：a strategic and welfare analysis ［J］. The Yale law journal，1977，87（2）：284 – 340.

除了这个标准外，威廉姆森还建议，将产量限制作为避免掠夺性定价负面影响的一种手段。具体来说，他认为可以规定在位企业在新竞争者进入的 12～18 个月内不得扩张其产量，并确保其价格不低于平均可变成本。

4. 基于"掠夺"持续时期平均成本的判定：鲍莫尔规则

鲍莫尔认为，与掠夺性定价相关的主要是这一行为持续期间的成本和收益。❶ 因此，他建议重点考察价格与掠夺性定价行为持续时间段内的平均成本状况（包括平均可变成本和平均固定成本）。如果在位者的价格低于行为持续时间段内的平均成本，那就意味着它在短期内确实存在着利润牺牲，因此可以判定其采取的低价行为［鲍莫尔称其为准持久降价（quasi‐permanence of price reductions）］确实是掠夺性定价。

当然，要准确评估行为持续时间段内的成本并不容易，因此鲍莫尔提出了一个更具操作性的建议：观察"掠夺"成功（潜在进入者被成功排挤）后在位者的价格变化状况。如果在位者在"掠夺"结束后立刻涨价，就说明之前的价格并非是由于效率改进而导致的，而更可能是为了排除对手而进行的努力。

除此之外，鲍莫尔还建议，将限制"掠夺"行为之后的涨价作为防止掠夺性定价危害的一种手段。具体来说，他建议禁止企业在通过低价排挤对手之后的涨价，通过这一方法，就可以打消在位企业通过牺牲短期利润来换取长期垄断利润的想法。而与在位企业效率相当甚至效率更高的企业也可以很容易地进入市场，整个市场的运作效率就能因此获得提升。

5. 双层判定

乔斯科和克莱沃里克指出，在判定掠夺性定价时，人们可能犯两类错误：第一类错误是将不属于掠夺性定价的行为误判为掠夺性定价，第二类错误则是没有成功识别出真正的掠夺性定价。这两类错误都会产生相应的成本，因此一个好的判定指标就应该力图减少两类错误所产生的总成本。❷

在反垄断中，"第一类错误"可能产生的成本是更大的。因此从经验上看，要控制两类错误的总成本，就需要先将"第一类错误"的发生概率控制到最低，然后再进一步控制住"第二类错误"的发生。基于这种考虑，他们提出了一个

---

❶ 参见：BAUMOL W J. Quasi‐permanence of price reductions: a policy for prevention of predatory pricing [J]. The Yale law journal, 1979, 89 (1): 1‐26.

❷ 参见：JOSKOW P L, KLEVORICK A K. A framework for analyzing predatory pricing policy [J]. Yale law journal, 1979, 89 (2): 259.

判定掠夺性定价的双层测试框架。具体来说，这个框架中的测试分为两个阶段。

在第一阶段，需要根据市场结构评估在位企业在成功实施了"掠夺"行为之后，是否有机会弥补"掠夺"阶段所付出的成本。在该阶段的测试中，有很多指标是可供参考的。代表性的包括：企业的市场份额、市场中其他企业的规模、一段时期内市场结构的稳定性、企业的盈利历史、剩余需求弹性以及市场进入门槛等。这些指标都有助于人们判断在位企业在结束"掠夺"后可能的市场支配地位以及与之对应的可能盈利状况。如果测试表明，在"掠夺"结束之后，在位企业可以稳定地获得比较可观的垄断利润，则可以进入下一阶段的测试；否则，测试就到此结束。

在第二阶段，则需要对价格和成本之间的关系进行比较。如果价格高于平均成本，则可以认为不存在掠夺性定价行为；而如果价格低于平均成本，则怀疑在位者的行为可能是掠夺性定价。这时，如果在位者不能给出足够的抗辩理由，这种行为就会被认为是非法的。需要指出的是，乔斯科和克莱沃里克并没有像阿里达和特纳那样使用平均可变成本，因为他们认为，价格低于平均成本已经足以证明在位企业在短期之内已经作出了利润牺牲，符合掠夺性定价的定义。

显然，在乔斯科和克莱沃里克的这个分析框架中，第一步的测试主要是用来控制"第一类错误"的，它保证了非掠夺性定价不会被误认为是掠夺性定价，而第二步测试则用来控制"第二类错误"，它可以尽可能确保真正的掠夺性定价不会被遗漏。

（四）传统条件下掠夺性定价的反垄断实践

1. 美国关于掠夺性定价的反垄断实践

在美国，掠夺性定价通常由《谢尔曼法》和《罗宾逊－帕特曼法》加以规范。在援引《谢尔曼法》时，掠夺性定价通常被作为垄断或图谋垄断的一种形式而被加以禁止。其中，垄断具备两个方面的要件：拥有垄断力以及具有维持或者加强垄断力的行为。而图谋垄断通常必须具备以下三个要件：垄断的意图、掠夺性或者排他性的行为，以及极大的成功可能性（a dangerous probability of success）。而在援引《罗宾逊－帕特曼法》时，考虑的主要是与价格歧视相关的掠夺性定价问题，也就是价格歧视对竞争对手造成的"基线损害"（primary line injury）。

在20世纪70年代中期以前，美国在处理掠夺性定价问题时的主要特点是对动机的关注。例如，在标准石油案中，美国最高法院就裁定，由于证据表明企

业存在通过掠夺性定价实施垄断的图谋，因此根据《谢尔曼法》，其行为被认定为非法。❶

20世纪70年代中期到80年代中期，美国在对掠夺性定价进行执法时，最关注的是涉案企业在前期是否有牺牲，而"阿里达－特纳规则"等工具被法院作为重要的判断依据。

从20世纪80年代开始，美国在对掠夺性定价进行执法时，不仅会对前期的牺牲进行关注，还会对后期补偿的可能性进行考虑。只有"掠夺"行为同时满足了牺牲和补偿这两大条件后，才会被认定为是非法的。

例如，在著名的松下案中，作为原告的两家美国企业指控一群日本企业组成了卡特尔，联合实施掠夺性定价，企图将包括它们在内的竞争对手排挤出市场。❷ 美国最高法院在审理该案时认为，被指控实施共谋的日本企业为获取最终的非法收益必须首先承担巨大的损失，而收益则取决于很多不确定因素，"掠夺"行为失败的可能性很大，补偿条件因而很难满足。据此，法院认为被控的行为并不构成非法。

又如，在布鲁克案中，原告布鲁克集团指控对手布朗和威廉姆斯公司的低价销售行为涉嫌掠夺性定价。❸ 美国法院在审理中提出了认定"掠夺"行为非法的两个条件：第一，原告必须证明被告的定价低于以适当的方法测定的成本；第二，被告具有补偿其因低于成本定价所致损失的合理可能或极大可能性。在该案中，尽管有足够的证据表明布朗和威廉姆斯公司确实有反竞争的意图，并且确实已经低于其成本价销售了18个月，但是并没有足够的证据表明它能合理地预见到通过市场增长来挽回其前期成本损失的可能性。据此，法院认为补偿条件很难满足，因而布朗和威廉姆斯公司的"掠夺"行为并不违法。

2. 欧洲关于掠夺性定价的反垄断实践

与美国相比，欧盟在处理掠夺性定价问题的时候，对于实施"掠夺"行为的企业的主观意图予以了更多重视，而对补偿条件则不太重视。这一点在著名的 AKZO 案中得到了最完整的体现。❹ 在该案中，AKZO 公司被其对手 ECS 公司指控通过掠夺性定价进行排挤，从而构成了对市场支配地位的滥用。AKZO 公司

---

❶ *Standard Oil Co. v. United States*，337 U. S. 293（1949）。

❷ *Matsushita Electronic Industrial Co. v. Zenith Radio Corp.*，475 U. S. 574（1986）。

❸ *Brooke Group Ltd. v. Brown & Williamson Tobacco Corp.*，509 U. S. 209（1993）。

❹ Case C－62/86 *AKZO Chemie BV v Commission*［1991］ECR I－3359。

对这一指控进行了辩护，认为根据"阿里达－特纳规则"，其定价高于平均可变成本，因而是合法的。但当时的欧洲共同体（以下简称"欧共体"）委员会认为，价格是高于成本还是低于成本对判决结果不是决定性的，具有决定性的是占市场支配地位的企业排挤竞争对手的意图。在该案中，AKZO 公司显然具有排除竞争对手的意图，因此其行为应属违法并应当被处以罚款。

后来，该案被诉至欧共体法院。欧共体法院的判决基本维持了欧共体委员会的裁决，并提出了掠夺性定价的"二重测试标准"。具体来说，欧共体法院认为，如果价格低于平均可变成本，则可以直接视为滥用行为。即使价格高于平均可变成本，只要其低于平均成本且意在排挤竞争对手，则这种定价也可以被认为是滥用的一种表现。该案中，AKZO 公司对自己原有的客户的定价高于平均总成本，而对于原 ECS 公司的客户的定价则低于平均总成本，具有十分明显的选择性，排挤对手的意图非常明显，因而被认定为违法。

2009 年，欧盟委员会发布的"第 82 条指引"确立了处理滥用市场支配地位案件的新思维。❶ 根据这个指引的精神，欧盟在处理滥用市场支配地位的行为时，会坚持使用"同等效率竞争对手"测试标准，这意味着将效率较低的竞争对手逐出市场将不会引起欧盟委员会的介入。在该指引中，欧盟委员会强调了对行为意图的重视，同时推荐了"牺牲"测试。❷ 不过，在该指引里，欧盟委员会没有使用平均可变成本或平均总成本来作为测试的基准，而是推荐了平均可避免成本和长期平均增量成本。❸ 根据该指引，在一般情况下，如果价格低于平均可避免成本，就表明企业存在着短期的牺牲，可以以此判定滥用行为成立。不过，如果企业具有市场支配地位，即使价格高于平均可避免成本，也未必意味着它的行为就不违法：如果其定价低于长期平均增量成本，依然可能造成对对手的排挤。虽然指引的表述并不清晰，但大致上讲，它或许建立了一种类似 *AKZO* 案的"双重判定标准"，即对于一个具有市场支配地位的企业：（1）如果

---

❶ European Commission. Guidance on the Commission's enforcement priorities in applying Article 82 of the EC Treaty to abusive exclusionary conduct by dominant undertakings [J]. Official Journal of the European Union, 2009, C 45: paras 23 – 27.

❷ European Commission. Guidance on the Commission's enforcement priorities in applying Article 82 of the EC Treaty to abusive exclusionary conduct by dominant undertakings [J]. Official Journal of the European Union, 2009, C 45: paras 64 – 66.

❸ European Commission. Guidance on the Commission's enforcement priorities in applying Article 82 of the EC Treaty to abusive exclusionary conduct by dominant undertakings [J]. Official Journal of the European Union, 2009, C 45: para 26.

其定价低于平均可避免成本，可以直接判定其存在滥用行为；（2）如果其定价高于平均可避免成本但低于长期平均增量成本，并且有证据表明其存在排挤对手的意图，则依然可以认为其行为是滥用市场支配地位。

二、平台条件下掠夺性定价的经济分析

（一）平台条件下掠夺性定价行为的特殊性

平台作为一种新型的企业组织形式，和传统的企业具有很大的区别。❶ 这决定了平台条件下的掠夺性定价行为也有很多不同于传统之处。❷

1. 通过单边价格和成本关系难以判定"牺牲"

和传统企业不同，平台是一个多边市场，它需要同时决定多个市场上的价格。由于跨边网络外部性的存在，平台一般都会有价格结构非中性，也就是说，即使保持一笔交易的总价格水平不变，单纯改变价格在不同市场用户身上的分担比例，也会对最终的总收益和总利润产生巨大的影响。在这种情况下，平台企业出于利润最大化的需要，经常会采用交叉补贴的策略——在价格弹性较大的那一边市场上收取较低的价格，以吸引更多的用户；而在价格弹性较小的那一边市场则收取较高的价格，以实现最终的利润获取。

这种交叉补贴策略的存在，使得平台某一边市场上的价格低于其平均成本的情况非常常见，在很多时候甚至会出现零价格。但是，如果仅仅凭借这一点来认为平台实施了掠夺性定价就会显得比较武断。事实上，如果把几个市场的成本和价格放在一起看，就会发现在大多数情况下平台对交易索取的总价格是高于其平均可变成本的。

以电商平台为例，它的两边分别为商户和消费者。假设每撮合一笔交易，商户一边会产生0.6元的成本，消费者一边会产生0.4元的成本。而平台出于利润最大化的考虑，会对消费者完全免费，而对商户收取每笔1.2元的服务费。这样，如果仅考虑消费者一边，那么价格显然小于平均可变成本，似乎满足掠夺性定价的特征。但是，如果把每一笔交易看成一个整体，那么每笔交易的价

---

❶ 陈永伟. 平台反垄断问题再思考："企业－市场二重性"视角的分析［J］. 竞争政策研究，2018（5）：25－34.

❷ 目前学术界对于平台条件下，尤其是互联网平台条件下的掠夺性定价问题已经有了一些讨论。参见：叶明. 互联网企业掠夺性定价的认定研究［J］. 法律科学（西北政法大学学报），2015，33（5）：194－200；任力. 网络经济条件下掠夺性定价问题的构成标准研究：以美国法上的实践和理论为视角［J］. 河北法学，2017，35（5）：129－142.

格就是1.2元，而对应的平均可变成本为1元，价格高于平均可变成本，因而并不满足掠夺性定价的标准。

基于以上特征，很多经济学家都认为，在平台条件下，不能延续传统环境下对于掠夺性定价的判定标准来判断低价是否就意味着"牺牲"。例如，埃文斯和施马兰西就在自己的论文中明确指出："价格等于某一边的边际成本（或平均可变成本）不是评估欧共体法律项下的市场力量、掠夺性定价或过度定价的双边平台相关经济基准⋯⋯从经济学的角度来说，认为一边的价格和边际成本之间的偏差提供了任何利用市场力量或驱除竞争的定价的迹象是不正确的。"❶

2. 掠夺性定价的"补偿"机制更为多元化

在传统的条件下，掠夺性定价的补偿机制较为简单，对本业务的跨时间补偿是最为常见的补偿方式。但在平台条件下，掠夺性定价的补偿机制更为多元化。除了从本业务的未来收入中获得补偿之外，平台企业还有很多其他获取补偿的方法。其中，以下几种补偿渠道较值得重视。

（1）在其他业务中实现补偿。由于平台企业几乎都同时经营着多个业务，因此其在某一个业务上实行低价所造成的"牺牲"完全有可能在另一个业务上获得补偿。例如，社交平台的经营者几乎从不指望从社交业务本身获得回报，而是将社交作为一种吸引用户的手段。当用户积累到一定程度时，它们就可以通过广告等业务收入来对社交业务的"牺牲"进行补偿。

（2）以数据获取作为补偿。在现阶段，数据已经成为一种关键生产要素。当一个平台积累了充足的高质量数据之后，就可以借助这些数据来对生产流程和商业模式进行优化，进而实现效率增进和利润提升。在这种情况下，一些掠夺性定价行为的补偿机制并不是传统的通过后期提价来实现的，而是通过低价或免费的商品和服务吸引消费者，从他们的行为当中获取数据，再用这些数据来改善自己的业务效率。从会计的角度看，类似的掠夺性定价可能完全找不到补偿机制，但如果考虑到数据因素，相关的补偿就是有可能实现的。

（3）以估值上升作为补偿。在现实中，很多平台并不指望在未来的某个时间从某项业务中获得收入以实现补偿。对于它们来说，资本市场才是最关键的补偿渠道。由于在平台条件下，平台企业很容易在原业务的基础上拓展新的业务来实现变现，因此在很多时候，即使平台并没有现实的盈利渠道，只要它占

---

❶ EVANS D, SCHMALENSEE R. The industrial organization of markets with two – sided platforms ［J］. Competition policy international, 2007, 3 （1）: 174.

据了足够高的市场份额，资本市场上的投资者也会相信它们会在未来的某个时间找到变现方式，因而会提升它们的估值。这就决定了，在一些时候，平台的掠夺性定价其实并不是利润导向，而是估值导向的。例如，在前几年的"共享单车大战"中，头部的几大共享单车平台其实并没有找到盈利模式，但即便如此，它们也一再坚持投入大量补贴，试图将对手挤出市场，其目的就在于吸引投资人的注意，以提升自身的估值。

3. 掠夺性定价的影响发生了变化

正如芝加哥学派的学者们所指出的，在传统条件下，掠夺性定价要成功并不容易。事实上，即使具有市场支配地位的企业能够用低价将对手逐出市场，一旦其试图再次涨价，对手也可以再次进入。在这样的压力下，掠夺性定价很难对竞争或消费者福利造成实质性的损害。然而，在平台条件下，情况则有所不同。一旦平台通过掠夺性定价将对手逐出了市场，占据了巨大的市场份额，它就可以同时利用网络外部性为自己构筑起强大的"护城河"。相比于传统情形，新进入者的进入就变得不再那么容易。事实上，正如埃文斯和施马兰西所指出的，只要在位平台利用掠夺性定价在某一边市场牢牢占据一定的市场份额，其对手就难以达到在市场上存续的临界规模（critical mass），无法进入市场。❶显然，在这种情况下，掠夺性定价对于竞争造成的阻碍将远高于传统情形。

（二）关于平台条件下掠夺性定价的经济理论

1. 平台掠夺性定价的后芝加哥学派理论

主流经济学家对于平台掠夺性定价问题的探讨依然延续了后芝加哥学派的传统，主要将博弈论作为主要的分析工具。有所不同的是，在他们构建的模型中加入了对平台主要特征的考虑，如双边性、跨边网络外部性等因素，因此得到了一些比较特殊的结论。

（1）卡林格和莫塔的模型

卡林格和莫塔考虑了一个带有网络外部性的模型。❷ 在他们的模型中，在位企业和新进入的企业都提供一个带有网络外部性的商品。对于消费者而言，他们会十分在乎有多少用户和自己使用同样品牌的产品，并且只有当某品牌的用

---

❶ 参见：EVANS D S, SCHMALENSEE R. The antitrust analysis of multi – sided platform businesses [R]. Cambridge：National Bureau of Economic Research, 2013.

❷ 参见：KARLINGER L, MOTTA M. Exclusionary pricing when scale matters [J]. The Journal of industrial economics, 2012, 60 (1)：75 – 103.

户达到一定临界值后，才会认为这个产品能给自己带来正效用。在两个企业中，在位企业已经积累了相当多的老用户，其产品的用户规模已经超过了临界值，而新进入企业的用户数则为零。不过，从供给角度看，新进入企业提供产品的成本要低于在位者，因此要比在位者具有更高的效率。给定以上设定，从社会最优福利的角度看，允许新企业进入很可能是更为有益的，因为它可以降低商品的提供成本，从而让消费者以更低的代价获得商品。

当然，对于在位者来说，新企业的进入显然是不利的，因此它会采用掠夺性定价来阻碍其进入。由于在模型中，在位企业的效率被假设为低于新进入企业，因此通常的"掠夺"方法，即对所有产品都同时降价很难达到阻止对手进入的目的。因此，卡林格和莫塔设想了另一种"掠夺"方式——对用户进行价格歧视，即对老用户收取高价，而降低对新用户的价格（将其定在新进入企业的边际成本之下）。如果在位者的既有用户基数足够大，它就可以将价格降到足够低，并让低价格持续足够长的时间，最终就可以将新企业成功地排除在市场之外。需要指出的是，这种"掠夺"行为是和传统掠夺性定价有所不同的。传统掠夺性定价中的牺牲和回报主要是通过跨时间机制来完成，而这种基于价格歧视的"掠夺"行为的牺牲和回报则是同时发生的，它对于利润的牺牲主要发生在新用户群体，而其回报则主要来自老用户。卡林格和莫塔认为，从社会福利的角度看，这种"掠夺"行为可能是没有效率的，因为真正有效率的企业没能进入市场，而为了支持在位企业的"掠夺"行为，一部分用户还需要支付更高的价格。此外，由于采用这种"掠夺"并不需要忍受一定时期的亏损，因此它可能比传统的"掠夺"行为更可持续。

卡林格和莫塔认为，相关的政策有助于防止"掠夺"所导致的坏均衡。例如，禁止价格歧视、要求最低限价以及要求产品之间的互操作性等方法，都可以有效预防在位者采用上述掠夺性定价行为。

（2）富马加利和莫塔模型

富马加利和莫塔考察了一个具有规模经济的掠夺性定价模型。❶ 在他们的模型中，产品的生产和提供具有规模效应。这个规模效应包括供给和需求两个方面。从供给方面看，规模效应主要体现在成本的降低上。一个企业的产量越大，其后续的成本就会更低。而从需求方面看，规模效应则主要体现在网络外部性

---

❶ FUMAGALLI C, MOTTA M. A simple theory of predation［J］. The journal of law and economics, 2013, 56（3）: 595–631.

上。如果企业提供的产品是有网络外部性的，那么其用户越多，网络外部性也就越大，用户对其产品的评价也就越高。

在考虑了规模效应后，在位企业就更有激励实施掠夺性定价行为。它们会努力将产品的价格压低到平均成本之下，以此将竞争对手阻挡在市场之外。只要它们可以保持高市场占有率，在规模经济的作用之下，其后续产品的成本就会迅速下降。这样，即使它们保持价格不变，也可以从后续用户身上获得额外利润，从而弥补"掠夺"阶段所牺牲的利润。

富马加利和莫塔在这个框架下讨论了一个简单的平台掠夺性定价问题。他们假设，市场上存在着两个平台——在位者和新进入者。在平台面临的每一边市场上，在位者都要比新进者拥有更多的既有用户，因此其对于新用户的吸引力也就更大。他们证明了如果在位平台的既有用户优势达到了一定的程度，那么即使其在成本上要比新进平台效率更低，它也可以通过掠夺性定价来成功排挤掉后者。这是因为，虽然在价格战中其提供的产品或服务价格未必会比新进平台更低，但一旦加上用户数带来的网络外部性优势，其对新用户的吸引力也可能比新进平台更大。

（3）瓦斯孔塞洛斯的模型

在富马加利和莫塔的模型中，并没有对平台各边之间的关系作过多的考虑，而在现实当中，这一点十分重要。在很多情况下，平台各边之间的商业价值是不一样的，其中的某一些边在竞争中的重要性远高于其他边。例如，对于电商平台而言，商户的重要性就要高于消费者，如果一个电商平台能有更多的商户，它就更容易在竞争中胜出。这个特征会在很大程度上对平台实施掠夺性定价的方法产生影响——为了更有效率地排挤对手，它可能会把有限的资源用在更为关键的那一边市场。只要确保在这一边排挤了对手，其他各边的竞争压力就可以迎刃而解。

在2015年的一篇论文中，瓦斯孔塞洛斯对以上特征进行了考虑。❶ 在他的模型中，存在着两个平台：在位平台和新进平台。每一个平台都是双边的，但是每一边市场对于另外一边的跨边网络外部性强弱不同。其中，对于另一边具有更大网络外部性的那一边被称为"关键"边，而另一边则被称为"非关键"边。在位平台拥有一定的用户量，而新进平台则暂时没有用户。在成本上，瓦

---

❶ 参见：VASCONCELOS H. Is exclusionary pricing anticompetitive in two – sided markets？［J］. International journal of industrial organization，2015，40：1 – 10.

斯孔塞洛斯沿用了富马加利和莫塔的设定，假设新进企业在成本上更有优势。在位平台和新进平台的定价是同时进行的。

为了阻挡新平台的进入，在位平台就有激励进行掠夺性定价。类似于卡林格和莫塔的模型，瓦斯孔塞洛斯假设"掠夺"行为只针对新用户进行，这是因为新平台没有用户基础，只要遏制住其对新用户的获取，就可以成功将其排挤出市场。所不同的是，在这个模型中，在位平台未必需要降低总体价格水平，而只需要保证在"关键"边具有足够优势就可以了。这样，就会发生类似卡林格和莫塔模型中的情形，掠夺性定价的牺牲和补偿可以在同时完成。只不过在卡林格和莫塔的模型中，利润牺牲发生在新用户群，利润补偿则发生在老用户群；而在瓦斯孔塞洛斯的模型中，利润牺牲发生在关键边，利润补偿发生在非关键边。如果在位平台的先发优势足够明显，拥有足够多的既有用户，那么它就有可能成功将新进平台排挤出市场。

同卡林格和莫塔模型的结论不同的是，瓦斯孔塞洛斯的模型认为"掠夺"行为并不一定会影响社会福利。在他看来，如果平台两边重要性的不对称性足够高，那么成功的"掠夺"行为就会比过度的进入更有效率。这是因为，当市场上仅有一个平台时，关键边产生的跨边网络外部性会对社会福利产生很大的贡献。而当市场上有两个或多个平台时，市场的分割会严重削弱跨边网络外部性的贡献，这种损耗甚至可能抵消新平台在成本节约上带来的效率改进，最终导致社会总福利的下降。

在此基础上，瓦斯孔塞洛斯考虑了最低限价政策的影响。在传统条件下，最低限价，即要求企业必须将价格定在平均成本之上，是防止企业进行掠夺性定价的一种通用规制手段。瓦斯孔塞洛斯认为，如果在平台条件下简单套用这个政策，很可能会导致社会福利的损失。一方面，在没有政策限制的情况下，在位企业很可能可以通过低价将对手排挤出市场，从而整个市场仍然可以保持整合和高效。而有了以上政策限制之后，在位企业的排挤努力很可能会失败，新进企业可能过度进入，资源的配置效率也会受到影响。另一方面，如果在位者原本就无法排挤对手，市场上本来就会出现过度进入，那么在这一政策实施之后，过度进入将会变得更加严重，市场的运作效率将会受到更大的损害。

（4）阿梅利奥、卡林格和瓦莱蒂模型

在瓦斯孔塞洛斯模型中存在一些重要的假设，包括在位平台和新进平台之间提供的服务是同质的，在位平台和新进平台同时进行定价。但在现实中，这些假设并不成立。在多数情况下，不同平台之间提供的服务存在差异。同时，两个平台之间的定价决策通常会是序贯的，在位平台的定价会早于新进平台。这些特征都会对平台掠夺性定价的后果产生影响。

在 2020 年的一篇论文中，阿梅利奥、卡林格和瓦莱蒂考虑了这个问题。❶他们假设，在位平台与新进平台之间存在差异，这个差异在模型中以霍泰林（Hotelling）的空间模型加以刻画。在定价机制上，在位平台可以先决定价格方案，但在决定了价格之后，在后续的时间内它就不能更改这个定价。也就是说，如果在位平台要进行掠夺性定价，那么这个行为就不像瓦斯孔塞洛斯模型中那样仅仅针对新用户，而是针对所有用户实施的。在看到在位者的定价方案后，新平台才决定是否进入；如果进入，它还会随之决定自己的定价方案。和瓦斯孔塞洛斯不同，阿梅利奥等人在模型中假设新平台进入市场需要付出额外的固定成本。

在上述假设之下，阿梅利奥等人对模型进行了求解。结果显示，只要在位平台的网络外部性足够大，它就有激励进行掠夺性定价，试图把新进平台排挤出市场。但和瓦斯孔塞洛斯的结论不同，阿梅利奥等人发现，当平台的差异足够大时，掠夺性定价更可能是有损于消费者福利的。这是因为，当在位平台成功将新平台阻挡在市场之外后，市场就失去了差异性，这样很多偏好使用新平台的用户的福利就会受到损害。

需要指出的是，尽管阿梅利奥等人的模型和瓦斯孔塞洛斯的模型在结论上有很大不同，但是两者都强调了"掠夺"行为造成的社会成本和社会收益的权衡。从社会收益角度看，这两个模型中在位平台的"掠夺"行为所带来的社会收益是市场的整合，以及由此带来的更大的网络外部性。而从社会成本角度看，瓦斯孔塞洛斯强调的是丧失了新平台带来的节约成本的机会，而阿梅利奥等人强调的则是商品和服务多样性的损失。究竟"掠夺"的社会收益和社会成本哪一个更大，很大程度上取决于模型的设定，因而未必具有确定性。但是，这两个模型至少告诉我们，在评价掠夺性定价的相关案件中，应该着重考虑哪些重要因素。

2. 平台掠夺性定价的新布兰代斯主义理论

在反垄断问题上，新布兰代斯主义者和经济学家们的观点存在很大的分歧。从芝加哥学派开始，经济学家们就习惯于将社会福利或消费者福利作为反垄断

---

❶ 参见：AMELIO A, GIARDINO - KARLINGER L, VALLETTI T. Exclusionary pricing in two - sided markets [J]. International journal of industrial organization, 2020, 73 (c): 1 - 38.

的最重要目标，而在具体操作中，消费者面临的价格经常会被作为刻画福利的最重要指标。在很长一段时间内，这种观点成为了反垄断界的主流观点。但是在布兰代斯学派看来，这种只重视福利的观点是有失偏颇的。他们主张，对竞争状态的维护才是反垄断最重要的目标。基于这种观点，布兰代斯学派对掠夺性定价提出了完全不同的看法。

在莉娜·可汗的著名论文《亚马逊的反垄断悖论》中，布兰代斯学派关于掠夺性定价的观点得到了最为集中的体现。❶ 可汗指出，随着亚马逊等大型平台企业的兴起，传统的反垄断理论正在面临严峻的挑战。亚马逊长期将价格定在一个很低的位置，以此获取了巨大的市场份额。但如果根据传统理论，很难认定这种策略构成掠夺性定价。原因有二：其一，从历史价格上看，亚马逊的价格始终在下降，并没有出现传统掠夺性定价中通常出现的在"掠夺"结束后马上提升价格的情况，这显然不满足传统判定标准中的"补偿标准"；其二，虽然亚马逊总体上的利润率很低，但它毕竟是盈利的，这就意味着其定价高于平均成本，因此这也不满足传统判断标准中的"牺牲标准"。综合这两点，用传统的标准根本不能判定亚马逊实施了掠夺性定价。

不过，在莉娜·可汗看来，这并不意味着亚马逊真的没有实施掠夺性定价，而是说明传统的掠夺性定价理论存在问题。她指出，亚马逊进行"掠夺"的机制已经和传统企业有了根本不同，它实施这种行为的目的并不在于事后获取垄断利润，而在于实现增长、占据市场份额。原因有以下两点。其一，只要占据了电商市场的瓶颈位置，它就可以通过很多新方法来实现变现。例如，它可以掌握消费者的数据，从而让平台更好地测量需求、定制服务，从而获取利润；也可以推出新的业务，如云计算等，通过这些新业务来变现。其二，由于类似平台只要掌握更高的市场份额和更为关键的市场位置就可以找到更多的变现可能，因此现在资本市场上的投资人更为重视的已经不再是平台的盈利能力，而是其成长速度和市场份额。只要一个平台的市场份额可以快速增长，其估值就可以迅速攀升。这种估值的上升，也可以作为平台进行掠夺性定价的一种补偿。

在莉娜·可汗看来，亚马逊采用的掠夺性定价会对竞争产生十分严重的损害，而这种损害的机制是多样的。一方面，亚马逊的长期低价会让对手蒙受直接的损失，因而直接对其产生排挤。另一方面，亚马逊的低价会在市场上产生一种威慑效应。这不仅会直接打击竞争对手的信心，也会让相关的投资人不再

---

❶ 参见：KHAN L M. Amazon's antitrust paradox [J]. Yale law journal, 2017, 126 (3)：710－805.

愿意对其对手进行投资。通过这些机制，亚马逊就可以将对手排挤在市场之外。

需要指出的是，亚马逊的以上策略确实可以让市场上的价格持续下降，如果用传统的基于福利的评价方法，这种策略应该是可以促进消费者福利的提升的。但在莉娜·可汗看来，这种福利指标事实上掩盖了很多问题。她指出，很多负面影响，例如平台对隐私的破坏，对数据的滥用等，都没有体现在这个指标里。即使按照传统的经济学文献，由于亚马逊的掠夺性定价消灭了大量的竞争者，因此让消费者的选择受到了限制，这也可能降低消费者效用。但现行的消费者福利标准并没有体现这一点。

基于以上分析，莉娜·可汗认为，应当改变用社会福利或消费者福利来对垄断行为进行评价的传统思路，而应该以对竞争的影响为主要评价标准。具体到掠夺性定价，她认为传统分析中的"牺牲－补偿"框架存在很多的问题，应当停止使用。只要发现平台具有支配地位，且其销售价格低于其平均成本，那么平台的行为就应该被推定为是掠夺性定价。

（三）平台条件下掠夺性定价的判定标准

1. 关于平台条件下掠夺性定价的判定标准的思路

相比于对平台掠夺性定价行为的发生及其福利后果进行分析，在实践中更为重要的是对掠夺性定价行为进行判别。很多学者都认为，由于平台存在价格的结构性，很难通过某一边的价格和成本关系来判断平台的价格策略是否是掠夺性定价。例如，帕克和阿尔斯泰恩就指出，平台的某一边定价低于平均成本，很可能是出于利润最大化的考虑，而不是为了排挤对手所进行的策略性行为，因此不能被简单地认定为是掠夺性定价。❶ 埃文斯认为，用平台某一边的价格信息来判断掠夺性定价会造成严重的误判。❷ 赖特则指出，将平台某一边的价格低于平均成本判定为掠夺性定价就是用单边逻辑思考多边问题的典型表现。❸

基于以上问题，很多学者们建议应该根据平台条件开发判别掠夺性定价的新标准。例如，埃文斯就指出，由于平台要考虑多边价格，因此在判别掠夺性

---

❶ 参见：PARKER G G, VAN ALSTYNE M W. Two – sided network effects: a theory of information product design [J]. Management science, 2005, 51 (10): 1494 – 1504.

❷ 参见：EVANS D S. The antitrust economics of multi – sided platform markets [J]. Yale journal on regulation, 2003, 20: 325 – 382.

❸ WRIGHT J. One – sided logic in two – sided markets [J]. Review of network economics, 2004, 3 (1): 44 – 64.

定价问题时，需要通盘考虑，将各边的价格和成本信息都综合起来进行分析。**❶** 不过，埃文斯本人并没有提出新的分析方法。弗莱彻在一篇评论中也认为，应该探索判定掠夺性定价的新方法。**❷** 他指出，"阿里达 – 特纳规则"的关键是认为企业在利润最大化的考虑下不会使定价低于边际成本，因此只要能在平台条件下对边际成本重新进行解释，就可以开发出类似"阿里达 – 特纳规则"的判别方法。他建议，可以采用罗歇和梯若尔论文**❸**中的思路，在考虑边际成本时，将定价行为所产生的跨边外部性考虑在内，从而对"阿里达 – 特纳规则"进行修改。

2. 修正的"阿里达 – 特纳规则"

博欣格和菲利斯特鲁吸收了弗莱彻的思路，提出了一个平台环境下的"阿里达 – 特纳规则"修正方案。**❹** 他们指出，由于跨边网络外部性的存在，平台在某一边实施低价，不仅会直接影响这一边的销量，进而影响这一边的利润，也会间接对另一边的销量产生影响。因此，要看某一边的降价究竟是不是让平台的利润产生了牺牲，就必须在考虑低价所产生的直接效应的同时，将间接效应也考虑进来。

具体来说，假设一个平台有 A、B 两边。两边的价格分别为 P_A 和 P_B，销量分别为 Q_A 和 Q_B。在这一产量时，两边所面临的边际成本分别为 $\partial C/\partial Q_A$ 和 $\partial C/\partial Q_B$。那么对于 A 边来讲，将价格定为 P_A 可以让每单位产品销售实现的利润为：$(P_A - \partial C/\partial Q_A) + (P_B - \partial C/\partial Q_B) \cdot (\partial Q_B/\partial Q_A)$。

在上式中，$(P_A - \partial C/\partial Q_A)$ 是平台直接得自 A 边的单位利润，$(P_B - \partial C/\partial Q_B)$ 是平台直接得自 B 边的单位利润，$\partial Q_B/\partial Q_A$ 是 A 边的销量对于 B 边销量的影响。因而 $(P_B - \partial C/\partial Q_B) \cdot (\partial Q_B/\partial Q_A)$ 所刻画的就是当 A 边定价为 P_A 时产生的额外利润影响，它体现的是跨边网络外部性的影响。值得说明的是，$\partial Q_B/$

❶ EVANS D S. The antitrust economics of multi – sided platform markets [J]. Yale journal on regulation, 2003, 20: 367.

❷ FLETCHER A. Predatory pricing in two – sided markets: a brief comment [J]. Competition policy international, 2007, 3 (1): 221 – 224.

❸ ROCHET J C, TIROLE J. Two – sided markets: a progress report [J]. The RAND journal of economics, 2006, 37 (3): 645 – 667.

❹ BEHRINGER S, FILISTRUCCHI L. Areeda – turner in two – sided markets [J]. Review of Industrial Organization, 2015, 46 (3): 287 – 306.

∂Q_A 可能是正的，也可能是负的，❶ 因此低价所产生额外影响也可能为正或为负。

因此，对于 A 边，如果平台的定价 P_A 满足：

$$(P_A - \partial C/\partial Q_A) + (P_B - \partial C/\partial Q_B) \cdot (\partial Q_B/\partial Q_A) < 0 \qquad (1)$$

则说明这一边的定价存在"牺牲"，其定价行为可能是掠夺性定价。

同样地，对于 B 边，如果平台的定价 P_B 满足：

$$(P_B - \partial C/\partial Q_B) + (P_A - \partial C/\partial Q_A) \cdot (\partial Q_A/\partial Q_B) < 0 \qquad (2)$$

则说明这一边的定价存在"牺牲"，其定价行为可能是掠夺性定价。

和在单边条件下一样，边际效应 $\partial Q_B/\partial Q_A$ 和 $\partial Q_A/\partial Q_B$ 以及刻画跨边网络外部性的量 $\partial Q_B/\partial Q_A$ 和 $\partial Q_A/\partial Q_B$，在现实中都很难测算。因此博欣格和菲利斯特鲁建议，用平均可变成本代替边际成本，即用 AVC_A 代替 $\partial C/\partial Q_A$，用 AVC_B 代替 $\partial C/\partial Q_B$；而用两边的销量比来代替跨边网络外部性，即用 Q_A/Q_B 代替 $\partial Q_A/\partial Q_B$，用 Q_B/Q_A 代替 $\partial Q_B/\partial Q_A$，然后将它们代入（1）、（2）两式，就可以得到根据平台条件修正的"阿里达－特纳规则"：

对于 A 边，如果平台的定价 P_A 满足：

$$(P_A - AVC_A) + (P_B - AVC_B) \cdot (Q_B/Q_A) < 0 \qquad (3)$$

则说明这一边的定价存在"牺牲"，其定价行为可能是掠夺性定价。

对于 B 边，如果平台的定价 P_B 满足：

$$(P_B - AVC_B) + (P_A - AVC_A) \cdot (Q_A/Q_B) < 0 \qquad (4)$$

则说明这一边的定价存在"牺牲"，其定价行为可能是掠夺性定价。

在论文中，博欣格和菲利斯特鲁以《泰晤士报》和《阿伯丁杂志》为例，对其方法进行了验证。我们知道，报纸和杂志都是典型的双边平台，它们的收入都包括两块：一方面，它们直接从销售市场上通过售卖来获益；另一方面，它们还通过刊登广告、收取广告费来获益。在这两个例子中，如果仅考虑售卖市场，那么按照传统的"阿里达－特纳规则"，就会得出案例中的当事方都进行了掠夺性定价的结论。但是，如果同时考虑了广告市场，再应用修正的"阿里达－特纳规则"，就会得到两个案例都不构成掠夺性定价的结论。

总体来说，博欣格和菲利斯特鲁通过纳入平台双边属性的讨论，拓展了"阿里达－特纳规则"，这为在平台条件下考察掠夺性定价问题提供了一个思路。

---

❶ 例如，对于一个以广告为主要收入的社交平台，广告侧的业务越好，平台对于用户的吸引力就越低。这时，其所产生的跨边网络外部性就是负的。

不过，这个方法也保留了传统条件下"阿里达－特纳准则"的问题。

首先，和传统的"阿里达－特纳规则"一样，扩展后的规则也是以平均可变成本和价格的关系作为测试的主要依据，只不过是考虑到跨边网络外部性，进行了一些局部的修正。但正如前面指出的，企业在价格不低于平均可变成本的时候也可以进行掠夺性定价，而对这种情况，修正规则显然没有进行考虑。

其次，和传统的"阿里达－特纳规则"一样，扩展后的规则也侧重于对"牺牲"问题的检验，而对于"补偿"问题则没有过多讨论。如果在进行修正后，价格是低于平均可变成本的，那么这个问题可能并不严重。但是，如果要修改这一方法，用以判断某个处于平均可变成本和平均成本之间的价格是否构成掠夺性定价，那么"补偿"问题就是不得不考虑的。此外，正如我们前面指出的，在平台条件下，"补偿"的来源可能不只局限于具体的业务收入，还包括资产估值的上升，现有方法更无法考虑这一问题。

最后，如果仅用这种方法作为判定掠夺性定价的标准，不仅可能增加分析成本，还可能增加所谓的"第一类错误"的可能性。事实上，在很多时候，如果在启动这种分析方法之前加入一些步骤，就可以有效解决类似的问题。例如，在上述《泰晤士报》价格战案中，英国公平交易委员会就通过分析认为，《泰晤士报》不具有市场支配地位，也不太可能通过降价获得这种地位，于是在没有进行类似"阿里达－特纳规则"测试的情况下就判定了其不属于掠夺性定价。显然，通过这样的办法，就可以有效节约成本，大幅缩短案件处理时间。

三、平台条件下分析掠夺性定价的一个框架

为了应对平台条件下掠夺性定价的新特征，回应由此产生的新问题，我们有必要在旧有方法的基础上探索一套处理掠夺性定价的新方法。

（一）修正的双层判定法

在处理平台条件下的掠夺性定价案件时，最为棘手的问题就是确定平台实施的低价行为究竟是否可以被归为掠夺性定价。本文认为，在识别和处理掠夺性定价的现有方法中，乔斯科和克莱沃里克提出的双层判定法是最有借鉴意义的，因此可以考虑在这个方法的基础上进行适当的扩展，从而形成一个适应平台条件的新框架。

在乔斯科和克莱沃里克的最初版双层判定框架中，为尽可能减少反垄断过程中的"两类错误"，判定掠夺性定价的过程被设计为两层。总体来讲，这个过程大致上也可以在平台条件下继续沿用。下文将对修正后的双层判定法进行一

个简单的介绍。

1. 第一层判定

第一层判定的主要任务是对"掠夺"行为在未来获得补偿的可能性进行评估。和乔斯科和克莱沃里克的原始思路一样，这一步的用意仍然在于控制"第一类错误"的概率，以保证正常的价格竞争行为不会被错判为非法的掠夺性定价。这里需要注意的是，和传统企业相比，平台在未来实现更多收益以补偿前期投入的机会要多很多，因此在这一阶段中考虑的因素要更多一些。除了分析企业的市场份额、市场中其他企业的规模、一段时期内市场结构的稳定性、企业的盈利历史、剩余需求弹性、市场进入门槛这些传统指标，以判断平台在进行一定时期的降价后是否能在未来在同一市场上获得回报之外，还需要分析平台在未来能否在市场上获得回报。考虑到这点，以下几个问题可能是需要重点考量的。

（1）除了与"掠夺"行为直接相关的业务外，平台是否具有其他可以实现盈利的业务，或者具备发展出某种可预见的盈利业务的可能性？考察这一点，依然是要明确在"掠夺"行为结束后，平台是不是可以从其他业务中获取足够的利润，以弥补"掠夺"阶段的损失。需要指出的是，由于在网络经济条件下，技术和业态都是快速发展变化的，从长远看，平台总有机会能找出某些可供盈利的项目。如果我们将"可能性"的时间段放得过长，就可能将很多合理的创新行为与不合理的"掠夺"行为相混淆。为了避免这种情况的发生，必须将"可能性"的考量区间限定在一定的范围内，比如一年或两年。

（2）平台的"掠夺"行为是否可以带来数据资源的超额积累，从而帮助平台实现更有效率的运营？具体来说，我们需要考察由平台的低价所带来的用户上升究竟有没有对数据的积累带来贡献，数据的积累又是否明显改进了平台企业的决策或者为它们带去了新的商业机会，这些效率提升以及新商业机会所能创造的价值可能有多少。如果计算出的价值是足够大的，就说明数据积累也可以成为掠夺性定价的一种补偿手段。

（3）平台的"掠夺"行为是否可以从资本市场获取补偿？为回答这一问题，可以考察低价行为发生后的一段时间内资本市场对该平台企业的反应。如果在低价行为实施后，资本市场对它的估值出现了明显上升，并且这两个现象之间被证明存在着较为明显的因果关系，那就说明资本市场也是一个补偿的渠道。

2. 第二层判定

第二层判定的任务主要是对"掠夺"行为下的价格和成本关系进行分析，

从而判定平台是否确实牺牲了当前的利润。

乔斯科和克莱沃里克在论文中认为，价格只要低于平均成本（AC）就构成了牺牲，这个做法似乎略显简单而武断。事实上，正如 *AKZO* 案所指出的，即使价格低于平均成本，但只要它还在平均可变成本之上，就仍然难以判定企业是否存在牺牲。因此，一种更为可取的方法是像 *AKZO* 案所倡导的那样分段进行考虑：只有当价格低于平均可变成本时，才直接判定其为掠夺性定价；而当价格处于平均可变成本和平均成本（AVC）之间时，就需要结合动机来进行判定。

考虑到平台多边性，如果我们仅看某一边市场的价格和成本，很容易作出错误的判断。考虑到这一点，我们可以参考博欣格和菲利斯特鲁的思路，对相关的测算指标进行一些调整。

具体来说，设一个平台有 A、B 两边，两边的价格分别为 P_A 和 P_B，销量分别为 Q_A 和 Q_B。

对于 A 边，如果平台的定价 P_A 满足：

$$(P_A - \text{AVC}_A) + (P_B - \text{AVC}_B) \cdot (Q_B / Q_A) < 0 \qquad (5)$$

则说明这一边的定价存在"牺牲"，其定价行为可能是掠夺性定价。

如果（5）式不满足，但存在：

$$(P_A - \text{AC}_A) + (P_B - \text{AC}_B) \cdot (Q_B / Q_A) < 0 \qquad (6)$$

则需要结合平台的行为是否具有排挤的动机来判断其行为是否构成掠夺性定价。类似地，对于 B 边的定价行为，也可以参照以上思路来进行判断。❶

这里需要指出的是，平台是否具有排挤对手的动机，在现实中是很难进行判断的。考虑到这一点，本文认为在掌握确凿证据（如会议记录、电话录音等）的某些情况下，可以用行为的现实竞争后果分析来替代对行为动机的分析。例如，可以借助统计学和计量经济学的方法，分析低价行为前后其对手是否出现了退出，以及对手的退出和低价行为之间究竟有没有明确的因果关系。如果这些问题的答案都是肯定的，则可以推断平台具有排挤对手的动机。如果平台不能举证自己的低价是出于合理目的，其排挤对手的动机就可以得到认定。

（二）分析平台掠夺性定价的流程

在图 2 中，我们对处理平台条件下掠夺性定价问题的流程进行了一个总结。

---

❶　这里需要指出的是，也有一些观点认为，平均成本和平均可变成本都不是判别掠夺性定价的好参照。比如前面说到的欧盟"第 82 条指引"就建议用"平均可避免成本"（AAC）和"长期平均增量资本"（LAIC）来分别替代平均可变成本和平均成本。如果采用这个建议，那么我们只需要将（5）、（6）两式中的 AVC 改为 AAC，AC 改为 LAIC 即可，总的分析思路并不会有太多的变化。

在我国的《反垄断法》中，掠夺性定价被作为"滥用市场支配地位"的一种表现，因此判定平台企业是否具有市场支配地位就是分析类似问题的前提。❶ 由于在通常情况下，市场支配地位问题都是在某个相关市场下讨论的，因此在我们给出的流程中，界定相关市场、考察市场支配地位就是分析的前两步。❷ 至于界定相关市场、考察市场支配地位的具体方法，可以参考相关文章，在此不予赘述。❸

在确定了平台确实具有市场支配地位后，就可以利用上文所介绍的修正的双层判定法来判断平台低价行为的性质，看这种行为究竟是否可以被列入掠夺性定价的范畴。如前所述，判别的流程基本可以沿用乔斯科和克莱沃里克所提出的思路，但需要根据平台的特征对具体操作进行一些调整。

需要指出的是，作为一种滥用市场地位的行为，掠夺性定价并不是本身违法的。因此在认定了行为之后，我们仍需要对其市场后果进行分析。只有充分认定其确实对竞争和消费者福利产生了损害后，才能判定其是否违法。在论证这一步时，应该将举证责任分配给被告，让其来为自己的行为进行辩护，提出证明自己的行为可以从总体上促进竞争和消费者福利的证据。

这里需要指出的是，正如莉娜·可汗指出的，传统思路在分析市场后果时对消费者福利指标予以了太多的关注，而忽略了竞争等其他指标。考虑到这一点，可以在竞争结果的分析中加入更多的考量因素，例如在"掠夺"行为被实施之后整个市场的结构因此发生了怎样的变化？在此之后，潜在的竞争对手是否还具有进入的可能性？其可进入性是否对当事平台构成了现实的竞争约束？对于这些问题，被告必须予以回应。如果发现掠夺性定价行为确实对竞争产生了过于严重的损害，那么即使被告证明它在可以预见的时间段内确实可以有效提升消费者福利，也应该判定其违法。

---

❶　参见我国《反垄断法》第22条第1款第2项的规定（没有正当理由，以低于成本的价格销售商品），这其实就是对掠夺性定价的另一种表述。

❷　需要说明的是，在平台条件下，由于网络外部性的存在，掠夺性定价可以成为企业迅速做大的方法。通过这种方法，一些原本没有市场支配地位的企业可以迅速获取市场支配地位。这一点已经在先前的网约车、共享单车等市场实践当中获得了验证。考虑到这种情况，在特殊条件下，也可以模仿美国法律中预防垄断的做法，绕开对支配地位的分析而直接考察行为。如果发现行为可能对竞争构成重大损害，或许可以考虑对其行为进行一定的干预。

❸　关于平台条件下的相关市场界定，可以参考：陈永伟. 平台条件下的相关市场界定：若干关键问题和一个统一分析流程［J］. 竞争政策研究，2020（3）：5 – 17. 关于平台条件下市场支配力量的讨论，可以参考：陈永伟. 平台的市场支配地位认定：方法、流程和指标［J］. 经济法研究，2019，23（2）：197 – 216.

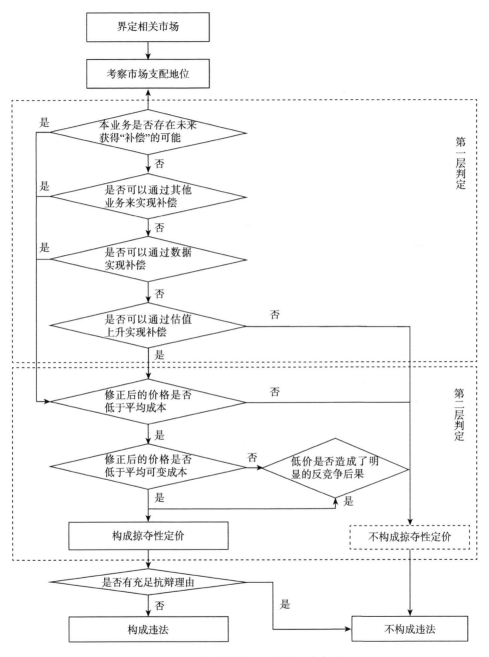

图2 分析掠夺性定价问题的一个框架

四、结语

大规模补贴是互联网经济中平台企业常用的经营策略，已经成为行业的惯用模式。在反垄断实践中，大规模补贴是否涉及掠夺性定价，如何分析和判定平台的经营策略是否为掠夺性定价行为，是非常重要并且亟待解决的问题。

尽管存在一些争议，阿里达－特纳规则、波斯纳规则、威廉姆森规则、鲍莫尔规则以及双层判定法的分析思路，被广泛地应用于传统经济中掠夺性定价案件的分析。相对于传统情形，平台条件下的掠夺性定价表现出了很多新的特征，比如网络外部性、补偿实现的多元性等，使得关于这一问题的传统理论和分析方法都很难在新的条件下直接适用。

许多文献建立了博弈模型对互联网经济下的掠夺性定价行为的影响进行了分析。由于假设不同，以往研究文献中关于掠夺性定价对经济效率、社会福利的影响的结论各不相同。尽管如此，以往文献仍然为我们分析互联网经济下平台企业的掠夺性定价行为提供了重要的参考维度和分析思路。

结合以往文献的分析思路，本文对乔斯科和克莱沃里克的双层分析框架进行了适合平台企业的扩展，特别考虑了平台补偿实现方式的多元性，提出了一个分析平台条件下掠夺性定价问题的框架。借助这一框架，可以有效地降低反垄断的"两类错误"，在保证判定准确性的前提下尽可能节约成本。该框架为分析互联网经济中平台企业掠夺性定价问题的反垄断实践提供了理论基础。

平台治理

■ 数字生态系统、决策、竞争与自治

■ 论平台规则的效力

数字生态系统、决策、竞争与自治

——论消费者主权对竞争的价值

鲁普雷希特·波兹尊（Rupprecht Podszun）[*]　著

南红玉[**]　译

摘要： 欧洲各竞争主管机构通过对"GAFA"公司的执法行动对所谓"超级平台"的战略转变作出了反应，它们不再是以降低交易成本为主的中立媒介，而是介入到了其他公司和消费者的决策过程当中。它们有强大的激励去限制信息利用或其他市场主体的决策，以促进其自身利益。对守门人地位的这种利用破坏了市场的制度基础，使竞争被推向边缘，而不再发挥核心作用。守门人处于代理人的地位，可能会滥用它们的地位来损害其委托人的利益。动态市场的关键特征——信息与创新正在消失。对从长期观点预见到的这些经济损害需要进行干预。然而，还有一个从欧洲法院判例法分析中产生的理论论据。欧洲法院将决策的独立性视为不受扭曲的市场竞争的关键要素。过去曾明确适用于《欧盟运行条约》第101条案件的这一理论，如今被扩展至消费者和滥用的情形。数字自治——市场主体自主决策的主权成为数字时代竞争法执法的核心。

---

[*] 杜塞尔多夫海因里希·海涅大学（Heinrich Heine Universität Düsseldorf）教授、竞争法研究所所长，马克斯·普朗克学会创新与竞争研究所研究员。

[**] 北京大学法学院博士研究生。

关键词：竞争法　数字生态系统　守门人　平台经济　损害理论
决策　数字自治　消费者选择

一、问题：自主决定对市场的作用

当消费者在在线平台上查询从里斯本到布鲁塞尔的航班时，他最终选择的很可能就是平台希望她预订的那一趟航班。当消费者使用语音电子商务时，例如告诉亚马逊公司的 Alexa 现在想要用晚餐，亚马逊公司很可能早已知晓并奉上适当的食物。如果（晚餐后）糖尿病发作并需要注射胰岛素，智能糖尿病装置——数字化胰岛素泵将准备好量身定制的解决方案。供需的组织效率令人叹为观止，但这与包括消费者在内的市场主体自己决定如何花钱以及与谁订立合同的最初想法已相去甚远。市场主体自主决定的权威在数字领域遭到严重破坏。对于竞争法而言，这意味着什么？

（一）研究问题

消费者在越来越多的数字经济场景中被剥夺了作决策的权利和能力。本文所要研究的问题是：保护经济主体对如何花费其金钱的控制，这是否是竞争法的任务？竞争法是否保护市场主体的个人决策？

作者认为这是对支配性互联网平台进行竞争法执法的主要目标。作者在此主张的并非伊曼努尔·康德传统的哲学根据：个人作为自己决定的主人，自主决定是人性的终极表达。❶ 虽然这是《欧盟基本权利宪章》第 16 条或竞争原则❷所依赖的一个很强的观念，但是对致力于竞争法经济学解读的人们而言，这可能过于具有规范性了。

采取干预措施维护市场主体对其自主决定的控制权，也可以在经济学根据中找到正当理由并遵循法律规则与原则。剥夺其他市场参与者的自主经济决定会破坏市场的运行，并且违反了欧洲竞争法的一项核心原则。这一制度性考量为竞争主管机构对支配性平台运营商的执法活动提供了更好的理解。它可能作为潜在的"损害理论"，而后者在 *Google* 案或德国的 *Facebook* 案中是缺失的。

---

❶　KANT I. What is enlightenment? ［M］. Berlin：Berlinische Monatsschrift, 1784.

❷　参见：SCHÖNWÄLDER – KUNTZE T. The figure of "rivalry" and its function in Kant's ethics ［G］// LUETGE C. Handbook of the philosophical foundations of business ethics. New York：Springer, 2013：355 ff.

（二）执法实践

在多年的自由放任（如 *Facebook/WhatsApp* 合并案❶）之后，欧洲各竞争主管机构将数据公司作为其执法活动的目标。经过长达 7 年的调查，欧盟委员会在 *Google Shopping* 案中对 Alphabet 作出的罚款决定标志着一个起点。❷ 随后，欧盟委员会就安卓操作系统和 AdSense 的绑定限制对谷歌公司处以进一步的罚款。❸ 德国国家竞争局对脸书公司的隐私相关违法行为进行了调查，并于 2019 年作出了引人瞩目的禁止决定。❹ 法国竞争主管机构在 *Amadeus* 案中认定谷歌公司存在违法行为并发布了临时禁令。❺ 正在进行的调查针对的是亚马逊公司（信息处理）和苹果公司（使用 App Store 和移动支付）的商业实践。❻

这些案件针对的是"GAFA"公司，即谷歌（Google）、苹果（Apple）、脸书（Facebook）和亚马逊（Amazon）；这些公司被扎拉奇和斯图克称作"超级平台"。❼ 一些学者和实务界人士批评上文所述的判决缺乏令人信服的损害理论。❽ 的确，判决本身并不能确切地说明竞争损害在哪里。但有必要提醒学者们的是，损害理论在竞争法中并不是一个固定的概念或既定的法律要求。❾ 因此，聚焦于损害理论具有误导性，因为这会带来这些案件需要一种"叙事"的印象。

在上述案件的核心，人们会发现决策权已从市场参与者向平台运营商转移：

● 在 *Google Shopping* 案中，欧盟委员会认定谷歌公司的搜索算法

❶　Commission Decision, 3. 10. 2014, Case COMP/M. 7217 – *Facebook/WhatsApp*。

❷　Commission Decision, 27. 6. 2017, Case AT. 39740 – *Google Search*（*Shopping*）。

❸　Commission Decision, 18. 7. 2018, Case AT. 40099 – *Google Android*；Commission Decision, 20. 3. 2019, Case AT. 40411 – *Google Search*（*AdSense*）。

❹　Bundeskartellamt Decision, 6. 2. 2019, Case B6 – 22/16 – *Facebook*。

❺　Autorité de la Concurrence Decision, 31. 1. 2019, Case 19 – MC – 01 – *Amadeus*。

❻　European Commission, Case 40462 – *Amazon Marketplace*；European Commission, Cases 40437, 40652, 40716 – *Apple App Store Practices*；European Commission, Case 40452 – *Apple Mobile Payments*（均待决）。

❼　EZRACHI A, STUCKE M E. Virtual competition：the promise and perils of the algorithm – driven economy [M]. Illustrated ed. Cambidge：Harvard University Press, 2016：145 ff.

❽　PETIT N. A few thoughts on the European Commission decision against Google [EB/OL]. (2017 – 06 – 29) [2022 – 10 – 13]. https：//truthonthemarket. com/2017/06/29/a – few – thoughts – on – the – european – commission – decision – against – google/；AKMAN P. The theory of abuse in Google Search：a positive and normative assessment under EU competition law [J]. Journal of law, technology and policy, 2017 (2)：301 – 374.

❾　关于经济学观点，参见：ZENGER H, WALKER M. Theories of harm in European Competition Law：a progress report [EB/OL]. (2012 – 02 – 02) [2022 – 10 – 13]. https：//papers. ssrn. com/sol3/papers. cfm? abstract_id = 2009296.

对其自身产品的自我偏好属于滥用支配地位。这种策略能够奏效只可能是因为消费者无法自由地决定其交易相对方，而只能遵循搜索引擎的建议。❶

● 在 *Google Android* 案中，欧盟委员会以安卓手机的路径依赖为依据，其中谷歌有关应用商城的决策决定了应用程序开发商的市场机会和消费者的选择。❷ *Apple* 案似乎也有类似的考量。

● 在 *Amazon Marketplace* 案中，欧盟委员会指控亚马逊剥夺了交易者在其平台上的必要信息，使其无法作出知情的决定。❸

● 在 *Facebook* 案中，德国最高法院将该案解释为剥夺了消费者选择的案件，因为只有同意大规模的数据收集和分析才能使用该社交网络。❹

在所有这些案件中，有问题的做法都是因为守门人对平台用户（消费者或公司）施加了影响。由此，让自主的经济决策变得更加困难了。

平台转变为数字集团❺或数字生态系统❻的新趋势加剧了这一问题。越来越多的产品和服务被整合，市场正在融合，对消费者和供应商的封锁效应均被强化了。"GAFA"公司控制着这些生态系统。在这种生态系统中，用户的选择被限制在运营商提供的若干选项范围内。

（三）论文的结构

在本文的第二部分，作者描绘了通过操纵决策或剥夺选择让消费者失能的发展。同时，作为供应商的第三方公司丧失了与其客户间的直接接口，也被剥夺了决策的自由。

在第三部分，作者从制度经济学视角观察这一现象并指出这种发展的代价。这些做法从长远来看会破坏市场的基础设施。

在第四部分，作者将经济学评估和竞争法中的自治理论联系起来，这是欧

---

❶ Commission Decision，27. 6. 2017，Case AT. 39740 – *Google Search*（*Shopping*），paras. 341 ff。

❷ Commission Decission，18. 7. 2018，Case AT. 40099 – *Google Android*，paras. 299，741，1011。

❸ Commission Press Release，17. 7. 2019，Case 40462 – *Amazon Marketplace*。

❹ German Supreme Court，23. 6. 2020，KVR 69/19，ECLI：DE：BGH：2020：230620BKVR69. 19. 0 – *Facebook*，paras. 58 ff。

❺ BOURREAU M，STREEL D A. Digital conglomerates and EU competition policy［EB/OL］：4（2019 – 03 – 11）［2019 – 03 – 11］. http：//www. crid. be/pdf/public/8377. pdf.

❻ PODSZUN R. Enforcing digital fairness！rules for B2P2C – competition［EB/OL］：3（2018 – 12 – 07）［2022 – 10 – 13］. https：//www. fpmi. de/files/fpmi/content/downloads/en/expertopinion/2018_expert – opinion_digital – fairness_podszun. pdf.

洲法院判例法的标准特征。作者提供的一种理解是，独立决策的要求如今已扩展至彼此之间没有横向重叠的消费者和公司。这是值得称道的发展，因为它使"数字自治"成为竞争法执法的关键价值。

在第五部分，作者得出了有关竞争法执法和观念的若干初步结论。作者建议主管机构应聚焦于保护个体决策的市场机制。这是竞争法的任务，尽管这也可能被认为涉及消费者保护法。

二、使消费者和第三方公司失能的策略

在市场竞争中胜出的平台运营商有强大的动机接管、引导或操纵其他市场参与者的决策。

这背后的现实问题是，需要以更高的利润满足投资者期望的超级平台的战略发生了重大转变。到目前为止，谷歌、亚马逊、脸书或苹果的商业模式是从交易成本的降低中获利，以及通过收取费用或使用数据进行定向广告并向客户收费。如今，这些公司越来越有能力引导交易本身。其他市场参与者、消费者和企业都丧失了对"数字守门人"作出经济决策的能力。从竞争法的角度来看，这种战略转变尚未得到应有的重视。❶

关于市场的传统观点是，市场是协调经济主体决策的一个场所。供给和需

❶ 需指出的是，如今有越来越多的关于平台经济和数字生态系统的文献。重要文献包括：EZRACHI A，STUCKE M E. Virtual competition：the promise and perils of the algorithm – driven economy［M］. Illustrated ed，Cambidge：Harvard University Press，2016；OECD，"The Digital Economy"，DAF/COMP（2012）22；COHEN E J. Law for the platform economy［J］. UC Davis law review，2017，51（1）：133 – 204；German Federal Cartel Office Working paper – the market power of platforms and networks［EB/OL］.（2016 – 06 – 09）［2022 – 10 – 13］：8 et seq. https：//www. bundeskartellamt. de/SharedDocs/Publikation/EN/Berichte/Think – Tank – Bericht – Zusammenfassung. pdf？__blob = publicationFile&v = 2；GORP N V，BATURA O. Challenges for competition policy in a digitalised economy［EB/OL］.［2022 – 10 – 13］. https：//www. europarl. europa. eu/RegData/etudes/STUD/2015/542235/IPOL_STU（2015）542235_EN. pdf；PODSZUN R，KREIFELS S. Digital platforms and competition law［J］. Journal of European consumer and market law，2016，5（1）：33 – 39；Monopolkommission. Competition policy：the challenge of digital markets［EB/OL］.［2022 – 10 – 13］. https：//www. monopolkommission. de/images/PDF/SG/SG68/S68_summary. pdf；SCHWEITZER H，FETZER T，PEITZ M. Digitale plattformen：bausteine für einen künftigen ordnungsrahmen［EB/OL］.［2022 – 10 – 13］. https：//www. econstor. eu/handle/10419/141454；FURMAN J. Unlocking digital competition：report of the digital competition expert panel［EB/OL］.［2022 – 10 – 13］. www. gov. uk/government/publications；BOURREAU M，STREEL A D. Digital conglomerates and EU competition policy［EB/OL］：4（2019 – 03 – 11）［2019 – 03 – 11］. http：//www. crid. be/pdf/public/8377. pdf；SCHWEITZER H，HAVCAP J，KERBER W，et al. Modernisierung der Missbrauchsaufsicht für marktmächtige Unternehmen［EB/OL］.（2018 – 08 – 29）［2022 – 10 – 13］. https：//www. d – kart. de/wp – content/uploads/2021/06/modernisierung – der – missbrauchsaufsicht. pdf.

求在市场中相遇，各主体聚集在一起，由"看不见的手"❶ 指导着个体决策协调❷。其基础是经济主体（公司和消费者）根据个人偏好选择对方的特定要约，从而作出经济决策。决策过程是市场经济的核心，如果决策是在自由和知情的基础上作出的，将产生最优结果。在本文中，作者描述了数字化对市场中的决策产生的巨大影响。

（一）从中介到决策者

让·梯若尔及其他学者们分析了平台运营商的商业模式。❸ 每个平台的核心都是聚集其他市场参与者，无论是为了匹配目的抑或是为了参与人数。❹ 在双边市场中，平台通常在"顾客"（或消费者）与向顾客供应其最终寻找的产品或服务的公司（"供应商"）之间进行匹配。例如，亚马逊作为中介运营着 Amazon Marketplace，将寻找特定商品的消费者与向消费者提供这些商品的供应商进行匹配。由于网络效应，平台为了市场而竞争。一旦市场倾斜就能"赢者通吃"。这意味着只有一个平台运营商能够"存活"，并相应地获得一个非常强大的（支配性或垄断性）地位。❺

"GAFA"公司通过额外的方式来巩固其作为平台运营商在一个细分市场中的地位，尤其是利用数据向用户提供更具针对性的服务，以及围绕平台建立生态系统的战略。这个生态系统就像蜘蛛网一样，用越来越多的丝网将猎物包裹到网中。这是通过在平台程序中整合越来越多的服务和选项（"数字集团"）❻以及给消费者添加越来越多的字符串（例如通过使用数据）来实现的。相应地，

❶ SMITH A. The wealth of nations ［M］. London：W. Strahan and T. Cadell，1776：540.

❷ 参见：MANKIW N G，TAYLOR M P. Grundzüge der volkswirtschaftslehre ［M］. 4th ed. Stuttgart：Schäffer – Poesche，2008：73ff.

❸ ROCHET J C，TIROLE J. Platform competition in two – sided markets ［J］. Journal of the European economic association，2003，1（4）：990 – 1029；ROCHET J C，TIROLE J. Two – sided markets：a progress report ［J］. The RAND journal of economics，2006，37（3）：645 – 667；EVANS D S. The Antitrust economics of multi – sided platform markets ［J］. Yale journal on regulation，2003，20（2）：325 – 381. 更近的，参见：SIDAK G J，WILLIG R D. Two – sided market definition and competitive effects for credit cards after United States v. American Express ［J］. Criterion journal on innovation，2016，1：1303.

❹ WISMER S，RASEK A. Market definition in multi – sided markets ［EB/OL］. （2017 – 11 – 15）［2022 – 10 – 13］. https：//www. oecd. org/officialdocuments/publicdisplaydocumentpdf/？cote = DAF/COMP/WD% 282017%2933/FINAL&docLanguage = En.

❺ Cf. BKartA，B6 – 113/15，Arbeitspapier – Marktmacht von Plattformen und Netzwerken，Juni 2016。

❻ BOURREAU M，STREEL D A. Digital conglomerates and EU competition policy ［EB/OL］. （2019 – 03 – 11）［2019 – 03 – 11］. http：//www. crid. be/pdf/public/8377. pdf.

待在这个生态系统中会变得非常舒适，而用户的切换成本则变得非常高。❶

总体思路是将消费者留在"苹果生态系统"或"谷歌生态系统"中，并让他们在这种环境之外的活动频率变得越来越低。在商业战略语言中使用诸如"智能""连接性""数字架构""生态系统"之类的术语。❷ 2018年麦肯锡的一份题为《制胜数字生态系统》的报告描述了一个"无行业边界的世界"，建议各公司加入由经济中最大的参与者精心设计的生态系统。❸ 该报告的作者们将这一转变描述为：

> ……我们相信越来越多的产业将汇聚在更新、更广泛和更具活力的联盟之下：数字生态系统。生态系统的世界将会是高度以客户为中心的模型，用户可以通过单个访问入口享受广泛产品和服务的端到端体验，而无须离开生态系统。生态系统将由提供数字访问的、多行业解决方案的多元化参与者组成。❹

这种论调在当今的管理学文献中已如汗牛充栋。控制"单个访问入口"的公司，如中心运营商，是这种新商业模式的最大赢家。

举一个例子：医疗健康公司赛诺菲（Sanofi）与数据和搜索公司谷歌成立了一个合资公司，为患有糖尿病的患者提供服务。❺ 该合资公司的主要目的是实现糖尿病治疗的数字化并提供糖尿病治疗平台。患者的数据将保存到平台上。智能设备可以将患者当前的状态、所用药物和身体反应等信息传输到平台进行数据处理、分析并给出建议。与平台相连接的胰岛素泵仅仅是提供糖尿病治疗全方位服务计划的第一步。该合资公司本身将其计划表述为"虚拟糖尿病诊所"。

---

❶ FARRELL J, KLEMPERER P. Coordination and lock – in: competition with switching costs and network effects [J]. Handbook of industrial organization, 2007, 3: 1967.

❷ PORTER M E, HEPPELMAN J E. How smart, connected products are transforming companies [J]. Harvard business review, 2014, 92 (11): 1 – 19.

❸ McKinsey Digital. Winning in digital ecosystems [EB/OL]. [2022 – 10 – 13]. https: //www. mckinsey. com/business – functions/mckinsey – digital/our – insights/mckinsey – digital – insights/digital – mckinsey – insights – number – 3.

❹ McKinsey Digital. Winning in digital ecosystems [EB/OL]: 6 [2022 – 10 – 13]. https: //www. mckinsey. com/business – functions/mckinsey – digital/our – insights/mckinsey – digital – insights/digital – mckinsey – insights – number – 3.

❺ 该信息是基于欧盟委员会的决定，参见 Commission Decision, 23. 2. 20216, Case M. 7813 – *Sanofi/Google*。关于该案的评论，参见：PODSZUN R. Dismembering producers from customers: the Google/Sanofi Joint Venture [EB/OL] (2018 – 02 – 19) [2022 – 10 – 13]. https: //www. competitionpolicyinternational. com/dismembering – producers – from – customers – the – googlesanofi – joint – venture/.

它起初只是作为就诊的补充，但有志于坐上客户健康护理的头把交椅，不仅包括用药和健康建议，还包括产品使用、保险、饮食计划。很容易看出该合资公司的应用程序在不久之后将控制很大一部分用户的行为及其医疗健康方面的全部支出，甚至更多。由于数据、网络效应和日益高企的切换成本，患者对平台的依赖性将日益增加。

该平台不再只是匹配消费者和胰岛素供应商，而是占据了医疗健康数字守门人的地位。借助谷歌运营的平台，更进一步地将医疗健康平台与谷歌提供的其他服务联系起来就变得很容易，例如，谷歌邮箱、YouTube 或谷歌地图。❶ 作为这一过程的结果，谷歌的角色从中介机构转变为生态系统的数字守门人。这通常被称为"守门人"地位，因为平台运营商控制着实际具有市场特征的平台的准入。❷

这一新的角色为运营商带来了改变其商业模式的激励。平台运营商的传统商业模式是减少客户和供应商的交易成本，并从交易量的增加和费用节省中索取回报。它可以通过各种方式实现这种利润：出售数据或广告空间，提高平台准入费，或者对交易索取费用。在这样的格局中，平台运营商充当的是中介机构的角色。

从每笔交易中索取一定份额的商业模式尤其耐人寻味。如果运营商有可能影响交易，就有动机以利润最大化的方式匹配需求和供给。该利润将取决于多种因素，例如，通过平台与提供产品或服务的交易相对方讨价还价的个别条件、平台运营商的定价权限或用户特定因素。守门人有强大的激励去影响决策，使其对自身最有利。如果中介机构参与其中，它就从中立的媒介、客户和供应商利益的"忠实的经纪人"地位转变为更直接地介入交易内容的一方。中介机构成为了决策者。商业模式从降低交易成本转变为引导交易。守门人地位越强，控制和引导在该生态系统市场中相遇的客户和供应商决策过程的激励就越强。守门人可能会人为地减少选择或者自行作出涉及交易的某些决策，而不是为交易双方提供多种选择。

以谷歌和赛诺菲的医疗健康平台为例：假设一个客户正在寻求一份新的保

---

❶ 参见合资公司一位管理者的共享演示文稿第 4 页，可在 https：//www. slideshare. net/amytenderich/onduo – in – diabetes – digital – health – diabetesmine – university –2018 上获得（2019 年 3 月 18 日最后访问）.

❷ PODSZUN R. Enforcing digital fairness！rules for B2P2C – competition ［EB/OL］：9（2018 – 12 –07）［2022 – 10 – 13］. https：//www. fpmi. de/files/fpmi/content/downloads/en/expertopinion/2018 _ expert – opinion_digital – fairness_podszun. pdf.

险合同。一个中介机构可以将客户引导至精心准备的保险合同潜在供应商检索列表。如果将客户引导至有限的选项范围内，即能够给"中介机构"提供最优回报的特定供应商，对于客户所依赖的守门人而言是利润最大化的。例如，医疗健康平台可以推荐一个特定的供应商，或者通过各种特征使其看起来最具吸引力，让用户从供应商列表中选中一个特定的供应商（例如，只有该供应商能够直接访问平台客户的数据，或者是唯一没有额外付款的供应商时）。对于运营商而言，很自然地，下一步就是将其自己的保险销售给客户。这不再是个人不受干扰的消费决策，而是由数字守门人引导甚至作出的消费决策。

如果该合资公司的地位足够强大而客户又依赖于该平台，那么它就具有强大的动机以这种利润最大化的方式利用其地位。

如果守门人自身活跃在下游市场，那么其选项将更具吸引力。在这一格局中，自我偏好变得可行了。*Google Shopping* 案提供了一个示例：在谷歌搜索列表中，谷歌自有的比价服务"谷歌购物"（Google Shopping）的排名明显高于竞争者的比价服务。欧盟委员会认为这种形式的自我偏好并非基于其优点，而是利用了影响排名的权力将流量引导至谷歌购物。欧盟委员会认定这是《欧盟运行条约》第 102 条项下的滥用行为。❶

（二）使消费者失能

数字守门人不仅越来越有引导或接管决策的激励，它们还具有这样做的可能性。它们采取的策略逐渐剥夺了消费者的决策能力。

根据剑桥词典，决策是一个人在考虑多种可能性之后作出的选择。❷ 选择是根据主体的价值观、偏好和可能性作出的。❸

无须详细讨论决策的理性、行为研究或压力下的决策，就可以说，在一个简单模型中决策的概念通常涉及三个步骤❹：

- 经济主体处理有关可获得的选择或选项的信息。
- 从需求、偏好、价值观和可能性角度考虑和权衡各选项。主体

下定决心并（作为这一过程的结果）选择一个选项。

---

❶　参见 Commission Decission, 27. 6. 2017, Case AT. 39740 – *Google Search*（*Shopping*）.

❷　参见 https：//dictionary. cambridge. org/dictionary/english/decision.

❸　参见：STEELE K, STEFÄNSSON H O. Decision theory［EB/OL］.（2015 – 12 – 16）［2022 – 10 – 13］. https：//plato. stanford. edu/archives/win2016/entries/decision – theory/.

❹　在该模型中，对于车库销售式（garage sale style）的决策来说也许属于典型的一个谈判阶段被排除在外，因为它在经济决策中不再是典型的，甚至在实体（brick – and – mortar）环境中也不是。

● 沟通这一选择并借此采取行动，即深思熟虑的结果得以显现。

这是保证这一决策过程自由和不受约束的前提。

平台运营商可以在很大程度上预先设计、操纵甚至取消交易相对方的这一决策过程。这可以采取多种形式，干预可能在不同阶段进行。

最明显和简单的形式是通过展示的形式将用户的注意力引导至特定选项上。例如，如果不同的选项是以排名或简单的检索页面设计的方式展示的●，用户通常会选择靠前的选项而不是排在最后的选项。欧盟委员会在 *Google Shopping* 案判决中呈现了有关该问题的认定。❷ 追求利润最大化的运营商在选择搜索结果或选项展示方式时，将偏向于对自己最有利的展示方式。

运营商还可以通过决定平台提供哪些信息来影响决策过程。如果一个在线商城的运营商决定不向客户提供还有其他产品、更廉价的产品、不同供应商等选择的信息，客户将无法获得这些信息。在此情形下，信息（决策过程的第一步）是被设计过的。如果特定信息被突出显示或被省略，就更容易将用户的注意力引导至特定选项上并相应地影响用户决策。

这就变得与数据分析更具相关性。当信息提供者已知客户的偏好、价值观和需求时，就尤其能够有效地影响客户。如果谷歌因为知道你的日程内容或你在谷歌搜索中的查询内容，因而知道你将于特定时间在阿姆斯特丹参加一个重要会议，就很容易利用这些信息引导你进一步的经济决策。

该影响并不仅仅涉及信息，在更精细的水平上甚至也可以影响需求和偏好。一个精通数据的平台运营商可以创造需求和影响消费者的偏好。如果谷歌或脸书知道你的阿姆斯特丹行程计划，定向广告或在你的搜索结果或动态资讯中提供的定向信息会创造你在阿姆斯特丹时访问"Ton Ton Club"的意愿。

尽管这些影响力直接指向的是决策过程的前两个阶段，在沟通决策的第三步中施加影响也是可能的。让选择和沟通（对运营商不那么有利的）特定决策变得困难，可能导致客户改变其决策。这类影响的最著名的例子是支付方式选

● 显然，在超市中可以看到类似的模式，即将产品放置在与消费者视线相当的高度，以便消费者选择这些产品。但在线上利用用户偏见的程度要高得多，以至于两者的情况没有可比性。此外，在实体商店中存在这种模式并不意味着这必然就是合法的。而且，超市通常不具有像某些平台那样的支配地位。

❷ 参见 Commission Decision, 27. 6. 2017, Case AT. 39740 – *Google Search（Shopping）* decision, paras 454 ff.

项。如果在购买过程中发现某个特定决策需要支付额外的成本，将会影响决策。❶

守门人拥有限制甚至直接排除客户决策的可能性。在许多数字生态系统的例子中，一旦度过一个（在路径依赖理论意义上的）"关键关头"❷，客户将被完全剥夺决策的自由。

这一现象在计算机或智能手机上最为明显。一旦客户决定选择一个特定的智能手机，就已经作出了许多进一步的经济决策，智能手机客户将无法再进行选择。以苹果 iPhone 手机用户为例，在手机中不可能采用 iOS 的替代性操作系统。使用非苹果系的日历、邮箱、浏览器、地图或应用商城几乎是不可能的，或至少是非常不便的（如涉及很高的切换成本）。在支付方面（如 Apple Pay）也是如此。

一旦一个客户被锁定在一个生态系统中，就像是置身于"围墙内的花园"，客户在其中可以自由移动，但无法翻越这堵围墙。❸ 决定选择一个替代性的经济选项已经不再可能。理想情况下，生态系统的运营商通过管理来影响偏好的方式将使客户甚至都不会将"围墙内的花园"里的圈定视为一种限制。

技术发展会强化削减消费者选择的激励。两个决定性的例子如下。

亚马逊 Dash 按钮是一个亚马逊专用工具，让用户只需点击一次按钮就能订购产品。❹ 该按钮是连接亚马逊服务器的数字设备。每一次用户点击该按钮（例如可以固定在你的洗衣机上的），它会向亚马逊发送需要送达产品（例如洗衣粉）的信号。亚马逊在 Dash 按钮使用条款中声明它可以变更产品的质量、数量和价格。Dash 按钮没有为进一步的用户信息留下空间（因此选择过程因为缺乏

❶　STUCKE M E, EZRACHI A. Competition overdose: how free market mythology transformed us from citizen kings to market servants [M]. Illustrated ed. New York: Harper Business, 2020: 67 ff.

❷　参见：NORTH D C. Economic performance through time [J]. The American economic review, 1994, 84 (3): 359 – 368; LIEBOWITZ S J, MARGOLIS S E. Path dependence, lock – in, and history [J]. Journal of law, economics and organization, 1995, 11 (1): 205 – 226; DOBUSCH L, SCHÜßLER E. Theorizing path dependence: a review of positive feedback mechanisms in technology markets, regional clusters and organizations [J]. Industrial and corporate change, 2013, 22 (3): 617 – 647.

❸　参见：FRIEDEN R. The Internet of platforms and walled gardens: implications for openness and neutrality [EB/OL] (2016 – 03 – 26) [2022 – 10 – 13]. https: //papers. ssrn. com/sol3/papers. cfm? abstract_id = 2754583.

❹　这些信息是从慕尼黑高等法院（Oberlandesgericht München）的一份判决中摘取的，参见 10. 1. 2019, Case 29 U 1091/18。由于太过不透明并因而违反欧盟消费者保护法，慕尼黑高等法院禁止了亚马逊 Dash 按钮的使用。亚马逊在 2019 年终止了 Dash 按钮的报价。

可获得的信息而受到破坏），并且不再要求用户作出更具体的决定来支持特定产品或服务，而是由亚马逊作出决策，例如有关洗涤剂的数量、质量和价格。

虽然 Dash 按钮已经被放弃了，类似的机制仍然在语音控制数字助手中运行着。❶ 如果使用语音控制助手，客户与产品之间的距离要比在商店或网站中更远。屏幕相关展示（很可能已被干扰）允许客户自己观看、阅读和选择，而通过语音控制系统订购时，这种可能性就变得更小了。可通过语音传递的信息容量比可被读取或查看的信息要更小。立法者已经允许：如果"空间和时间的限制"导致难以提供更具体的信息，可以提供较低水平的信息。❷

如果你向语音控制助手助手发出"Alexa，订购牙膏"的命令，将得到的回应是简单的一句"好的"以及执行，而无需客户提供有关产品或价格的进一步的信息或选择。Alexa 提供的这个机会完全无视了你的消费者主权。客户的决策被压缩至最小，即购买能满足所表达的需求的东西的冲动。当数字设备的设计使任何决策都变得多余时，它就被推向了极致。例如，一个智能洗衣机的设计可以使新的洗衣粉在缺货时自动订购和交付。❸ 它可以在没有任何客户冲动、干预、选择或决策的前提下工作，而整个选择、决策和后续行动的过程是由平台运营商引导的。

消费者的角色发生了巨大的变化。过去，消费者站在超市货架前决定要选择哪一款牙膏。如今，对于被一个数字设备引导（或控制?）的消费者而言，还存在不同质量、价格的多种产品的事实，很可能是完全不透明的。

在所有这些情形中，消费者逐渐被剥夺了其决策能力——要么是根本没有为其留下选择空间，要么是通过有限的并且有偏见的信息或选项破坏了消费者的选择和沟通过程。从长远来看，消费者可能会完全丧失参与有意义的经济决策过程的能力。

应当指出的是，不仅是消费者被剥夺了决策能力，对致力于"吸引"客户

---

❶ 参见：BUDZINSKI O, NOSKOVA V, ZHANG X. The brave new world of digital personal assistants: benefits and challenges from an economic perspective [EB/OL]. (2019 – 01 – 08) [2022 – 10 – 13]. https://link. springer. com/article/10. 1007/s11066 – 019 – 09133 – 4；STUCKE M E, EZRACHI A. How digital assistants can harm our economy, privacy, and democracy [J]. Berkeley technology law journal, 2018, 32 (3): 1239 – 1248.

❷ 参见 Directive 2005/29/EC of the European Parliament and of The Council of 11 May 2005 ('Unfair Commercial Practices Directive') [2005] OJ L 147/22, Art. 7。

❸ 这就类似于亚马逊智能货架系统（Amazon Dash Smart Shelf System）提供的服务，参见 https://business. amazon. com/en/discover – more/blog/introducing – dash – smart – shelf。

的公司也是如此——它们变得依赖于设备。尼尔·埃亚尔（Nir Eyal）在《上瘾》一书中讨论了"如何创造让用户养成使用习惯的产品"。❶ 据埃亚尔所说，让客户依赖某些产品是很有意义的。数字生态系统的守门人掌握了按照其意志摆弄客户的技巧。但是，被勾住的客户不是以自主、自由和不受约束的方式进行决策的消费者。

这种失能标志着一个重大的转变：过去消费者曾处于市场中的主导地位，被认为是企业间竞争的"裁判"。如今在数字生态系统中，消费者日益被置于这样一个地位：遵从生态系统运营商规定的路径并为预先制定的决定盖上橡皮图章。

（三）对客户 - 供应商接口的破坏

和对待消费者类似的技巧正被运用在通过平台供给产品和服务的供应商身上。如果平台（由于倾斜）是市场中唯一的平台，平台运营商就有激励以相同的方式影响供应商的决策过程。平台运营商可以减少或扭曲向供应商提供的信息，可以破坏供应商的选择过程，并且可以设定条件以便完全排除特定决策（如最惠待遇条款❷）。尽管对职业性经济主体施加行为偏好是更加困难的，但系统仍然可以按相同的方式运行。这是因为作者称之为"客户 - 供应商接口破坏"的现象。❸

中介机构介入供应商与客户之间的关系，导致供应商不再能直接与其客户接触，而只能通过一个平台来访问。平台的守门人地位使其得以控制信息和交易的流动。过去与客户取得联系的可能性如今被推到一边，而与消费者之间的直接联系如今已被运营商接管或至少是被它们所控制。

尽管交易成本的降低让供应商获得了一个新的客户基数，其付出的代价却是丧失与客户的直接联系。数据对产品或服务的支配作用强化了这一效果。

以谷歌与赛诺菲合资公司为例，消费者最终会对获得赛诺菲等公司提供的胰岛素治疗产生兴趣。但该平台即"虚拟糖尿病诊所"建构整个生态系统的方

---

❶ EYAL N, HOOVER R. Hooked：how to build habit - forming products ［M］. London：Portfolio Penguin，2014.

❷ 参见：ZIMMER D, BLASCHCZOK M. Most - favoured - customer clauses and two - sided platforms ［J］. Journal of European competition law and practice，2014，5（4）：187.

❸ PODSZUN R. Innovation, variety & fair choice - new rules for the digital economy：expert opinion for Finanzplatz München initiative ［EB/OL］：23（2017 - 12 - 01）［2018 - 09 - 22］. https：//papers. ssrn. com/sol3/papers. cfm？abstract_id = 3243403.

式，是让胰岛素治疗在没有对相关数据的访问权时变得不可能，或者至少是次优选择。产品的"数据化"让产品的供应商依赖于集中存放在平台运营商处的数据。正如马歇尔·范·阿尔斯泰恩（Marshall Van Alstyne）所说："平台始终胜过产品。"❶

如果供应商试图与客户取得联系，那么平台拥有所有类型的可选工具来指导其联系客户的过程。客户被引导至一个生态系统中，客户的数字足迹主要由该生态系统的运营商保管。首先是对公司被允许在平台上提供的选项类型施加限制。某些决策是被预先规定的，例如在一个特定操作系统的应用商城中提供的产品技术规格。关于潜在客户、竞争者和竞争参数的信息也受到限制。公司可能在包括交易条件在内的选择过程中承担义务（例如，关于支付系统或运输方式）。公司不能再像从前那样以未受扭曲的方式观察客户，而是依赖于平台向其传达的需求、偏好和价值观的表达。

对于供应商而言，丧失客户接口意味着其极具价值的资产受到破坏。如何在市场中定位其产品或服务的决定将高度依赖平台留给它们的选择和平台提供的信息。但这种选项和信息已被平台的利润追求所扭曲。

客户待在"围墙内的花园"图景中，公司则被留在花园之外并只能通过守门人进入花园。它们不再能决定以特定的报价吸引特定的客户。双边的市场决策协调都已经被完全改变了。

三、守门人决策的成本

在本文的开头，作者简要地提到了市场是如何运行的：它们是配置稀缺资源的场所。配置过程是通过供给和需求的协调组织起来的。如何投资和如何消费的决策是市场参与者、公司和消费者的个体决策。它们的偏好、需求和意愿等在市场中得到协调。基于准确的信息进行的自由和未受破坏的决策是其核心。市场为信息、产品和服务的交换提供了基础设施，而竞争是这一协调过程的根本机制。

正如作者在前一部分试图证明的，经济的数字化为消费者和公司的决策过程都带来了巨大的变化。它们不再是直接接触，而是由守门人来占据接口，其影响、形成甚至取代曾经的独立经济主体的决策。新型生态系统主要借助海量数据运行，并且受单一实体（守门人）的控制。平台或生态系统取代了传统的

---

❶ Accenture，Technology Vision 2016，Trend 3，p. 8。

自由市场。在此，其有强大的激励用集中计划的资源配置来取代不受扭曲地、自由地协调经济主体利益的过程。

乍一看，守门人拥有全部信息并处理这些信息的条件似乎是有效率的——交易成本被降低了，并且数字化释放了巨大的经济潜力。

在这一部分，作者将回顾一些阐释守门人控制决策之成本的经济学思想。这些经济学思想主要是基于道格拉斯·诺思开发的制度经济学方法。❶ 从长远来看，守门人的行为可能会结构性地阻碍市场的运行。

（一）边缘竞争

随着消费者和公司间直接接口的破坏，竞争将被推向边缘。供应商，例如产品制造商或服务提供商不再直接为找到客户并说服客户而竞争，其主要的竞争是在数字生态系统的边缘。获得进入平台的准入是至关重要的。它们不再向客户提供其报价，而主要是向平台运营商提供。至少，如果不满足平台的要求，它们根本没有机会提供它们的产品或服务。如果平台运营商自身在下游市场中享有利益，例如其自身就提供产品或服务，这种局面将尤其艰难。

这种将竞争推向边缘市场的压力发生在"倾斜"的市场中。倾斜意味着一个平台由于强大的网络效应可以获得大部分市场份额。❷ 与数据和网络效应相关联的规模经济使公司能够走向垄断。这不再是提供多样化服务的不同主体之间通过价格和质量使其自身差异化的"市场内的竞争"，而是"为了市场而竞争"❸，即赢者通吃❹。

❶ NORTH D C. Institutions, institutional change and economic performance［M］. Cambridge：Cambridge University Press，1991.

❷ 参见：KATZ M L，SHAPIRO C. Systems competition and network effects［J］. The journal of economic perspectives，1994，8（2）：106；German Federal Cartel Office The market power of platforms and networks［EB/OL］：8 et seq.［2022－10－13］. https：//www. bundeskartellamt. de/SharedDocs/Publikation/EN/Berichte/Think－Tank－Bericht－Zusammenfassung. pdf?＿＿blob＝publicationFile&v＝2；GORP N V，BATURA O. Challenges for competition policy in a digitalised economy［EB/OL］.［2022－10－13］. https：//www. europarl. europa. eu/RegData/etudes/STUD/2015/542235/IPOL_STU（2015）542235_EN. pdf.

❸ JONES A，SUFRIN B. EU competition law：text，cases，and materials［M］. 6th ed. Oxford：Oxford University Press，2016：49.

❹ PODSZUN R. Enforcing digital fairness! rules for B2P2C－competition［EB/OL］：38（2018－12－07）［2022－10－13］. https：//www. fpmi. de/files/fpmi/content/downloads/en/expertopinion/2018_expert－opinion_digital－fairness_podszun. pdf；GORP N V，BATURA O. Challenges for competition policy in a digitalised economy［EB/OL］：8［2022－10－13］. https：//www. europarl. europa. eu/RegData/etudes/STUD/2015/542235/IPOL_STU（2015）542235_EN. pdf.

市场内的竞争如图 1 所示：在时间点 t_1 客户决定支持特定的企业；在 t_2，它们则作出支持一个企业的新决策，这可能导致失败（U_3）或成功（U_4），但可能会在未来某个时间点再次被改变。

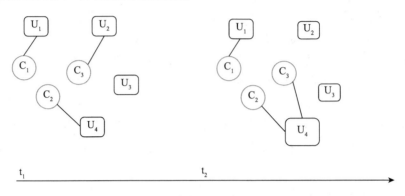

图 1　市场内的竞争

当市场发生倾斜时，即当网络效应强大到对一个平台的偏爱胜过所有其他平台时，平台市场中的过程将会变得不一样。在此情形下，不再有市场内的竞争，而是为了市场而竞争。当市场已经倾斜，为争取客户而进行的直接竞争已经结束。此时由垄断性的平台运营商对企业进行筛选。

在这一场景中的时间点 t_1，平台 P_1 和 P_2 为了客户而竞争，这直接决定了对一个平台甚至另一个企业的选择。这就是为了市场而竞争（参见图 2）。一旦一个平台获得强大的网络效应，该市场中出现倾斜，客户已经选择一个平台作为

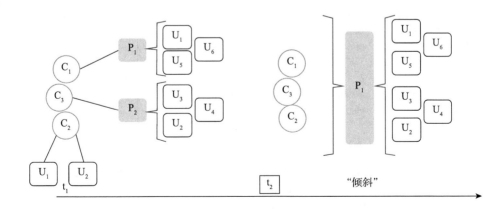

图 2　为了市场而竞争

主导性的平台，企业之间便不再直接为了客户而竞争，而是通过平台（在边缘）进行竞争以获得平台的准入，而不拥有直接的客户接口。

PayPal 的彼得·蒂尔（Peter Thiel）有一句名言概括了竞争的这项新功能："竞争是留给失败者的。"❶

这句话将守门人的战略思想置于焦点：整个商业模式的志向是赢得整个市场。这是与传统投资模型之间的显著区别。对于实力强大的公司而言，例如，家庭用品制造商或保险公司，理论上其目的可能是获得一个垄断地位。然而在实践中，商业模式总是在竞争中进行计算。它属于那些在横向上具有竞争优势的，比提供同类商品的其他公司更高效、更具创造性、更快且更好的公司。通过建立"围墙内的花园"战略，竞争丧失了其对市场的决定性特征。一旦竞争不再是在市场的中心而是在其边缘进行，以消费者为中心的竞争所拥有的那些积极特征（效率、创新、选择、中小企业的机会）将不复存在。市场的组织中没有竞争作为其内核。在制度上，这可能损害市场经济的整个概念。

（二）守门人的委托－代理问题

从制度经济学的解读中可以对守门人影响和接管决策现象的风险获得更好的理解：这些守门人最初是作为一个代理人，代表作为其委托人的客户行事。该情形可以描述为委托－代理场景。❷

当委托人和代理人的利益存在分歧时，就会出现代理问题。当信息分布不对称时，这种分歧的作用将会损害委托人的利益。代理人通常比委托人拥有更多关于市场、服务、价格等的信息，且代理人具有某些不同于委托人利益的自身利益（从获利到确保其市场地位）。这是许多代理或信托形式中的典型局面。

但在数字生态系统环境中，情况将尤其严峻。这主要是因为平台运营商与客户之间存在巨大的信息鸿沟。平台运营商可以访问所有数据集并且对市场拥有一个整体图景，而消费者甚至供应商并没有类似的数据集。最好的情形是，消费者从代理人的丰富知识中获益，而这正是与代理人合作的理由。但这种结果只有在代理人有让委托人获益的激励时才会发生。当客户以任何方式被锁定

❶ THIEL P. Competition is for losers［EB/OL］.（2014－09－12）［2022－10－13］. https：//www. wsj. com/articles/peter－thiel－competition－is－for－losers－1410535536.

❷ 参见：ALCHIAN A A, DEMSETZ H. Production, information costs, and economic organization［J］. The American economic review, 1972, 62（5）：777－795；Erlei/Leschke/Sauerland, Neue Institutionenökonomik, 2. Aufl. , 2007, S. 69 ff. ；MILLER G J. Solutions to principal－agent problems in firms［M］//MENARD C, SHIRLEY M M. Handbook of new institutional economics. New York：Springer, 2008：349 ff.

时，则该激励消失并且竞争就结束了。

另一个问题是平台运营商在市场多边的代理人角色。守门人不仅仅代表消费者的利益去影响或接管决策，它还作为供应商的代理人，因为供应商并不拥有对平台或客户的不受限制的访问权。因此，守门人扮演双重角色，如果考虑其自己的角色，则是三重角色。因此由代理人进行协调的利益是多样的，甚至是对立的。

虽然在其他形式的代理协议中代理人可能有义务追求特定利益（例如，作为根据信托法负有某些法律义务的受托人，或者作为遗嘱执行人），但守门人不受该等法律义务的约束。因此，守门人可以主要为自己的利益行事。这会产生代理成本并使守门人有激励通过优先实现自我利益来逃避三角关系。

（三）信息损失

决策在市场中形成并被传递，这就是一种信息交换，它构成了进一步发展经济的基础。正如弗里德里希·冯·哈耶克指出的，市场中的数据是通过市场参与者在其行动过程中提供的信息产生的。他将市场经济称为"这个（价格）系统中最重要的事实"。❶ 对他而言，自由市场中的信息提供以及深思熟虑的、基于决策的利益协调是市场经济相对于中央计划经济的竞争优势——后者无法产生有关偏好和需求的数据。人们很可能会怀疑，21 世纪的数据分析是否可能比 20 世纪社会主义经济的中央计划委员会更加成功。今天，决定性的问题并不是无法处理数据——现代信息技术或许能实现这种数据处理。但如果个人的决策过程被降至最低限度，就不再可能表达有关个人资源、思想、偏好的数据。若消费者仅仅通过点击一个按钮来订购洗衣粉，或者洗衣机在没有消费者互动的情况下自行补充洗衣粉，所产生的数据和所传递的信息要远少于信息自由地流入市场的传统环境。

信息损失在信号层面也会发生。信号作为制度经济学中的一个术语，是指在一个交易过程中给出的隐藏信息或信号。❷ 在宏观经济层面上，价格是稀缺性与需求的主要信号。在微观经济层面上，商品的价格可以作为品牌信誉的一个信号。客户的出价也表明其支付意愿和自我估价。如果相关的个体不再相互交

---

❶ VON HAYEK F. The use of knowledge in society［J］. The American economic review, 1945, 35（4）: 526.

❷ 参见: SPENCE M. Job market signaling［J］. Quarterly journal of economics, 1973, 87（3）: 355 – 374.

流，这种信号的价值就会减少或消失。信号有助于克服市场参与者之间的信息差距，因为它们有助于更好地满足市场参与者的需求从而提高市场效率。如果对于单个消费者而言，一个商品的价格不再是可辨别的，例如像在亚马逊 Dash 按钮的例子中那样，有关重要经济参数的信息就会消失。

（四）创新损失

进一步的问题还涉及创新。创新是指发明或技术进步，是在市场中分布的动态效率。一个集中控制的生态系统很可能要比一个自由开放的市场环境具有更低的创新友好度，理由有三。

首先，创新取决于市场中产生的信号。发明人的创造性是由他们从市场参与者那里听取的需求中产生的。在创新理论中，公司与其客户之间的直接联系被视为产品升级的主要灵感来源。❶ 如果这些信息和信号是经过守门人过滤的，更可能的结果是，它们不会在下一阶段激发创新。公司还会对价格信号作出反应。当特定商品的价格升高时，就是替代性产品进入市场的一个机会。然而，如果沟通是经过守门人过滤的，价格就很可能不再是可辨别的（质量或其他因素也同样如此）。

其次，基于数据的资源配置会导致后续决策的遵从。已被建立起来的偏好将会被重新利用并被强化，因此新的输入将更难以被整合进来。当亚马逊在其图书商城中向客户推荐图书时，这种偏差就会起作用：被推荐的图书通常与此前已经被成功地推荐给客户的图书相似。基于数据的、算法的操作通常不具备能够模仿人类好奇心、创造性和个性的模式。如果人们主要被当成数据的发出端（emmittents），他们就会被迫遵从而变得更难以实现个人的发展。从经济学的观点来看，这意味着创新性的解决方案将因为它们不符合迄今为止已被建立的数据模式而变得更难成功进入市场。

最后，创新具有破坏现有商业模式的潜力。由于生态系统是围绕现有的利润中心构建的，激进的解决方案可能会破坏该生态系统的收益性。例如，某种机制发明能让洗衣粉变得不再有必要，但只要重新填充洗衣粉能够产生利润，智能家居的运营商就没有动力在现有生态系统中引入该创新。

自愿自发的决策、对新事物的突然渴望，这些创新和扩散的动因被减少了。

---

❶ 参见：VON HIPPEL E. The dominant role of users in the scientific instrument innovation process [J]. Research policy, 1976, 5（3）：60 – 71；VON HIPPEL E. The sources of innovation [M]. Oxford：Oxford University Press, 1988.

客户处于已被建立的偏好循环当中。驱动创新的结构性因素（其本身就是竞争的驱动因素）也被减少了。

（五）平台经济的倾斜点

从一个制度视角来看，新兴数字生态系统的设计带来了核心的经济风险：过去几十年来成功运用的经济交易基础设施已被扭曲。公司的竞争被推向平台边缘。平台运营商或守门人充当着不同主体的代理人，并且有激励去滥用这一地位，利用巨大的信息不对称来为运营商谋求利益而损害其他公司和消费者的利益。在此过程中，对市场协调功能至关重要的信息被破坏了。创新的速度很可能会趋缓。这些发展整体来看可能会导致市场效率的降低并减少数字领域的变革动力。

这与将数字化视为提升效率的强大动因的观点形成了鲜明对比。然而，被重塑成数字生态系统的平台可能会到达一个"临界点"：平台的经济作用曾经是降低交易成本并在客户和供应商之间进行匹配（如果没有平台，它们将无法找到彼此，或必须付出高昂的搜寻成本）。在这种模式下，平台充当了双方利益的"忠诚的经纪人"。当运营商偏离其中立的"媒人"地位，试图以更有利于其自身的方式影响交易并在交易本身中分一杯羹，就会"踏入"新的商业模式，将消费者和公司圈进存在诸多限制的"围墙内的花园"中，接管决策，侵蚀市场基础设施。

消费者可能因为平台对信息和沟通施加影响的缘故而未能注意到这些，但总体经济平衡可能会变为负面的。从长远来看，它们的数据分析和匹配模式是否对经济和社会都同样有利，还很难说。来自制度经济学的证据是相反的。如果竞争主管机构相信超级平台的中央计划，无异于是一场赌博。

四、数字自治作为竞争法的一个特征

在本文的第三部分，作者简要提及了有关损害的经济理论的诸要素。然而，当客户和公司被剥夺了决策能力时，这也敦促规范性的价值判断。发端于2000年前后的竞争法之"更经济学的方法"，曾为竞争法带来相当大的"重塑"，如在立法中引入最新的经济学理论，在案件中运用现代经济学工具进行基于个案的真实市场效果分析（而非本身违法规则），让首席经济学家团队效力于欧盟委员会竞争总司（DG Competition）等。经济学转向无疑是重要的，但它可能掩盖了竞争法不仅仅关心福利效果而且也追求其他目标的事实。欧洲法院坚守着"《欧盟运行条约》中的竞争规则不仅仅是实现特定福利效果的工具，而是旨在

保护竞争过程本身"的观念。❶ 欧洲项目根植于对竞争原则的一种远远超出单纯福利效果的理解。❷

对竞争法的这种理解的组成部分之一是经济主体自主原则。在 1975 年的 *Suiker Unie* 案中，欧洲法院确立了"独立性要求"：

> 《欧盟运行条约》条款中内在的关于竞争的观念是，每个经济主体必须独立地决定其在共同市场中采纳的政策，包括选择其向之提出要约或销售的个人和企业。❸

法院在 *Suiker Unie* 案之后的主要案件中也不断地重申这一观念。援引 *Suiker Unie* 案、独立性要求的欧洲法院判例法，或者对该原则的重述，均表明这是欧洲竞争法的基础。在 *Suiker Unie* 案之后，仅是欧洲法院援引该原则的案件就有 11 个。其中大多数案件被认为是引领欧洲竞争法的重要案件：

- *Züchner* 案（1981）；
- *Astruienne* 案（1984）；
- *John Deere* 案（1998）；
- *Hüls* 案（1999）；
- *Anic Partecipazioni* 案（1999）；
- *The Steel Cases* 案（Eurofer, Thyssen, Krupp Hoesch, Corus）（2003）；
- *Asnef Equifax* 案（2006）；
- *T – Mobile Netherlands* 案（2009）；
- *Dole Food* 案（2015）；
- *Eturas* 案（2016）；
- *Duravit* 案（2017）。

这些案件均援引了与 *Suiker Unie* 案相同或类似的独立性要求。

总检察长柯克特（Kokott）在其对 *T – Mobile* 案的意见中如是重申这一原则：

> 必须考虑的一个事实是，经济参与者的独立性是让竞争能够发挥作用的基本要求之一。相应地，《欧盟运行条约》中关于竞争的条款是

---

❶ GORMSEN L L. A principled approach to abuse of dominance in European competition law［M］. Cambridge：Cambridge University Press, 2010：76 ff. 一种批判性的观点，参见：AKMAN P. The role of "freedom" in EU competition law［J］. Legal studies, 2014, 34（2）：183 – 213.

❷ 通过考察欧洲竞争法的历史根源，可以进一步了解这一点。

❸ Case C – 40/73 *Suiker Unie and Others v Commission*［1975］ECR I – 01663, paras 173 ff.

基于这样一个观念：每个经济主体必须独立地决定其在共同市场中采纳的政策。❶

总检察长科斯马斯（Cosmas）在 *Anic Partecipazioni* 案的意见中选择以不同的措辞提及独立性思想：

《欧盟运行条约》第85条保护的合法利益，并不是每个个体企业无限制的商业活动，而是竞争自由，作为一种理论，尤其体现在每个企业独立地在市场中经营的模型。❷

2015年的香蕉案给人的整体印象是呼吁独立性的影响。在该案中，几家从事香蕉贸易的公司进行了定价前的沟通，并交换了关于定价参数的看法。法院提到了"条约竞争条款中内在的观念，根据该观念，每个经济主体必须独立地决定其在共同市场中采纳的政策"，并继续论证道：

尽管这种独立性要求并没有剥夺经济主体根据竞争者现有或预期的行为作出明智调整的权利，但它确实严格禁止这些主体之间任何直接或间接的接触，通过这种接触，企业可能影响其实际或潜在的竞争者在市场中的行为，或者向它们披露有关其自身市场行为的决策或意图，考虑到所提供的产品或服务的性质、规模，所涉及的企业数量以及该市场的规模，这种接触的目标或效果是建立与正常的相关市场条件不相符的竞争条件（*T – Mobile Netherlands and Others*，C – 8/08，EU：C：2009：343，第33段及其援引的判例法）。法院因此判决：竞争者之间的信息交换，如果降低或消除了在该相关市场中经营的不确定性程度，并具有限制企业间竞争的效果，则是与竞争规则相悖的违法行为（*Thyssen Stahl v. Commission*，C194/99 P，EU：C：2003：527，第86段；*T – Mobile Netherlands and Others*，C8/08，EU：C：2009：343，第35段及其援引的判例法）。尤其是，如果一项信息交换能够消除参与者之间有关这些企业将要采纳的市场行为之调整的时机、范围和细节方面的不确定性，就必须被视为在追求一个反竞争性的目标

---

❶ Case C – 8/08 *T – Mobile Netherlands BV and Others* ［2009］ECR Ⅰ – 4562，Opinion of AG J. Kokott，para 52。

❷ Case C – 49/92 P Commission v *Anic Partecipazioni* ［1999］ECR Ⅰ – 4162，Opinion of AG Cosmas，para 41。

（关于该效果，参见 *T - Mobile Netherlands and Others* 案判决，C8/08，EU：C：2009：343，第41段）。❶

这是阐明独立性原则之范围的一份综合性的声明：如果直接或间接的接触可能影响市场中的行为，则应当被禁止；竞争条件不应受到不当影响；决策与意图受到特殊保护；关于竞争者行为的不确定性需要被维持。这些与数字集团的许多问题相呼应。

独立性要求相当于一种自治理论：市场参与者、经济主体应独立地作出决定。它们的决策应受到保护并保密。竞争法的任务是确保经济主体有如此行事的自由。正如前文案件列表中许多在2000年以后判决的案件所表明的，在引入"更经济学的方法"以后，这一原则也没有丧失其对欧洲法院的影响力。

问题是这个原则是否为本文所考虑的这种情形提供了任何信息：对决策能力的剥夺是否意味着支配性公司的行为违反了竞争规则？

大量细节有待讨论：上文中的所有案件涉及的是《欧盟运行条约》第101条（或其前身或与之相同的条款）。该原则经常在涉及共谋的案件中被援引。在此争议的问题是，这些公司是否参与了一项反竞争性的协议、协调行为或信息交换。法院的阐释仅对涉及《欧盟运行条约》第101条的案件有帮助，并且应被理解为仅仅是涉及竞争者之间横向关系的观念。

考虑到上述细节，在这些案件与本文所讨论的情形之间作出区分，初步看来似乎是可靠的，因为数字守门人、消费者和供应商并非处于横向层面。

但在作者看来，有明显的迹象表明法院并没有将该观念限定在《欧盟运行条约》第101条案件范围内。法院的表述非常清晰，它将决策自主性的要求称作一种"内在"于《欧盟运行条约》中的"观念"。相比于仅仅涉及一个具体格局，一个观念明显要比仅仅指向一个具体相关事物更具有根本性。

即使这些案件在本质上是横向的，也需要牢记，这是市场融合的数字生态系统案件中的一个特征。赛诺菲与谷歌的合资公司就是一个例子：按照对市场的传统理解，不存在横向重叠的两家公司之间的联合，并且在未来几年，数字健康平台将使传统的市场定义变得过时。智能设备让市场融合，以至于许多案件都具备横向、纵向和聚合关系的要素。

活跃在下游市场中的运营商也表明了这一点。亚马逊是一个很好的例子：

---

❶ Case C - 286/13 P *Dole Food and Dole Fresh Fruit Europe v Commission* [2015] ECLI：EU：C：2015：184，paras. 119 ff.

该公司通过其自营商店销售许多商品，并和亚马逊市场平台中的交易者们竞争。尽管这里存在纵向的甚至是聚合的关系，但也有实质性的横向重叠，并且越来越难以区分这些角色。对于这些生态系统而言，这种现象并不少见，尤其是考虑到潜在的竞争。

话虽如此，本文开篇简要介绍的判例法可能仍然包含没有横向重叠但更明确的滥用案件。

作者的意见是，这是判例法在新的经济发展背景下的演变：自主决策的要求得到了扩展。竞争法不仅保障横向竞争者之间的决策独立性，而且也保护纵向的或有一个支配性主体的聚合关系中公司之间的市场结构，并且也将该原则延伸至消费者。供应商和消费者都从条约条款内在（且充分符合经济理论）的观念中获益，即经济主体必须能够并且有能力自己作决策。像 *Facebook* 案这样的案件触及了消费者，并且维护了其自主经济决策，这是一个值得称道的发展。

但这并不是革命性的发展。它在《欧盟运行条约》第 102 条的执法中始终发挥着作用，为依从性主体的自由的、知情的和不受扭曲的决策保留了回旋余地。但在《欧盟运行条约》第 101 条案件中，并没有发现明确提及独立性要求的案件。欧盟委员会和国家竞争主管机构如今证明自由决策是竞争的内在要求，并且如果数字守门人让它变得在结构上不可能实现，就需要通过竞争规则加以保护。

在这里只能指出，保护经济主体个人决策的这个方法作为竞争法的关键要素获得了另外两种进展的支持。在著名的 *Courage* 案中，法院在涉及损害赔偿请求的判决中指出，竞争法条款为遭受侵权行为损害的个人赋予权利。[1] 损害赔偿的权利对应的是个人决策的能力。

此外，《欧盟基本权利宪章》在第 16 条中承认个人有从事商业的权利。作为一项权利，它要求享有该权利的个人具备自主性，他人不得使其失能。这是保护经济主体即公司和消费者自主决策的额外论据，在滥用的情形下也是如此。基于对 *Suiker Unie* 案公式（formula）的一种解读，根据欧洲法院的判例法，数字自治始终是竞争法的一个支柱。依从性主体的决策所面临的结构性障碍让干预变得具有正当性，并且构成损害理论中的规范性要素。

竞争法作为欧洲项目的一个组成部分始终具有规范性的一面，而不仅仅是追求福利效果的纯粹功能性的工具。

---

[1] Case C – 453/99 *Courage Ltd v Crehan* ［2001］ECR Ⅰ – 6297, para. 33。

五、结论：如何强化数字自治

本文始于一个研究性问题：保护消费者使其能够控制其如何花费金钱（的决策），究竟是不是竞争法的任务；换言之，在涉及所谓"超级平台"（如谷歌、亚马逊、脸书或苹果）的案件中进行干预是否具有合理性？某些批评指出，当前的执法活动中尚未清晰地识别出"损害理论"。

回答这个问题的第一步是识别"GAFA"公司具体在做的是什么。作者的意见是，它们越来越多地充当着数字生态系统的"守门人"，在此，它们有强大的激励背离其"忠诚的经纪人"和媒介的角色，而开始以对其自身有利的方式影响交易。它们越来越有可能操纵决策过程，或者剥夺消费者和其他公司的决策权。消费者决策被降至最低限度并受到了严重的影响。公司失去了与消费者之间的直接接口。这是 *Google Android* 案或 *Facebook* 案中处理的实际现象。

尽管由平台运营商垄断决策在短期内可能会降低交易成本，但从长远来看，这对市场是有害的。这方面的见解来自制度经济学的分析。在所有方面都（比集中决策）更具优势的竞争不再处于市场的中心，而是被推向边缘。守门人充当着的是有激励去滥用信息和权力不对称性的代理人。在此过程中，重要信息会丢失，创新速度将会减缓。由于守门人的干预会扭曲"自发性秩序"（哈耶克），这可能会抵消掉平台经济的积极影响。当决策（所有经济活动的根源）逐渐消失时，市场的基础设施正在逐步受到侵蚀。

对于将经济自主性作为欧洲竞争法的支柱的规范性关注加强了这种经济论点。法院在合谋案件中一贯认为，自主决定是竞争法的基本观念。竞争管理机构当前的执法实践可以被理解为是努力在数字生态系统中维护消费者和其他公司的自主权。在这种解读中，竞争法保护了它们作出知情决定的自由。

为了纠正这种情况，转向那些为调和委托－代理场景中的问题而开发的观念是有帮助的。如上所示，"围墙内的花园"中的数字守门人与其他参与者的关系可以被拟定为是委托－代理关系。制度经济学已经找到了处理代理成本的几种方法。❶ 可以通过以下方式来降低此类成本：

> ● 提高代理人绩效的激励，尤其是与其他代理人之间的竞争或者
> 基于绩效的回报；

---

❶ 参见：MILLER G J. Solutions to principal－agent problems in firms ［M］//MENARD C, SHIRLEY M M. Handbook of new institutional economics. New York：Springer, 2008：349 ff.

- 由委托人或者负责此类控制的组织对代理人进行分级控制；
- 降低信息不对称性的强制性权利和义务；
- 委托人与代理人之间的更好的合作协议；
- 在适当格局之下的委托人集体协商。❶

　　这份清单令人喜忧参半。令人失望的是，其中一些解决方案在数字生态系统中不再可用。例如，当平台在一个赢者通吃的市场中赢得了垄断地位时，通过竞争提高绩效从而让委托人受益的激励就消失了。一旦客户和公司依赖于守门人，就很难谈判获得更好的合作协议和增强的信息义务。❷

　　另一方面，在竞争法决定中可以找到在此提到的一些想法。执法者们试图在边缘保留一些剩余的竞争，它们是控制委托人的组织，它们也可能作出一些有关客户和供应商信息的承诺。

　　总之，欧盟委员会和成员国竞争主管机构应将执法活动的重点放在数字生态系统上。由于数字守门人对其他主体决策过程的干预，这些生态系统无法发挥降低交易成本的积极效用。当消费者或供应商的决策受到过分的取代、限制或操纵时，就有充分的理由将其视为是反竞争的。应保护作为市场协调过程之首要要素的决策。在这种案件中造成的"损害"是违反自主决策的规范性观念本身，但也可以预见到经济损害：可能出现信息不对称，通常是被个别传递的信息和信号可能会消失，创新可能不会像以前那样繁荣。竞争及其所有的益处均被推向了边缘。这在短期内可能是行得通的，但从长远来看，可能会破坏市场基础设施的基本功能，市场失灵近在咫尺。

　　认为这属于消费者保护或者规制领域的论点是具有误导性的。通过对欧洲法院判例的分析可以清楚地看到，保护数字自主权是欧洲竞争法"内在观念"之一。这些案件和过去几年经济学家们一直关注的古典价格效率论据有所不同。但是，竞争法的议题不应局限于老式的福利观念。❸ 在复杂的、多层次的经济法治理领域中为法律的特定领域划定界限的方法已经不再奏效了。尼尔·阿维里

---

❶ 参见：GAL M, ELKIN - KOREN N. Algorithmic consumers [J]. Harvard journal of law & technology, 2017, 30 (2)：309 - 353.

❷ 但规制可以介入，就像欧盟在 2019 年 P2B 条例 [Platform to Business Regulation (EU) 2019/ 1150] 中已经着手进行的那样。

❸ LIANOS I. Some reflections on the question of the goals of EU competition law [M] // LIANOS I, GERADIN D. Handbook on European competition law：substantive aspects. Cheltenham：Edward Elgar Publishing, 2013：1 - 84.

特（Neil Averitt）和罗伯特·兰德（Robert Lande）曾主张，反垄断法和消费者保护法都可以救济市场失灵：反垄断法是涉及"外部市场失灵"的；而消费者保护法则救济"在消费者头脑中"发生的"内部市场失灵"，例如，个人的选择能力受到损害。❶涉及数字守门人的案件兼具两种要素：消费者不再作出决策，他们获得的信息带有偏见。然而，选择的过程受到破坏并不是由于消费者保护法经典意义上的误导行为，而是由于数字守门人的支配性地位以及为了从其他经济主体手中夺走决策权而建立的结构性环境。这是反垄断法的一个议题。反垄断法可以救济市场中外部的、结构性的错误趋势。

在经济博弈中保护个体并保护它们的自治是一项崇高的事业，这不仅仅是基于哲学的理由，而且也具有经济的和法律的理由。

---

❶ AVERITT N W, LANDE R H. Consumer choice: the practical reason for both antitrust and consumer protection law [J]. Loyola consumer law review, 1998, 10 (1): 45.

论平台规则的效力

周　雷*

摘要： 成熟的平台治理表现为依规则治理，因此平台规则成为平台治理优先关注的问题。平台规则是否有效、为何有效、如何生效，归根结底是一个法效力的问题。在平台规则的效力来源上，意思自治奠定服务协议的效力，服务协议作为平台内的基础规范或承认规则，奠定其他平台规则的效力，赋予平台规则以正当性。在平台规则的生效要件上，主体要件要求拥有平台治理权，目的要件要求维护交易秩序和公共秩序，形式要件要求按照程序制定和修改。在平台规则的效力层次上，应确立"服务协议优于其他平台规则""平台规则的正式规则优于非正式规则""平台规则的总则优于其他正式规则"的判断标准，进而形成"服务协议—总则—正式规则—非正式规则"的效力层次。在平台规则的效力范围上，其时间效力存在特殊的多次生效机制，其物理空间效力同时覆盖域内和域外，其网络空间效力及于平台服务协议所列举的平台网站域名及其全部子域名。

关键词： 电商平台　平台规则　平台治理　效力层次

国家与社会、政府与市场的关系随着社会矛盾和公私利益的复杂化处于不断调整和变动中。在这种背景下，进入公法语境中的"规范"不再局限于国家

---

* 最高人民检察院政治部干部，法学博士。

法的形式，而是呈现出硬法软法并行、社会规范井喷的多元体系和格局。❶ 随着电子商务的快速发展应运而生的电子商务平台服务协议和交易规则（以下简称"平台规则"），不仅丰富着社会规范的表现形式，而且形塑着公法理论。在《电子商务法》颁布实施后，制定平台规则不再仅仅是电商平台经营者的权利，在相当程度上还成为电商平台经营者的法定义务。自此，会有越来越多的平台规则，承担起更多的维护和保障交易秩序和网络秩序的功能。随之产生的一种现象引人关注，即一些许可、处罚、强制、产品质量监督检查等传统上的政府职能，在被改造和包装后进入平台规则当中，逐渐成为网络平台熟稔的规制工具。这种单方制定的、影响用户权利义务的规范性条款既然不是国家法，那究竟是什么？

鉴于成熟的平台治理主要是依规则治理，因此平台规则的法律地位和性质成为法学关注平台治理时所要优先解决的问题。既有研究先后提出"合同说"❷、"习惯说"❸、"软法说"❹ 等解释方案，这些方案是从不同角度和侧面进行的抽象和提炼，但不存在非此即彼的关系。相反，在这些方案的背后，隐含着某种共性、某个共同指向的对象。不论持哪种主张，其实都是在描述平台规则对使用平台服务的不特定主体产生的约束力，只是来源不同，即源于合意约定、交易惯例或自律管理。因此，在"依规则治理"业已成为网络空间中普遍存在的客观事实的当下，有关地位和性质的各种归纳、演绎和类型化都与平台规则的效力问题产生了密切关联。

---

❶ 除表现为"硬法"的国家法外，在社会和市场中还存在着大量"软法"，例如习惯、道德规范、宗教规范、自治规范等。刘作翔. 当代中国的规范体系：理论与制度结构 [J]. 中国社会科学，2019，(7)：102 – 106.

❷ 持"合同说"的研究，如：立新. 网络交易法律关系构造 [J]. 中国社会科学，2016（2）：120；甘晓晨. 互联网企业自治规则研究：以支付宝规则为例 [J]. 法律与社会科学，2010，6（1）：57；聂东明. 谈网规的法律性质及其与法律的关系 [EB/OL].（2001 – 01 – 23）[2018 – 12 – 15]. http：//i. aliresearch. com/attachment/cms_article/Mon_1201/1138_75b1d375223d7cf. pdf.

❸ 持"习惯说"的研究，如：杨立新. 网络交易规则研究 [J]. 甘肃社会科学，2016（4）：177；姜世波. 网络习惯法：网络社会自治的法律规则体系 [G] //谢晖，陈金钊，厉尽国. 民间法：第十三卷. 厦门：厦门大学出版社，2014：404 – 415.

❹ 持"软法说"的研究，如：沈岿. 互联网经济的政府监管原则和方式创新 [J]. 国家行政学院学报，2016（2）：92；马长山. 互联网 + 时代"软法之治"的问题与对策 [J]. 现代法学，2016（5）：50；姚志伟. 软法视域下的网规治理：北京大学"国家治理的现代化与软法"国际研讨会论文 [EB/OL].（2014 – 07 – 09）[2022 – 11 – 17]. https：//www. zhangqiaokeyan. com/academic – conference – cn_meeting – 2148_thesis/02022406969. html.

平台规则是否有效、为何有效、如何生效，归根结底是一个法效力的问题。法律的效力问题在法理学中占据着举足轻重的地位。回顾西方法律史，它曾经是法哲学史上的中心议题，也是分析实证主义法学与自然法学的争议焦点。如同法效力之于法理学的地位，可以认为，平台规则的效力构成了平台治理的基础问题。对平台治理的研究离不开对规则的关注，对平台规则的研究也离不开对其效力的关注。如果说平台规则与国家法的关系是从外部视角界定平台规则的功能和范围，那么平台规则的效力则致力于从内部视角实现平台治理的逻辑自洽。现有文献对这个问题着墨不多。

本文关注平台规则的效力：首先回顾分析实证主义法学有关法律效力的论述，探寻平台规则的效力来源；其次以主体、目的、形式为要素，归纳平台规则的生效要件；再次从现行有效的平台规则入手，讨论平台规则效力层次的必要性和判断标准并进行体系化建构；最后围绕时间、空间维度划定平台规则的效力范围。鉴于淘宝平台的规则相较于其他平台更为成熟和体系化，本文将以淘宝平台规则为主要研究对象，尝试对这些问题作出解答。

一、平台规则的效力来源

（一）法律效力的本源

对法律效力的关注，导源于对法律概念及法哲学范畴的不同认识。在"法律是什么"的设问下，分析实证主义法学与自然法学就法律与道德关系的问题始终存在着对立。选择了哪种概念，某种程度上就意味着选择了哪种效力理论。在法实证主义阵营中，尽管存在不同方向和多种变化，但一个重要共性是主张法律的概念要以不包含道德要素的方式来定义；法律的效力并非来自道德，而是法律自身。考虑到分析实证主义法学对实定法的重要意义，以下对凯尔森和哈特这两位不同时期代表人物有关法律效力及其来源的论述进行梳理。

凯尔森对法律效力的理解以"动态体系"和"基础规范"为依托，这集中体现了纯粹法理论的精髓。他驳斥了奥斯丁将法律视为主权者命令的观点，认为一个命令之所以有约束力，并不是因为命令人在权力上有实际优势，而是因为他"被授权"或"被赋权"发出有约束力的命令。❶ 这种"应当"以一定方式行为而非真正"要"那样行为的效果和作用力，表示了一种法律是"规范"的事实，从而排除主观上的、心理化的因素。规范之所以是有效力的法律规范，

---

❶ 凯尔森. 法与国家的一般理论 [M]. 沈宗灵，译. 北京：商务印书馆，2013：67.

是由于其已根据特定的规则而被创造出来。❶ 低级规范由高级规范调整而被创造，共同构成动态的规范体系。这解决了绝大部分规范的效力问题。但这种追根溯源并不是无止境的。凯尔森将无法从一个更高规范中得来自己效力的规范称为基础规范。至于基础规范的效力，他认为，法律秩序的基础规范就是一个被假设的最终规则，它之所以有效力，是因为它是被预定为有效力的。❷

哈特有关法律效力的论述建基于"承认规则"和"内部观点"之上，是围绕着整个法体系展开的。他将法律视作初级规则和次级规则的结合。初级规则科以义务，规范人们的具体行为或变动；次级规则授予权力，规定了初级规则被确定、引进、废止、变动的方式，以及违规事实被决定性确认的方式。❸ 次级规则引入承认规则，后者成为鉴别初级规则的决定性规则。他主张："说某个既存的规则是有效的，就是肯定它已通过所有承认规则所提供的判准，并成为法体系规则中的一员。"❹ 因此，在他看来，法律的效力来源于法体系内的一个具有终极性的承认规则和最高判准。❺ 而对于这项终局规则和最高判准本身的效力，哈特认为其并非由更高级的规则确定，而是一项内部陈述的事实。他将观察法体系的视角区分为内部陈述和外部陈述。其中，前者是由那些接受承认规则而不多加说明便加以适用于确认法体系内有效规则的人所使用，后者是由自身不接受该规则而仅仅说出他人接受该规则的事实的外部观察者使用。❻ 哈特认为，承认规则是不同于法体系内其他规则的，既非有效也非无效。主张承认规则存在（有效）的说法，只能是一种外部的事实陈述。❼ 而从内部视角观察，要完整描述一个法体系的存在，一方面是受到人民的普遍服从，另一方面是得到官员共同接受包含法体系效力之判准的承认规则。❽

由此可见，不同时代的分析实证主义法学家对于法效力的理解尽管不尽相同，但似乎都是分别从法规范和法体系入手，提炼并完成理论体系的建构。具体来说，对于法规范的效力本源，凯尔森认为是基础规范，哈特认为是承认规则；对于法体系的效力本源，凯尔森认为是动态体系，哈特认为是内部观点。

---

❶ 凯尔森. 法与国家的一般理论［M］. 沈宗灵，译. 北京：商务印书馆，2013：178.
❷ 凯尔森. 法与国家的一般理论［M］. 沈宗灵，译. 北京：商务印书馆，2013：182.
❸ 哈特. 法律的概念［M］. 许家馨，李冠宜，译. 北京：法律出版社，2018：137，152.
❹ 哈特. 法律的概念［M］. 许家馨，李冠宜，译. 北京：法律出版社，2018：162.
❺ 哈特. 法律的概念［M］. 许家馨，李冠宜，译. 北京：法律出版社，2018：165.
❻ 哈特. 法律的概念［M］. 许家馨，李冠宜，译. 北京：法律出版社，2018：161.
❼ 哈特. 法律的概念［M］. 许家馨，李冠宜，译. 北京：法律出版社，2018：170.
❽ 哈特. 法律的概念［M］. 许家馨，李冠宜，译. 北京：法律出版社，2018：176.

有关法规范效力本源的讨论，旨在解释一个法域内绝大多数实定法的正当性；而有关法体系效力本源的讨论，则力图解决具有最高位阶的、赋予其他法规范以效力的法规范（宪法或宪制性规范）之正当性。这种类型化，将有助于对平台规则的效力及其来源进行分类把握。

（二）平台规则的效力来源

互联网所创造的虚拟世界与真实世界之间存在着若隐若现的隔阂。在真实世界中，一个法律规则之所以能够被制定并执行，离不开在特定地理边界内形成的权力（power）、效力（effects）、合法性（legitimacy）和告知（notice）四项要素。[1] 但在虚拟世界中，不存在客观实在的领土边界，物理位置与这些因素之间的必然联系被打破。由于虚拟世界中的平台规则不受领土边界的约束，因此其效力并不基于任何一个特定国家的法律体系，也并不基于任何一个特定的主权者。但是，世界上任何以领土边界为基础的国家法体系，都在民法上承认意思自治原则，并赋予基于意思自治形成的契约以法律效力。例如我国《民法典》第5条规定："民事主体从事民事活动，应当遵循自愿原则，按照自己的意思设立、变更、终止民事法律关系。"第134条第1款规定："民事法律行为可以基于双方或者多方的意思表示一致成立，也可以基于单方的意思表示成立。"

于是，平台的服务协议首先得以契约的名义获得类似于平台内基础规范或承认规则的地位，并在国家法上得到了效力认可。具体到我国，"先发展、后管理、在发展中逐步规范"的监管思路和原则，为诞生于世纪之交的电子商务市场营造了相对宽松的发展环境。市场规模小、法律关系简单、网络技术新使得政府在初期既无必要也无能力对电子商务市场进行调节和监管。初创时期的平台是一个全面且充分实施自我规制的场域。在自由生长的局面下，包括平台在内的互联网公司借鉴当时全球领先的雅虎（Yahoo）、易趣（eBay）、亚马逊（Amazon）等互联网公司的经营模式，将合同作为一项重要的治理工具，制定并公布用户协议（user agreement）、隐私政策（privacy policy）和法律声明，形成了平台规则体系的雏形。

在中国，经历"野蛮生长"后，至迟从1996年起，互联网进入了政府的监管范围。2004年颁布的《电子签名法》，标志着规范意义上的国家法正式将电子商务——尽管只是很小的一个环节——纳入调整范围。自此，平台规则开始

---

[1] 参见：JOHNSON D R，POST D G. Law and borders：the rise of law in cyberspace［J］. Stanford law review，1996，48（5）：1369－1370.

面临外部监管的压力，通过频繁的立改废释体现监管者的意志；国家的角色由规则制定者（rule maker）转变为规则接受者（rule taker）和规则促进者（rule facilitator）。美国学者劳伦斯·莱斯格（Lawrence Lessig）曾有过形象的比喻："东海岸代码统治西海岸代码的权力增大了。……在西海岸代码越来越商业化时，东海岸对西海岸的规制权就越来越大了。"❶ 因为在政府看来，将规则制定的职能赋予对复杂情况最为了解且能够确保共享经济发展的平台自身是一项明智的选择。对此，我国电商平台的认识是十分明确的。例如，《淘宝平台规则总则》第 2 条第 1 项规定："……国家法律法规及相关规范性文件……是淘宝平台规则制定、修订的法律基础。"❷ 在国家法中，下位法的效力来源于上位法。下位法的功能，根据《立法法》第 65 条第 2 款第 1 项和第 72 条的规定，或是因具体情况和实际需要对上位法作出细化，或是执行上位法的规定。❸ 类似于上位法与下位法的关系，平台规则从两方面呈现出国家法认可的事实。一是细化和解释国家法的平台规则。例如，《消费者权益保护法》第 25 条吸收了平台的成功经验，以法律形式确立了无理由退货制度。有论者认为，尽管立法者采取列举式方案，降低了条文的适用难度，但在真实交易语境中仍有模糊性，增添了理解和解释的困难。❹ 对此，淘宝平台作出进一步完善，制定了《淘宝网七天无理由退货规范》及其实施细则，将无理由退货制度类型化为"不支持'七天无理由退货'""卖家可选支持'七天无理由退货'""必须支持'七天无理由退货'"三种，并对时效、运费、完好标准进行细化。❺ 二是执行国家法的平台规则。平台企业具有的信息优势和技术优势为提升执法有效性提供了显著便利。政府将原本由其承担的行政任务通过国家法转移给平台，授权平台完成核验登记、商品抽检、违法处置等事项，政府则由执法者变为监督者。作为新晋的治

---

❶ 莱斯格．代码 2.0：网络空间中的法律：修订版［M］．李旭，沈伟伟，译．北京：清华大学出版社，2018：80．

❷ 阿里巴巴．淘宝平台规则总则［EB/OL］．（2019 - 05 - 06）［2021 - 08 - 01］．https://zhongy-iyuan. alitrip. com/detail - 10000210. htm？tag = self．

❸ 《立法法》第 65 条第 2 款规定："行政法规可以就下列事项作出规定：（一）为执行法律的规定需要制定行政法规的事项；……"《立法法》第 72 条第 1 款规定："省、自治区、直辖市的人民代表大会及其常务委员会根据本行政区域的具体情况和实际需要，在不同宪法、法律、行政法规相抵触的前提下，可以制定地方性法规。"

❹ 戴昕，申欣旺．规范如何"落地"：法律实施的未来与互联网平台治理的现实［J］．中国法律评论，2016（4）：96 - 97．

❺ 阿里巴巴．淘宝网七天无理由退货规范［EB/OL］．（2017 - 03 - 22）［2021 - 08 - 20］．ht-tps：//rule. taobao. com/detail - 5507. htm？spm = a2177. 7231193. 0. 0. 347217eaUls0m2&tag = self．

理主体，平台根据国家法对相应行政职责的规定，在上述领域分别制定身份认证和资质备案规则、商品品质抽检规范、市场管理与违规处理规范等平台规则，并依据这些规则在平台内展开执法。❶

在历经电子商务的崛起、高速发展、转型和升级几个阶段后，平台企业一方面以当时有限的民事法规范调整平台内市场秩序，另一方面通过"点击生效协议"（click – wrap agreement）获得"一揽子"授权，发布了大量富有实效且影响用户权利义务的平台规则，实现了平台规则的体系化。有澳大利亚学者指出："权利正在被越来越多的私人间契约式协议而非公共规制所决定……合同再一次地'吞噬'了大量原本被认为已被'吐出'的标的。"❷ 合同被赋予的实质性功能越来越多，早已超越了买与卖、租与借的基本范畴。对于私主体而言，如果其欲在特定的公共空间内运用特定手段维持稳定的秩序，只能通过与各方同时达成合意来获得正当性。不难看出，服务协议作为一种"一揽子"授权的格式条款，赋予了平台企业单方面制定服务协议以外的其他平台规则的"权力"，剥夺了用户进行磋商的可能，具有规范性质，获得了与法律规范类似的法律地位❸，在效力上构成了其他平台规则的基础规范或承认规则。

总的来说，平台规则在平台治理中大量存在，且即便经过某种程度的民主程序，仍然以单方面制定为基本特点。那么，运用传统私法上的合同或格式条款原理解释其效力，虽可成立，但不免牵强，甚至与合同的平等自治精神相悖。换言之，将市场体系下的法律和规则绝对地归属于私的属性，已然无法契合电商平台作为公共治理主体的身份。因此，本文提出以意思自治奠定服务协议的效力，以服务协议作为平台内的基础规范或承认规则奠定其他平台规则的效力。如此，平台规则在与国家法的交织中，构成了类似于国家法但又不同于国家法的虚拟空间的规范效力体系。

二、平台规则的生效要件

效力来源回答了平台规则的正当性问题，但远不足以判断平台规则何以生

---

❶ 有关身份认证和资质备案规则，参见《淘宝平台规则总则》第 10 条、第 14 条、第 15 条；有关商品品质抽检规范，参见《淘宝网商品品质抽检规范》；有关市场管理与违规处理规范，参见《淘宝网市场管理与违规处理规范》。

❷ EDGEWORTH B. Law, modernity, postmodernity：legal change in the contracting state ［M］. Famham：Ashgate Publishing Group，2003：150.

❸ 朱岩. 格式条款的基本特征 ［J］. 法学杂志，2005（6）：129.

效。平台规则与其他社会规范和交易规范一样，只有在满足一定的构成要件时，才是有效力的。从法的制定环节来看，国家法之所以生效，是因为具有适格的立法主体（包括立法权限）和严格的立法程序；从合同的订立角度来看，合同之所以生效，是因为当事人具有相应的缔约能力（民事权利能力和民事行为能力）和真实的意思表示。国家法与合同从价值和内容上为平台规则提供效力来源，当然也从构成要件上为平台规则提供丰富资源。以下结合国家法和合同的生效要件归纳平台规则的生效要件。

（一）主体要件：拥有平台治理权

平台规则生效的首要前提是平台治理权的存在，即电商平台基于服务协议或国家法的要求具备管理平台内公共事务的能力。所谓平台内公共事务，是指涉及不特定多数人的市场秩序和公共秩序的事务。前文曾指出，成熟的平台治理主要是依规则治理，因此一定程度上，平台规则是平台治理权的集中体现。但平台治理权不是一个新问题，有论者或借助经济法框架将其认定为市场内部规制手段❶，或遵循传统的行政法教义学框架将其归纳为公法上的义务❷，或创造性地将其类型化为私权力❸。不论这些观点的论据如何，大体上都承认平台所拥有的这种事实状态。笔者无意评价其利弊，而是希望在既有事实基础上梳理拥有治理权的平台所具备的特征。

1. 平台的规模性

平台的治理权不是与生俱来的，而是平台规模扩张的结果。平台企业在创业初期的经营模式单一、市场规模较小，很难对市场、经营者和消费者施加有效的影响和控制，其在交易中扮演的角色多为纯粹的通道、撮合者或网络中介，

---

❶ 王永强. 网络平台：市场规制主体新成员：以淘宝网电商平台为例的阐述［G］//漆多俊. 经济法论丛：2014 年下卷：总第 27 卷. 北京：法律出版社，2014：53 – 66.

❷ 柳雁军，杨乐，彭宏杰，等. 平台时代反思：互联网平台行政义务之缘起、流变及四大问题［EB/OL］.（2016 – 10 – 20）［2022 – 08 – 03］. https：//beijing6223171. blogchina. com/773813292. html；王静. 互联网平台的公法义务［EB/OL］.（2017 – 08 – 17）［2022 – 08 – 03］. http：//mp/weix-in. qq. com/s/_8SLxRHz – AYo – ijzCgCUDUQ；高秦伟. 论行政法上的第三方义务［J］. 华东政法大学学报，2014（1）：39，42 – 43.

❸ 周辉. 变革与选择：私权力视角下的网络治理［M］. 北京：北京大学出版社，2016：15 – 18；刘权. 网络平台的公共性及其实现：以电商平台的法律规制为视角［J］. 法学研究，2020（2）：42 – 56. 相似的观点，如：薛虹. 论电子商务第三方交易平台：权力、责任和问责三重奏［J］. 上海师范大学学报（哲学社会科学版），2014（5）：39 – 46.

仅对源自第三方客户的信息进行传输，对信息的内容既不支配也不储存，❶ 从而"促进不同类型客户间的直接互动"❷。受经济利益的驱使，电商平台纷纷追求商业链的闭环，尝试跨平台、多平台经营，形成规模效应。当这种规模达到一定程度时，平台就在事实上获得了治理权。原因在于，平台为了阻止用户在初创时期"用脚投票"、使用竞争者提供的产品和服务，会投入大量技术和资源加强自身黏性，从而与用户形成持续的、牢固的使用关系。❸ 这种网络黏性会对用户产生保留、吸引作用，影响其交易偏好。❹ 例如，阿里巴巴国内零售市场的各类移动应用程序在 2019 年 6 月的移动月活跃用户数量为 7.55 亿。❺ 在达到相对稳定的市场规模后，平台作为经营者与用户作为消费者之间的结构性不平等进一步显现，前者开始大量运用预先制定、单方提出而未经磋商的格式条款调整与后者的法律关系，进而对平台内的市场秩序和公共秩序产生规范性的影响。概言之，平台在发展早期调动的是传统经济组织无法有效利用的闲置资源，而成熟后就有能力根据更充分的信息重新组织生产链条，完成上下游产业的整合，实现对在线生产和交易的控制和管理。❻

那么，据以认定平台治理权形成的规模要素是否存在一个判断标准？实际上，现有理论主张以用户数定义规模，进而为立法者对平台企业课以公法义务提供依据。例如，2017 年 10 月 1 日起生效的《德国网络执行法》第 1 条（§§ 1 NetzDG）规定，社交网络服务提供者是否履行该法规定的报告义务和投诉处理义务，以其网络平台在德国境内的注册用户数量是否达到 200 万为标准。亦有论者认为，活跃用户数量达到 10 亿级的超级网络平台，具有强大的动员能力与产业支配地位，"在很大程度上代理了原本应由国家承担的网络社会的公共服

❶ SUTTER G. Don't shoot the messenger? the UK and online intermediary liability [J]. International review of law, computers and technology, 2003, 17 (1): 77.

❷ 参见：EVANS D S, SCHMALENSEE R. Matchmakers: the new economics of multisided platforms [M]. Cambridge: Harvard Business Review Press, 2016: 15.

❸ 参见：LI D H, BROWNE G J, WETHERBE J C. Why do Internet users stick with a specific web site? a relationship perspective [J]. International journal of electronic commerce, 2006, 10 (4): 105.

❹ 参见：赵青，张利，薛君. 网络用户粘性行为形成机理及实证分析 [J]. 情报理论与实践，2012 (10): 25.

❺ HKEX. Prospectus of Alibaba Group Holding Limited global offering [N]. HKEX news, 2019 – 11 – 15 (15).

❻ 胡凌. 从开放资源到基础服务：平台监管的新视角 [J]. 学术月刊，2019 (2): 99.

务和公共政策，正在参与传统政府的社会管理职能"。❶ 总之，应当认识到，互联网市场中的平台企业（如《电子商务法》规定的"电子商务平台经营者"）在体量和质量上参差不齐，更何况部分中小型平台依附于大型平台而存在（如租用服务器等），不可能让处于"温饱"水平的中小型平台承担与大型平台同样的治理权限和责任。本文认为，应当引入"关键信息基础设施"的概念作为判断我国电商平台规模大小的标准。一方面，"关键信息基础设施"具有规范基础。根据《网络安全法》第 31 条第 1 款规定，国家对一旦遭到破坏、丧失功能或者数据泄露，可能严重危害国家安全、国计民生、公共利益的关键信息基础设施，在网络安全等级保护制度的基础上，实行重点保护。另一方面，"关键信息基础设施"的概念具有可操作性。中央网络安全和信息化领导小组办公室网络安全协调局编写的《国家网络安全检查操作指南》将满足条件的网上购物等网络服务平台纳入到了关键信息基础设施范畴，具体表述为：

B. 平台类

符合以下条件之一的，可认定为关键信息基础设施：

1. 注册用户数超过 1000 万，或活跃用户（每日至少登录一次）数超过 100 万。

2. 日均成交订单额或交易额超过 1000 万元。

3. 一旦发生网络安全事故，可能造成以下影响之一的：

（1）造成 1000 万元以上的直接经济损失；

（2）直接影响超过 1000 万人工作、生活；

（3）造成超过 100 万人个人信息泄露；

（4）造成大量机构、企业敏感信息泄露；

（5）造成大量地理、人口、资源等国家基础数据泄露；

（6）严重损害社会和经济秩序，或危害国家安全。❷

在主管部门看来，依据上述条件被认定为关键信息基础设施的电商平台，对公共秩序和公共利益的潜在影响是显著的。而且这一判断标准采用了商业利益与公共利益相结合的方法，从正反两方面进行相对全面的界定。因此，如果

---

❶ 方兴东，严峰. 浅析超级网络平台的演进及其治理困境与相关政策建议：如何破解网络时代第一治理难题［J］. 汕头大学学报（人文社会科学版），2017（7）：42 – 43.

❷ 中央网络安全和信息化领导小组办公室网络安全协调局. 国家网络安全检查操作指南［EB/OL］（2016 – 03 – 01）［2021 – 08 – 03］. https：//www. renrendoc. com/paper/135445679. html.

平台在规模上已经落入关键信息基础设施的范围当中，就可以认为其具备了影响和控制公共空间的能力，从而承认其治理权。

2. 平台的中立性

平台若要顺利、有效地行使治理权，除达到一定规模外，还应具备中立性身份。但这种中立性不同于网络中立（network neutrality），而是要求作为治理主体的平台与作为治理对象的平台内经营者之间不能存在市场竞争关系。换言之，如将平台理解为通道、撮合者或者网络中介，其相对于平台内的市场活动是中立的，只提供交易场所和技术支持，不参与具体特定的交易，也不参与原始信息的创造，从而在身份和地位上具备治理的正当性。

前文已提及，受经济利益驱使，复合型商业模式愈加受到青睐，横跨 B2B（企业对企业）与 B2C（企业对个人）、C2C（个人对个人）与 B2C 的平台已不鲜见，实践中还出现了兼营 C2B（个人对企业）和 O2O（线上对线下）的情形。但混合商业模式下的平台既是"运动员"又是"裁判员"，在行使治理权时难以保持公正、合理和谦抑，为避免平台滥用治理权侵害用户合法权益，其权力应当受到限制。具体而言，一方面，当平台直接经营（自营）特定商品或服务时，如果仍由其承担治理的职责，无疑诱使其利用自身特殊地位对平台内其他经营者的经营行为进行支配和限制，有违市场经济的公平竞争原则。有鉴于此，《电子商务法》第35条明确，平台不得利用服务协议、交易规则以及技术等手段，对平台内经营者在平台内的交易、交易价格以及与其他经营者的交易等进行不合理限制或者附加不合理条件。另一方面，在传统行政法上，与规制理论相近的授权委托理论要求被授权主体和被委托主体不以营利为目的，从而保证后者同被授权委托行使的行政事项之间无利害关系。平台治理权既然体现了单方性和不平等性，就应当受到公法价值的约束。因此，B2C 等纯粹竞争性的平台，既是平台企业又是平台内自营产品和增值服务的经营者，与平台内其他经营者之间存在直接的竞争关系，应当在确保其中立性的前提下，有限度地承认其治理权的存在。

3. 平台的控制性

平台的控制性是指平台实现了对架构的控制。在真实世界中，一个法律规则之所以能够被制定并执行，离不开在特定地理边界内形成的权力、效力、合法性和告知等四项要素。❶ 但在虚拟世界中，不存在客观实在的领土边界，物理

---

❶ 参见：JOHNSON D R, POST D G. Law and borders: the rise of law in cyberspace [J]. Stanford law review, 1996, 48 (5): 1450.

位置与这些因素之间的必然联系被打破。即便如此，莱斯格仍然断言："利用代码来诠释的法律将比现实世界的法律更为高效。"❶ 原因在于，一旦平台规则被确定下来，程序员就可以编制出应用该规则的程序架构。正如季卫东所指出的："算法的最大优势是把承认规则导入到计算机信息处理系统当中。"❷ 换言之，在网络空间中，平台规则以架构的形式发挥效力。其不仅不需要以行为人最低限度的主观性作为保证，而且可以通过自动执行属性对处于同一架构中的用户产生约束力。❸ 而任何形式、任何程度的约束都是一事物对他事物形成控制的表达。根据控制论的观点，机器和生物/有机体的目的都是控制它们的环境。❹ 法律就是对若干危险情况进行有秩序的和可重复的控制。❺ 架构是人为建造的，是人对网络空间形成控制的体现。具体来说，在互联网基础设施架构中，域名系统（Domain Name System，DNS）处于根本性地位，承担着网络通信的基础性功能。任何用户访问互联网都必须获得 IP 地址，如果成为网站服务器还要获得域名地址（Domain Name Server）。因此，在一定程度上可以认为，网络空间就是由众多域名组成的；域名是互联网具象化后的产物。一个网站服务器所包含的所有域名地址的集合具有一定的封闭性，与其他网站服务器之间处于相对独立的状态。管理多少个服务器，就意味着对多少个平台实现了控制。因此，架构所指向的平台治理权形成于平台对特定网络空间的控制。

（二）目的要件：维护交易秩序和公共秩序

在国家法层面，公权力机关作为具有普遍约束力的规范性文件的制定者，其存在的目的就是维护公共利益。在理论上，维护公共利益是立法行为和行政行为的应有之义。然而，不论是法律法规的生效要件还是行政行为的构成要件，都未将维护公共利益当作一项独立的条件。与此不同的是，平台由以营利为目的的企业经营。当维护市场公平竞争的公共利益与其自身追求利润最大化的私人利益发生冲突时，平台很容易适用双重标准，利用制定平台规则的优势减损

❶ 莱斯格. 代码2.0：网络空间中的法律：修订版 [M]. 李旭，沈伟伟，译. 北京：清华大学出版社，2018：123.

❷ 季卫东. 软法与智能网络社会的治理 [EB/OL]. (2019 – 11 – 25) [2021 – 08 – 03]. http：// mp. weixin. qq. com/s/6gcypXKAuY5hfNidll3n9w.

❸ 莱斯格. 代码2.0：网络空间中的法律：修订版 [M]. 李旭，沈伟伟，译. 北京：清华大学出版社，2018：362 – 365.

❹ 瑞德. 机器崛起：遗失的控制论历史 [M]. 王晓，郑心湖，王飞跃，译. 北京：机械工业出版社，2017：37.

❺ 维纳. 人有人的用处：控制论与社会 [M]. 陈步，译. 北京：北京大学出版社，2010：97.

用户权益或者为用户附加过重的义务。于是，有必要将维护交易秩序和公共秩序明确为平台规则的一项生效要件。

当然，平台为适应新的商业模式而制定规则，难免有自身利益驱动的因素。但只要立规的主要目的是维护交易秩序和公共秩序，哪怕该规则服务于新模式、新产品，目的要件仍然可以满足。因此，本文认为，判断某一平台规则是否具有维护交易秩序和公共秩序的目的，不必探求交易秩序和公共秩序在网络中的特定含义，而是应当去考量平台规则的目的和内容是否符合法律法规，是否符合公序良俗。也就是说，平台规则只有符合法律法规才是有效的，理由如下。其一，这是国家法的要求。根据《网络零售第三方平台交易规则制定程序规定（试行）》（以下简称《制定程序规定》）第 4 条和第 19 条的规定，平台规则的制定、修改、实施，应当遵守法律、行政法规，尊重社会公德，不得扰乱社会经济秩序，损害社会公共利益；构成犯罪的，依法追究刑事责任。其二，这也是民事法律行为生效的前提。不违反法律、行政法规的强制性规定，本来就是合同生效的一般要件。根据《民法典》第 143 条第 3 项和第 153 条第 1 款的规定，违反法律、行政法规的强制性规定的，合同无效。在平台与用户订立的服务合同中，平台规则可视为补充条款，是合同的一部分，自然要符合法律法规的强制性规定。另外，现行的平台规则备案制度还设计了平台规则违反法律法规强制性规定的处理机制。首先是政府商务部门的处罚权。如《制定程序规定》第 18 条规定，平台未按该规定制定、修改、实施交易规则的，由所在地省级商务主管部门责令限期改正，拒不改正的，处以警告，并向社会公布。其次是行业组织的建议权。如《制定程序规定》第 16 条规定，国家鼓励行业组织开展自律管理，对已备案的平台交易规则提出意见。最后是市场主体的举报权。依据《制定程序规定》第 15 条第 1 款规定，任何单位和个人可通过平台交易规则备案系统向平台经营者所在地省级商务主管部门举报，避免将无效平台规则对用户权益的不利影响延伸到事后。

（三）形式要件：按照程序制定和修改

罗尔斯认为，法治取决于一定形式的正当过程，正当过程又主要通过程序来体现。❶ 为了实现和保障某个实体结果，人们设计出一套方式、步骤、手续，

---

❶ 参见：RAWLS J. A theory of justice ［M］. Cambridge：The Belknap Press of Harvard University Press，1971：239.

排除恣意因素，保证决定的客观正确，这正是工具主义程序理论的原初价值。❶凯尔森曾指出："某规范之所以为有效法律规范，皆因其产生途径——依特定规则并循特定方法而制。"❷既已获得人民授权的代议机关尚且在法的立改废环节遵循严格的法定程序，保证法律文件的正当性和合理性，那么，作为私主体的平台在交易规则的立改废环节更应当遵循相似的程序要求，保证适用于不特定多数人且反复适用的平台规则具有合法性，维护自身治理权的公信力和用户权益。

法规范在公布施行前，一般要经历立法规划（亦称立法计划、立项等）、起草、征求意见、审议等环节。然而，在制定程序的监督上，平台规则与国家法规范存在不同。由于平台内多数消费者和经营者将目光聚焦在提供产品和服务本身，关注折扣或利润而轻视事后责任，因此各方参与平台治理的积极性较低；并且由于部分条款的制定和修改以大数据为支撑，通常涉及商业秘密，因此，在实践中平台并未公开其制定平台规则的程序规则，往往选择"关门立法"，缺少有效监督。

目前的平台立规模式在某些方面类似于国家法制定过程中的"部门立法"现象。具体来说，服务协议和重要的交易规则由法务部门起草，而普通的交易规则由不同的业务部门起草。根据《行政法规制定程序条例》第18条的规定，制定行政法规，应由国务院法制机构对送审稿进行审查。然而，在平台立规的场景中，由于业务部门起草的交易规则数量繁多、篇幅较大，无法交由平台法务部门一一审核，往往只是经意见征求和公示后便直接发布。值得注意的是，平台制定和修改规则主要源自两个方面的动因：一是为了回应用户的投诉和意见，这构成了平台立规的主要动因；二是为了依照《制定程序规定》第8条的规定，使其平台规则与法律法规和监管要求保持一致。❸两种情形下平台都是被动地启动立规程序，平台规则的制定和修改呈现出明显的问题导向性特征，即为了及时回应用户诉求或者解决平台治理中产生的实际问题。从这一角度看，此种被动立规模式在一定程度上减少了"部门立法"中出现的部门利益驱动"关门立法"的可能。

---

❶ 季卫东. 法律程序的意义［M］. 北京：法律出版社，2012：22；王锡锌. 行政过程中相对人程序性权利研究［J］. 中国法学，2001（4）：77.

❷ 凯尔森. 纯粹法理论［M］. 张书友，译. 北京：中国法制出版社，2008：82.

❸《制定程序规定》第8条："符合下列情形之一的交易规则，可以不公开征求意见：（一）为符合法律法规要求修改的交易规则；（二）根据省级人民政府有关部门要求，为保护消费者权益，需紧急采取措施的交易规则。"

在组成制定和修改程序的诸多环节中，立法对平台立规程序设计上的要求显然是围绕征求意见这个环节展开的，且没有作出过于细致的要求。如《电子商务法》第 34 条第 1 款规定："电子商务平台经营者修改平台服务协议和交易规则，应当在其首页显著位置公开征求意见……"又如，《制定程序规定》第 7 条规定："网络零售第三方平台经营者制定或修改的交易规则，应当在网站主页面醒目位置公开征求意见，……征求意见的时间不得少于七日。"2020 年发布的《电子商务信息公示管理办法（征求意见稿）》第 16 条第 1 款则规定："电子商务平台经营者修改平台服务协议和交易规则的草案，应当在其首页显著位置公开征求意见……"因此，在立法者看来，平台规则因具有普遍规则的属性而必须引入民主讨论，促进利益相关方的参与，使平台通过意见收集和反馈完善规则内容和理由依据。❶ 此外，从平台的角度来看，征求意见程序还蕴含了表决的法理，汇集了用户的意志。在"淘宝规则众议院"中，平台会将处于征求意见程序的规则标示为"投票中"，用户点击进入后，系统会提醒用户就该规则草案表明意见：选择"支持"意味着用户同意草案；选择"可再评估"意味着用户反对草案；如果直接关闭页面，则意味着用户弃权。同意或反对都可以附上具体意见。平台会在整理意见后公布《公开征求意见结果反馈》，并说明："根据收到的有效反馈，多数用户支持此次规则调整。本次投票'可再评估'的意见反馈中，无有效意见反馈。"这样就意味着，待七日公示之后，该规则便会生效。可见，平台将用户的选择视作投票，从而将国家法所要求的征求意见程序进行量化，增强规则的合法性。下一步的完善方向可以是公开计票结果，接受用户监督。总之，从现有的程序要求来看，只要平台就规则草案开展了至少七天的征求意见工作，其制定和修改过程就是合规的，满足平台规则生效的形式要件。

三、平台规则的效力层次

国家法和合同作为规范，即使满足生效要件也不是以全有或全无的形式彰显其效力，而是在适用上存在先后顺序。具体来说，国家法中有"上位法优于下位法""特别法优于一般法""新法优于旧法"的效力位阶，合同则区分生效、效力待定、可撤销可变更、绝对无效等效力类型。相应地，平台规则是否

---

❶ 参见：全国人大财经委员会电子商务法起草组. 中国人民共和国电子商务法条文释义［M］. 北京：法律出版社，2018：109.

存在类似的效力层次、是否应当存在效力层次，成为值得讨论的问题。

（一）效力层次存在的必要性

1. 平台规则体系化的需要

法律是一套由规则组成的体系，这一判断在法学领域几乎获得了公理地位。随着法律体系理论的形成和发展，"体系化"成为影响其他社会规范和规则形成过程的一项标准。可以说，一套成熟的规则应当是体系化的，否则就只是机械的规则堆砌。从横向对比的角度来看，规则体系化表现为规则间的分工——划定社会关系的不同适用领域，如国家与社会、政府与市场、公共安全秩序与消费者权益保护，就属于不同的社会关系，受不同的法律部门调整；从纵向对比的角度来看，规则体系化则表现为规则间的分层——划分同一社会关系领域内规则的不同等级。平台规则只有同时具备明确的分工和清晰的分层，才能被认为是体系化的。

自平台规则初步形成规模以来，国家、平台企业和学者们就展开了对平台规则体系化的尝试。代表性的方案如表 1 所示。

表 1　不同主体对平台规则的分类方案

序号	主体		方案	时间
1	立法者	全国人民代表大会	进入和退出平台、商品和服务质量保障、消费者权益保护、个人信息保护❶	2018 年
2		商务部	基本规则、责任及风险分担规则、知识产权保护规则、信用评价规则、消费者权益保护规则、信息披露规则、防范和制止违法信息规则、交易纠纷解决规则、交易规则适用和修改的规定❷	2014 年
3	平台企业	阿里巴巴	基础规则、行业规则、特色规则、营销规则❸	2016 年
4		淘宝	总则、市场管理与违规处理、行业管理规范、营销活动规范、消费者权益保护及争议处理、信用及经营保障、特色市场规范、内容市场规则、临时公告❹	2019 年

---

❶《电子商务法》第 32 条。

❷《制定程序规定》第 6 条。

❸ 戴昕，申欣旺. 规范如何"落地"：法律实施的未来与互联网平台治理的现实［J］. 中国法律评论，2016（4）：91.

❹ 参见：淘宝网. 淘宝规则体系［EB/OL］.（2020 - 01 - 20）［2022 - 08 - 03］. https：//rule. taobao. com/search. htm？spm = a2177. 7231193. 0. 0. 32c517ea4Vy6rh.

续表

序号	主体		方案	时间
5	平台企业	京东	总则、招商合作、店铺商品管理、商品质量、营销推广、售后管理、争议处理、奖励违规、专项市场❶	2019 年
6	学者	薛虹	形式：服务条款（ToS）、使用条款（ToU）、公开声明和终端用户协议 内容：交易安全保障措施、责任与风险的规定、知识产权条款和措施、信用评价机制、消费者权益保障和数据管理保护措施、信息内容管理措施、用户处罚和争端解决、规则适用对象范围和期限、规则修改的程序和规定❷	2014 年
7		杨立新❸	准入规则、交易规则、营销规则、处罚规则	2016 年
8		罗英❹	"作为社会规范"的自治规则和"作为规制辅助工具"的自治规则，前者细分为"集体契约性质""团体规范性质""技术规范性质"的自治规则	2018 年

不难看出，既有的体系化工作聚焦于规则的横向分工，基本上围绕相关的法律部门和现有的政府职责对平台规则进行建构，鲜见对规则效力的纵向分层。因此，建构平台规则的效力层次对平台规则体系化是十分必要的。

2. 确定规则适用的先后顺序

平台内经营者与消费者的交易是民事法律行为，实行意思自治，在约定先于法定的原则下，其法律关系主要受合同的调整。特别是，平台内经营者提供产品和服务必须以遵守平台规则为前提，法律成为平台治理的次要选项。这意味着平台规则要在特定的网络空间中发挥法的功能和作用，当然也要按照法的特点进行建构。在日益繁多、种类庞杂、更迭频仍的情况下，明确平台规则适

❶ 参见：京东网．京东平台规则总览［EB/OL］．（2020 - 01 - 20）［2022 - 08 - 03］．https：//rule. jd. com/rule/ruleDetail. action？ ruleId = 2368&btype = 1.

❷ 薛虹．论电子商务第三方交易平台：权力、责任和问责三重奏［J］．上海师范大学学报（哲学社会科学版），2014（5）：41.

❸ 薛虹．论电子商务第三方交易平台：权力、责任和问责三重奏［J］．上海师范大学学报（哲学社会科学版），2014（5）：177.

❹ 罗英 2018 年所著《电商平台自治规则的类型化思考：兼评〈电子商务法〉平台规则义务条款》，系中国行为法学会软法研究分会"新时代的软法与行政诉讼"学术研讨会论文。

用的先后次序，有利于实现平台治理的确定性和可预期性。正如哈特所言：为了解决不同判准间的冲突，都会有明文规定判准适用的先后顺序。❶

大型平台自 2019 年起，已经陆续在其规则体系中拟制了规则适用的原则。如《淘宝平台规则总则》第 5 条规定，淘宝平台规则体系由《淘宝平台规则总则》、规则规范和临时公告构成；《淘宝平台规则总则》已有规定的，从其规定；规则规范或临时公告有特别规定的，从特别规定。该条规定大致确定了"《淘宝平台服务协议》—《淘宝平台规则总则》—规则规范"的效力层次。此外，规则适用顺序的确定，还能在规则失效时发挥保障交易稳定性的作用。《民法典》第 510 条规定："合同生效后，当事人就质量、价款或者报酬、履行地点等内容没有约定或者约定不明确的，可以协议补充……"第 156 条规定："民事法律行为部分无效，不影响其他部分效力的，其他部分仍然有效。"同样，《淘宝平台服务协议》第 10 条第 3 款亦规定："本协议任一条款被视为废止、无效或不可执行，该条应视为可分的且并不影响本协议其余条款的有效性及可执行性。"❷实践中已有当事人之间对平台规则的无效或瑕疵产生争议，最终法院认定不予适用的案例。例如，曾有法院认定平台规则中的管辖条款无效。❸ 在这种情况下，就要判断平台规则的哪些部分无效、哪些部分有效。如果能够通过效力层次区分平台规则的适用次序，就可以最大程度地确保交易的有效性，将服务合同和交易规则无效的损失最小化，从而实现《民法典》所倡导的鼓励交易的原则。

（二）判断效力层次的标准

若要提炼一个规则体系的效力层次，就有必要优先确定据以判断效力层次的标准。判断平台规则效力层次的标准，可以从国家法和合同效力理论现有的标准中获得一定的启发。为此，有必要在平台规则与国家法、合同之间进行充分的比较。但在参考和借鉴时也须留意，国家法和合同的效力理论无法为平台规则效力层级的判断提供现成的答案。从国家法的角度看，法律体系中形成的"宪法—法律—行政法规—地方性法规—规章"效力层次，是以制定主体为标

---

❶ 哈特. 法律的概念 [M]. 许家馨，李冠宜，译. 北京：法律出版社，2018：159.

❷ 淘宝网. 淘宝平台服务协议 [EB/OL]. (2019 – 08 – 19) [2022 – 08 – 03]. https：//rule. taobao. com/detail – 11000666. htm? spm = a2177. 7231193. 0. 0. 590e17eaWwDt3I&tag = self.

❸ 参见：文海宣. 根据民诉法新司法解释 天猫管辖协议被认定无效 [N]. 人民法院报，2015 – 03 – 19 (3)；白明辉. 网站指定管辖法院首次被判侵犯消费者权益 网民打官司 网站不能自定 [N]. 北京晨报，2008 – 11 – 18 (A6).

准、依据宪法规定的国家机构间层级关系确定的，体现了行使公权力的机关之间不同程度的民主正当性。❶ 相反，平台规则均是由平台企业的法务部门或业务部门制定，适用于平台企业本身，各制定部门之间不存在像国家机构间那样清晰的层级关系，难以套用国家法的效力层次。从合同的角度来看，其效力类型与行政行为的效力类似，都是以法律行为的后果为标准进行类型化。在生效合同当中，没有层次上的区分，也同样无法直接用来进行平台规则效力层次的判断。有鉴于此，以下将分别提炼判断国家法效力层级的"权限标准"和判断合同效力层级的"公意标准"，并探讨是否可能借用这些标准及其原理来判断平台规则的效力层级。

1. 权限标准

从国家法角度阐发的"权限标准"源于立法机关立法、行政立法和行政规范性文件的区分。由平台企业的法务部门或业务部门分别起草制定的平台规则，在某些方面类似于由政府法制机构或内设机构起草的部门规章。根据《立法法》第 91 条的规定，部门规章之间具有同等效力，在各自的权限范围内施行。而在平台治理实践中，除服务协议和总则以外的平台规则，不论是由法务部门还是业务部门起草，都未被刻意区分效力层次。

除部门规章之外，前述具有规章制定权的行政机关还会制定大量行政规范性文件。就部门规章与规范性文件的关系，国务院办公厅曾明确："制定机关负责合法性审核的部门要对文件的制定主体、程序、有关内容等是否符合法律、法规和规章的规定，及时进行合法性审核。"❷ 可见，行政规范性文件应当符合规章的规定，即同一机关制定的部门规章在效力上要高于行政规范性文件。如此处理的理由在于：从法律适用的角度来看，二者虽都是广义的规范性文件，但规章属立法性文件，行政规范性文件属非立法性文件。❸ 是否具备立法性特征，从形式上反映出二者制定程序的不同，从实质上则揭示了权限分配的差异。

---

❶ 有关正当性链条（unbroken chain of legitimation）理论，参见：黄舒芃. 我国行政权民主正当性基础的检视：以德国公法释义学对于行政权民主正当性概念的诠释为借镜 [J]. 宪政时代，1999，25（2）：73；另见：BECKER F. The principle of democracy: watered down by the Federal Constitutional Court [J]. German law journal，2003，4（8）：761.

❷ 《国务院办公厅关于加强行政规范性文件制定和监督管理工作的通知》（国办发〔2018〕37 号），2018 年 5 月 31 日发布。

❸ 参见：最高人民法院行政审判庭. 中华人民共和国行政诉讼法及司法解释条文理解与适用 [M]. 北京：人民法院出版社，2015：337；最高人民法院行政审判庭. 最高人民法院行政诉讼法司法解释理解与适用：上 [M]. 北京：人民法院出版社，2018：468.

根据法律的法规创造力原则，凡含有法规（法律事项）者，均由法律创造。❶ 换言之，只有法律才拥有对国家和个人的普遍约束力，在内容上具有普遍性和抽象性但未获得法律授权的规范，不具备法规效力。❷ 实定法对这一问题的立场是十分清晰的：《立法法》的调整范围止于规章，并不包括行政规范性文件。最高人民法院的《行政诉讼法》司法解释也曾明确，规范性文件与法律、法规、规章等上位法的规定相抵触的，"规范性文件不合法"❸；不作为认定行政行为合法的依据。因此，可以认为，规章获得了法律授权，而行政规范性文件没有获得法律授权，在效力上低于规章，应当严格遵循包括规章在内的上位法规定。

同理，在平台规则体系中，除各行业领域的具体规则外，还存在着许多非正式的实施细则（或称"规则解读"）和临时公告，它们不仅可能在程序层面没有遵循《电子商务法》第 34 条的规定，还可能在实体层面对用户权益造成了限制。这类规则无权突破服务协议和正式规则划定的边界，不当扩张非正式规则的调整范围。

2. 公意标准

从合同角度阐发的"公意标准"源于政治哲学中的契约理论。有论者指出，与现代国家主权的理论来源相似，作为数据主权者的平台同样通过契约获得治理的合法性，只不过这种契约不是政治契约（社会契约），或者不单是政治契约，而是商业契约或者二者的耦合。❹ 社会契约的经典表述为："我们每个人都以其自身及其全部的力量共同置于公意的最高指导之下，并且我们在共同体中接纳每一个成员作为全体之不可分割的一部分。"❺ 在有着自由主义传统的早期思想家看来，契约有助于解释为什么宪法对于由虚构自治个体组成的社会而言是正当的。❻ 美国学者汤姆·金斯伯格（Tom Ginsburg）进一步认为，宪法设计所运用的现代契约理论是在私人契约而非社会契约的语境下发展起来的。前者

---

❶ 参见：王贵松．论法律的法规创造力［J］．中国法学，2017（1）：110.

❷ 参见：黄宇骁．也论法律的法规创造力［J］．中外法学，2017（5）：1346.

❸ 参见：《最高人民法院关于适用〈中华人民共和国行政诉讼法〉的解释》（法释〔2018〕1 号）第 148 条第 2 款第 2 项.

❹ 参见：胡凌．互联网与公共领域：财产与劳动的视角［G］//张平．网络法律评论：第 17 卷．北京：北京大学出版社，2015：67；胡凌．什么是数据主权［EB/OL］．（2016 - 09 - 03）［2022 - 08 - 03］．https：//www. guancha. cn/HuLing/2016_09_03_373298. shtml.

❺ 卢梭．社会契约论［M］．何兆武，译．北京：商务印书馆，2003：20.

❻ GINSBURG T. Constitutions as contracts, constitutions as charters．［M］//GALLIGAN D J, VER-STEEG M. Social and political foundations of constitutions. Cambridge：Cambridge University Press, 2013：182.

相比后者，在面对许多国家的实际宪法设计时，提供了一套极富价值的理解工具，具有更强的解释力。❶ 按照苏力的观点，这其实不难理解："（资本主义上升时期）大量增加的契约现象不仅是可供构建新型社会关系和社会组织借用的理论资源，而且为人们普遍认同以契约来解说各种关系——其中包括国家——创造了一个社会接受条件。"❷

本文认为，具有社会和市场双重属性的平台，通过与用户订立体现私人契约特征的服务协议，彰显出了社会契约的理念和价值。换言之，服务协议就是特定网络空间中的社会契约。网络公共领域的出现为社会契约理论提供了"从商业契约来又回到商业契约去"的实践机遇。通过"点击即生效""使用即同意"的服务协议，用户让渡了部分隐私权和个人信息权益，享受了平台企业提供的信息网络服务所带来的生活便利。与此同时，随着服务协议的订立，平台也据此获得了维护平台内网络秩序和交易秩序的权限，获得了平台治理的合法性，有权制定平台规则。《电子商务法》第48条认可了这种形式。这种通过自动化信息系统订立的、以全有或全无方式存在的服务协议，甚至在一定程度上克服了社会契约理论广受诟病的局限性，即一部宪法或者一种政治秩序难以获得所有人普遍的、一致的、相互的同意和接受，❸ 因为服务协议至少在形式上得到了所有用户的同意。可以认为，这种共同意志构成了公意。平台在公意下根据服务协议制定各类交易规则。但这种公意并不是一以贯之的，它随着平台意志单方性、自主性的增强而减弱。也就是说，某一类平台规则越是在制定和修改程序上缺乏用户参与和明示同意，就越不能反映全体用户的意志，那么，就应在效力上给予该类根据服务协议制定的平台规则低于服务协议的评价，使其在内容上不违反公意。反之，若某一平台规则得到了用户充分的参与和明示同意，就意味着充分地反映了全体用户的意志，也应在效力上给予该类平台规则高于其他平台规则的评价，从而保护平台内用户的合法权益。如果平台规则间的公意性相同（例如都要求得到所有用户"点击即生效""使用即同意"的操

❶ GINSBURG T. Constitutions as contracts, constitutions as charters. [M] //GALLIGAN D J, VER-STEEG M. Social and political foundations of constitutions. Cambridge：Cambridge University Press, 2013：182 - 192.

❷ 苏力. 从契约理论到社会契约理论：一种国家学说的知识考古学 [J]. 中国社会科学, 1996 (3)：82.

❸ 有关该局限性的阐释, 参见：休谟. 论原始契约 [M] 张若衡, 译//休谟. 休谟政治论文选. 北京：商务印书馆, 2010：119 - 138；另见：HARDIN R. Why a constitution? [M]. GALLIGAN D J, VER-STEEG M. Social and political foundations of constitutions. Cambridge：Cambridge University Press, 2013：54.

作），则需要搭配权限标准得出效力层次判断的结论。

（三）效力层次的建构

基于上文的分析，以下将结合公意标准和权限标准建构平台规则的效力层次。

1. 服务协议优于其他平台规则

《淘宝平台服务协议》第 2 条第 2 款规定："……淘宝平台规则均为本协议的补充协议，与本协议不可分割且具有同等法律效力。如您使用淘宝平台服务，视为您同意上述补充协议。"可见，在平台企业看来，除服务协议以外，包括总则在内的所有平台规则在性质上都是补充协议。但本文认为，其他平台规则在性质上不能构成规范意义上的补充协议，仅仅在内容上构成了对服务协议的补充。理由在于：一方面，平台规则具有单方性和不平等性，难以满足作为合同的补充协议所应当具备的合意这一基本要求。根据前文有关平台规则生效要件的提炼，平台规则的理论基础也并非完全系于合同法的意思自治原则，而是在很大程度上与民主原则相契合，反映的是程序正义的逻辑。因此，平台规则在法律性质上更接近于民法上的决议行为，而非合同行为。❶ 另一方面，如果认定其他平台规则具有补充协议的性质，当补充协议与服务协议不一致或抵触时，就要以补充协议为准。那么，对于平台治理和平台规则体系而言，补充协议的优先适用将会使平台企业利用此规则突破服务协议的种种限制，给平台内用户的合法权益带来损害的风险。在此，服务协议恰恰起到了确保平台规则体系合规的功能。

本文主张，对规则适用的判断，还要接受公法价值的输入。如果将一个平台的全部规则视为一个规范体系，则这一体系表现为一个以合意和公意为起点、以单方意志为终点的正当性链条。处于这一体系中的平台规则，越是能反映用户的意思表示，就越接近合意和公意，就应当被赋予更高的效力层次；越是能反映平台的单方意志，就越有可能出现恣意的情形，就应当被赋予更低的效力层次。具体来说，服务协议是用户在注册账户时被平台强制接受的，通过"点击即生效"的代码设定，获得了所有用户明示而直接的同意。它是用户在面对

---

❶ 有关民法决议行为的研究，详见：王雷. 论我国民法典中决议行为与合同行为的区分［J］. 法商研究，2018（5）：129 - 139；王雷. 论民法中的决议行为：从农民集体决议、业主管理规约到公司决议［J］. 中外法学，2015（1）：79 - 99；王雷. 《民法总则》中决议行为法律制度的力量与弱点［J］. 当代法学，2018（5）：3 - 14；陈醇. 论单方法律行为、合同和决议之间的区别：以意思互动为视角［J］. 环球法律评论，2010（1）：49 - 58.

所有平台行使自主选择权后"用脚投票"的结果，能够反映用户的意思表示。例如，《淘宝平台服务协议》以加粗和下划线的方式提请用户注意："阅读本协议的过程中，如果您不同意本协议或其中任何条款约定，您应立即停止注册程序。"而其他平台规则只是通过征求意见程序中部分用户的投票以及"使用即同意"的代码设定，获得了用户默示而间接的同意，缺乏参与度和真实自主合意性，难以完全还原用户的意思表示。因此，结合"公意标准"，服务协议优于其他平台规则。这种安排，使得服务协议在平台规则体系中处于最高地位。其他平台规则的制定应当以服务协议为依据，并严格按照服务协议规定的平台权利义务范围进行细化和补充。当服务协议与其他平台规则的条款冲突时，应当优先适用服务协议，也可以由平台及时修改服务协议，肯定其他平台规则的变更。

2. 平台规则的正式规则优于非正式规则

《淘宝平台规则总则》第 5 条第 2 项中段的规定，客观上构成了类似"特别法优于一般法"的原则，在大部分情形下成为平台规则实际适用的唯一原则。如果特别规则始终处于优先适用的地位，那么只有严格控制和执行特别规则的制定程序，才能避免其超越服务协议的授权范围，损害用户的合法权益。《电子商务法》和《制定程序规定》均将征求意见作为立规程序的核心。基于此，本文参照国家法中立法性文件和非立法性文件的区分，以是否经过征求意见程序为标准，将平台规则分为正式规则和非正式规则。其中，经过征求意见程序后发布的平台规则称为正式规则，未经征求意见程序而发布的平台规则称为非正式规则。平台在实践中制定了大量的非正式规则，如临时公告、实施细则等。前者是应政府监管要求和平台整治需要发布的，具有临时性；后者是对如何理解和适用既有平台规则中特定条款的说明，具有解释性。此类非正式规则在程序上没有像正式规则一样得到用户的授权，却在结果上达到了影响用户权益的效果。既然按照程序制定与修改是平台规则的生效要件之一，那么即使未满足程序要求的平台规则发挥着实效，其在效力上也是存在瑕疵的。换言之，未完成征求意见程序的规则不具有正式规则的地位，不能以"特别法优于一般法"为由得到优先适用。因此，平台的非正式规则应当以正式规则为依据；当二者冲突时，应当优先适用正式规则。

3. 平台规则的总则优于其他正式规则

《淘宝平台规则总则》第 5 条第 2 项规定："《总则》中已有规定的，从其规定……"将《淘宝平台规则总则》的效力层次定位在服务协议与其他平台规则之间，本文对此没有异议。但问题是，如何评价《淘宝平台规则总则》中空白授权条款的效力？空白授权条款指向的具体规则与其他正式规则产生冲突时，究竟应被视作总则的一部分进而适用"上位法优于下位法"的原则，还是应被认定为不属于总则的一部分进而适用"特别法优于一般法"呢？具体来说，在平台规则中，各大平台承担总则功能的规则呈现出目录化、务虚化倾向，即不以实体问题为主要内容，而是反复在空白条款中进行授权，指向作出具体规定的规则和规范的名称。例如，《淘宝平台规则总则》没有明确列举有关经营者发布商品或服务信息的规定，而是要求应符合《淘宝平台价格管理规则》和《淘宝网商品品牌管理规范》。这种对规则体系的设计，一方面达到了规范化、体系化的效果，让平台治理权更加直观，避免了《淘宝平台规则总则》与其他平台规则间的冲突；另一方面使《淘宝平台规则总则》失去了本应具备的功能，成为平台规则的"总目录"。这种编排设计使平台有意识地将一些发挥结构性、框架性作用的规则明确列举在总则当中，赋予它们"基本规则"的地位。与此同时，这些基本规则也在不同领域承担着总则的功能。表2梳理了《淘宝平台规则总则》中呈列的基本规则。

表2　《淘宝平台规则总则》列举的基本规则

序号	平台规则类别	《淘宝平台规则总则》列举的基本规则名称
1	市场管理与违规处理	《淘宝平台违禁信息管理规则》
2		《淘宝网市场管理与违规处理规范》
3		《淘宝网评价规范》
4		《淘宝平台价格管理规则》
5		《淘宝网商品品牌管理规范》
6		《淘宝网商品品质抽检规范》
7	消费者权益保护与争议处理	《淘宝平台争议处理规则》
8		《淘宝网七天无理由退货规范》
9	行业管理规范	《淘宝网行业管理规范》
10	特色市场规范	《淘宝网特色市场管理规范》❶
11	营销活动规范	《淘宝网营销活动规范》

本文认为，合同法的宗旨是鼓励交易，它承认了交易和交易规则的多元化

---

❶　《淘宝平台规则总则》同时列举了部分特殊市场的管理规范。这些管理规范明确以《淘宝网特色市场管理规范》为制定依据，所以不属于基本规则。

和多样性。考虑到基本规则覆盖了平台治理的方方面面，如果把基本规则视为总则的一部分，将导致"上位法"的范围大幅扩大，影响平台对基本规则所涉及的交易情境和场域进行变通和调整，甚至会抑制平台经济，限制电商交易。因此，适用"总则优于其他正式规则"，应当限于总则中规定实体内容的条款，而不包括空白授权条款。

4. 其他正式规则的特别规定优于一般规定

（1）基本规则与非基本规则之间发生冲突的，特别规定优于一般规定

既然基本规则不属于总则，那么其效力是否高于非基本规则？与之类似，国家法上存在基本法律与非基本法律的区分，但尚不能直接得出"基本法律的效力高于非基本法律"的结论。本文认为，基本规则与非基本规则遵循相同的立规程序，这一特征使二者的区分同服务协议与其他平台规则、正式规则与非正式规则之间的区分具有明显差异；故基本规则与非基本规则具有相同的效力层次，它们并非上位法与下位法的关系，而是一般法与特别法的关系，即非基本规则主要是对基本规则调整对象的特别规定。例如《淘宝平台争议处理规则》与《淘宝平台特殊商品/交易争议处理规则》，以及《淘宝网行业管理规范》与各具体行业规范。因此，当二者冲突时，应优先适用特别规定。

（2）基本规则之间、非基本规则之间发生冲突的，特别规定优于一般规定

如果基本规则之间或非基本规则之间发生冲突的，要判断争议条款中，何者为一般规定，何者为特殊规定，并适用特别规定。例如在"陈某、浙江天猫网络有限公司网络服务合同纠纷案"中，杭州市中级人民法院认为："被上诉人（天猫公司）根据《七天无理由退货规范》并基于普通人的认知判定海尔公司因大家电本身的属性以及运输风险提供上门取货并承担运费的退货政策优于《淘宝平台争议处理规则》第三十七条规定的退货政策，并无不当。"❶《淘宝平台争议处理规则》和《七天无理由退货规范》同为《淘宝平台规则总则》列举的基本规则，但就退货条款而言，前者是一般规定，后者是特别规定，故适用《七天无理由退货规范》。

综上，本文确立了"服务协议优于其他平台规则""平台规则的正式规则优于非正式规则""平台规则的总则优于其他正式规则"的判断标准，进而形成了"服务协议—总则—正式规则—非正式规则"的效力层次，通过上位规则对下位规则的约束和控制，维护平台内用户的合法权益；同时，将《淘宝平台规则总

---

❶ 浙江省杭州市中级人民法院民事判决书［（2019）浙01民终5490号］。

则》第 5 条第 2 项的适用范围限缩在正式规则以内，保证平台治理的灵活性。

四、平台规则的效力范围

（一）平台规则的时间效力

在国家法中，法的时间效力包括生效、终止生效和溯及力等三个方面。在这三个方面，平台规则与国家法基本相同。除此以外，平台规则的时间效力还要关注一个特殊的生效情形，即临时公告的多次生效机制，该机制主要被应用于市场管理与违规处理领域。所谓多次生效，是指部分临时公告对违规行为的处理在时间上分为不同阶段，并在不同阶段设置包含不同监管措施的规则，处理强度从无到有、从轻到重。截至目前，多次生效机制的发展经历了两个阶段。

第一个阶段，临时公告的实施分为整改期和执行期。整改期内不进行商品删除、扣分处理，执行期内进行商品删除、扣分等处理。例如，2013 年 8 月，淘宝为应对部分经营者通过使用含有外部网站信息的二维码图片逃避平台监管的情形，发布了《关于加强发布广告信息（二维码形式）管理的公告》❶。该临时公告的主要内容整理如表 3 所示。

表 3　《关于加强发布广告信息（二维码形式）管理的公告》主要内容

公告效力阶段	期限	违规处理机制
发布期	2013 年 8 月 9 日起	新发含有外链二维码的图片无法使用
整改期	2013 年 8 月 9 日—2013 年 9 月 9 日	对已发含有外链二维码的图片进行冻结
执行期	2013 年 9 月 10 日起	商品：滥发信息 0.2 分/件，3 天不超过 7 分；店铺等其他页面：滥发信息 4 分/次

再如，2015 年 2 月公布的《手机类商品高危问题治理公告》规定，对乱用品牌属性的违规行为，淘宝平台将推行第一次警告、第二次下架、第三次下架扣分、第四次删除"宝贝"的处罚。❷

第二个阶段，临时公告的实施分为自检自查期和违规处罚期，为经营者增加了自检自查程序。对于用户首次或非故意实施的违规行为，平台给予其自检自查的机会；对于用户的重复违规，平台会作出加重处理。例如，2019 年 7 月，

---

❶　淘宝网. 关于加强发布广告信息（二维码形式）管理的公告（已失效）［EB/OL］. ［2021 - 08 - 04］. https：//rule. taobao. com/vdetail - 57346. htm? spm = a2177. 7231193. 0. 0. 1c2f17eaElczO3&tag = self.

❷　淘宝网. 手机类商品高危问题治理公告（已失效）［EB/OL］. ［2021 - 08 - 04］. https：//rule. taobao. com/vdetail - 57318. htm? spm = a2177. 7231193. 0. 0. 651417ea8FDIOc&tag = self.

淘宝发布《关于毒品、药品及医疗器械类违规商品或信息管理公告》❶，其部分规定摘录如表 4 所示。

表 4　淘宝网毒品类违规商品或信息管理规定

违规场景	违规扣分	自检自查机会	多次违规处罚升级	
毒品、制毒原料、制毒化学品及致瘾性药物	每次扣 B 类 48 分	无（以下严重违规行为，每次扣 48 分的均无自检自查）	—	
毒品吸食工具及配件	每次扣 B 类 6 分；情节严重的，每次扣 B 类 12 分；情节特别严重的，每次扣 B 类 48 分	第一次自检自查不扣分	第二次至第四次，每次扣 6 分；第五次及以上的，视为情节严重情形，每次扣 12 分	通过任何方式刻意规避大量发布、造成严重的人身伤害或其他极其恶劣的，视为情节特别严重的情形

本文认为，临时公告的多次生效机制，本质上属于民法上的附条件合同或附期限合同。《民法典》第 158 条规定："民事法律行为可以附条件，……附生效条件的民事法律行为，自条件成就时生效……"前述临时公告中涉及多次生效的条款，其实是平台与经营者就特定情形下违规处理的生效时间或条件进行的约定。即便这些临时公告表明了固定的生效时间，但依合同法的原理，只有用户行为真正触发违规处理的条件或期限时，才能认为这些临时公告产生了效力。

（二）平台规则的空间效力

在国家法中，法的空间效力包括了域内效力和域外效力。其中，及于一国主权管辖全部领域的域内效力是空间效力的主要成分，具有绝对性；域外效力只在少数条件下适用。在互联网中，大型平台企业顺其自然地突破地理疆界成为跨国公司，依附于平台的消费者和经营者遍布世界各地。德国学者托依布纳将此类超国家机构视作新的社会宪治主体。❷ 无独有偶，美国学者朱莉·科恩

❶　淘宝网. 关于毒品、药品及医疗器械类违规商品或信息管理公告［EB/OL］.（2020 - 04 - 24）［2022 - 06 - 30］. https：//rule. taobao. com/detail - 11000519. htm？spm = a2177. 7231193. 0. 0. 7dd0 17eagUzUh3&tag = self.

❷　参见：托依布纳. 宪法的碎片：全球社会宪治［M］. 陆宇峰，译. 北京：中央编译出版社，2016：86.

(Julie E. Cohen) 认为："处于支配地位的平台在国际法律秩序中的作用愈加类似于主权国家。……其领土由使用协议、数据流和算法所定义。"❶ 另有论者指出："这一新边界所定义的独特网络空间需要并且能够创造出自己的法律和法律制度。……领土之间的边界则划定了适用不同法律规则体系的区域。"❷ 平台既然具备了类似于国家的要素，其规则体系同样存在一个生效的独特"疆域"范围。

1. 平台规则的物理空间效力

受合同相对性的制约，平台规则的物理空间效力具有相对性。从域内效力的角度看，一方面，平台规则不受服务协议各方经常居所地法律的限制。例如，位于浙江义乌的经营者通过淘宝平台向远在休斯顿的消费者销售商品时，其无须纠结该交易应符合中国法律还是美国得克萨斯州法律，而是要优先符合淘宝规则的合规要求。即便淘宝公司的登记地和主营业地在中国，也不能认为中国法律的域内效力等同于平台规则的域内效力。另一方面，平台规则是否产生像国家法一样的域内效力，取决于用户 IP 地址所在的地理位置。只有当平台企业的登记地或主营业地与用户 IP 地址所在地处于同一法域时，平台规则的域内效力才是成立的。换言之，平台规则的空间效力和对象效力（属人效力）是等同的。可可西里无人区和南海诸岛都是中国领土，应当适用中国法律，却可能由于缺少淘宝用户而无法适用淘宝规则。

从域外效力的角度看，如果以国内法为参照系，似乎无人否认平台规则具有域外效力。换言之，只要淘宝用户的 IP 地址位于中国领土以外，就可以认为淘宝平台规则产生了域外效力。比如，IP 地址位于新加坡、德国慕尼黑的用户在淘宝平台购买商品或服务，自然要受到淘宝规则的约束。相较而言，国家法的域外效力范围极其有限，必须具备明确的依据。如《证券法》第 2 条第 4 款规定："在中华人民共和国境外的证券发行和交易活动，扰乱中华人民共和国境内市场秩序，损害境内投资者合法权益的，依照本法有关规定处理并追究法律责任。"《刑法》第 8 条规定："外国人在中华人民共和国领域外对中华人民共和国国家或者公民犯罪，而按本法规定的最低刑为三年以上有期徒刑的，可以适用本法，但是按照犯罪地的法律不受处罚的除外。"因此，鉴于平台规则在物理

---

❶ COHEN J E. Law for the platform economy [J] U. C. Davis law review, 2017, 51 (1)：200.

❷ JOHNSON D R，POST D G. Law and borders：the rise of law in cyberspace [J]. Stanford law review, 1996, 48 (5)：1367 - 1368.

空间效力上的灵活性，应当将目光从物理空间转向网络空间，聚焦平台在网络空间中的治理边界。

2. 平台规则的网络空间效力

因服务协议的叠加，平台规则对平台内所有用户生效，其网络空间效力具有绝对性。《淘宝平台服务协议》中起到序言功能的提示条款明确："欢迎您与各淘宝平台经营者共同签署本《淘宝平台服务协议》并使用淘宝平台服务！"如果说"有平台则有规则，有规则则有效力"，那么对平台规则在网络空间效力范围的判断，其实就是对平台范围的判断。也就是说，只要确定了平台的范围，平台规则的网络空间效力就是确定的。实践中，部分平台服务协议对平台范围有着明确描述（参见表5）。

表5 部分平台对平台范围的规定

序号	平台名称	平台范围的规定
1	淘宝	《淘宝平台服务协议》：淘宝网（域名为 taobao. com）、天猫（域名为 tmall. com）、飞猪（域名为 alitrip. com、fliggy. com、feizhu. com）等网站及客户端
2	阿里巴巴中国站	《阿里巴巴服务条款》：阿里巴巴中国站（所涉域名为：Alibaba. com. cn、alibaba. cn、1688. com，下同），所提供的在全球企业间（B－TO－B）电子市场（e－market）中进行贸易和交流的各种工具和服务
3	京东	《京东用户注册协议》：京东网站（指 jd. com 及其移动客户端软件、应用程序，以下称"本网站"）各项电子服务
4	拼多多	《拼多多用户服务协议》：上海寻梦信息技术有限公司经营的电商平台，包括但不限于拼多多网站（www. pinduoduo. com）、拼多多客户端及拼多多微信商城

上述服务协议中，平台企业都对各自运营的平台网站域名进行了明示。那么，该域名以及该域名下全部子域名（subdomain）所构成的网络空间即为该平台的范围，也就是该平台规则在网络空间的效力范围。因此，平台规则的网络空间效力应当及于平台服务协议所列举的平台网站域名及其全部子域名。

知识产权

■ 网络著作侵权"通知—删除"机制与"避风港"规则的再平衡

■ Alice 案判决对专利审查员和专利申请人影响的实证研究

■《网络法律评论》第一届青年学者论坛会议综述

网络著作侵权"通知—删除"机制与"避风港"规则的再平衡[*]

——美国版权局的调研分析、检讨与国际相关发展

孙远钊[**]

摘要：著作权法是一个微妙的动态平衡体系，在对权利人的排他性私权给予保护的同时也要兼顾社会公共利益。在网络环境下，该体系的维护还必须依赖网络服务提供者的协助。因此当前的著作权保护体系成为一个要求不断寻求四方平衡的错综复杂的机制：在平衡权利人和使用者利益的同时，也要调和网络服务提供者的利益和责任，同时又要兼顾社会公共利益。目前全球各法域都采取了"通知—删除"机制和"避风港"规则以冀望能实现这个平衡。这是美国国会20世纪90年代修改著作权法时经过各方反复折冲得到的妥协方案，成为了美国《千禧年数字著作权法》（DMCA）中的一个亮点，也对其他国家和地区产生了重大影响。然而该法施行至今，有不少地方已然出现了问题并产生失衡，尤其是网络服务提供者究竟应被赋予何种角色、是否应肩负更多"网络警察"的责任等问题，再次成为绕不开的核心议题。对此，美国版权局展开了历时5年的全盘调研，并在2020年5月发布了完整的实证调研报告，主张对目前的失衡状态不需要进行大幅修法，而应在既有主轴和体系的基础上对12个方面进行渐进式的技术性修

---

[*] 本文不代表作者服务单位意见。
[**] 美国亚太法学研究院执行长，暨南大学知识产权学院特聘教授。

正。欧盟则采取了截然不同的路径，于 2019 年大刀阔斧地通过了极富争议的《单一数字市场著作权指令》。其中的一个要点正是准备彻底改变内容分享网络服务提供者的义务与责任。鉴于这些重大的国际发展，尤其是美国版权局报告书的高度参考价值，本文对其主要内容予以引介并提供若干增补和点评，另对欧盟等地的发展一并介绍分析，以期国内在进行相关改革时加以参考。

关键词：网络服务提供者　通知—删除　避风港　《千禧年数字著作权法》　《单一数字市场著作权指令》　第 17 编第 512 条报告书

一、引言

著作权法是一个微妙的动态平衡体系，在对权利人的排他性私权给予保护的同时兼顾社会公益，犹如在钢索上的平衡行走。自 20 世纪 90 年代进入所谓"线上"电子商务时代，各式网络服务已成为不可或缺的中介。由于网络侵权活动日益猖獗，著作权人必须依赖网络服务提供者帮助其辨别侵权所在并进行维权，但这是一个需要耗费大量人力、物力、金钱和时间的工作，如果没有足够的激励，网络服务提供者势将缺乏积极性。尤其是被指控的侵权行为几乎都是针对流行作品，往往能够为网络服务提供者带来流量和利润，因此，纵使网络服务提供者在主观上支持维权，在"利"字驱使下也更容易采取相对姑息的态度。但如果骤然要求甚至强制网络服务提供者必须站在权利人一方协助维权，否则就要连带承担各种损害赔偿责任，势必会造成网络服务提供者的强烈反对，而且让法律责任始终处于不确定的状态也将对整个电子商务市场造成严重冲击，恐怕也不是一个理想的选项。因此，面对网络著作侵权行为，当前的著作权法律体系成为一个必须不断寻求四方平衡的错综复杂的机制：在调和权利人、使用者与网络服务提供者的利益和责任的同时兼顾对社会公益的考量。

2020 年 5 月 21 日，美国版权局发布了业界期待已久的一个调研报告，名为《第 17 编第 512 条》（以下简称《报告书》）。该报告对网络服务提供者对其平台上发生的侵权行为所需承担的义务和责任，也就是通称的"通知—删除"机制和"避风港"规则作出了全面的调研和分析，旨在对这个已经施行了 22 年的体系进行一次全面检讨，帮助人们了解目前的实施状况是否符合美国国会当初

立法时的期待，以及有哪些具体环节需要进行何种修正。❶

这场调研肇始于美国国会众议院的司法委员会。2013～2015 年，该委员会先后举行了 20 次听证会，横跨第 113 和第 114 两个会期，试图探索如何让整个著作权保护体系与 21 世纪的需求接轨。当时的美国版权局局长玛丽亚·A. 帕兰缇（Maria A. Pallante）女士在最后一场听证会上提议，由该局牵头对若干最具争议性和迫切性的问题进行更深入的调研，以期帮助美国国会研究应如何修法。这些研究课题包括了孤儿作品、规模性数字化、向公众提供权、第 108 条合理使用（图书馆、档案馆的合理使用范围与侵权责任"避风港"的设置）、技术保护措施、人格权以及网络服务提供者的责任等多个方面。❷《报告书》就是最后出台的研究成果，其整个调研历时 5 年，其间因争议性太强和领导更迭等因素几度接近"夭折"，可谓"置之死地而后生"，"千呼万唤始出来"。❸

二、美国著作权法第 512 条的由来与内涵

由世界知识产权组织召开的外交会议在 1996 年 12 月 20 日草签了两个引领国际著作权保护进入到数字时代的公约——《世界知识产权组织版权条约》（WCT）和《世界知识产权组织表演和录音制品条约》（WPPT），也被统称为"互联网条约"。❹ 美国国会在翌年便展开了配套立法工作，希望能批准加入并产生"火车头"牵引效应，促使其他国家跟进，让这两个条约能够尽快生效。本来整个过程进行得相当顺利，不料却在半路"杀出一个程咬金"，差点就让整个努力付诸东流。这个"程咬金"就是网络服务提供者的连带或间接侵权责任问题。

网络服务提供者的侵权责任问题几乎在美国联邦政府决定全面开放互联网给社会大众使用时就已经产生了。最早发生的一宗与网络相关的著作侵权案件就涉及这个问题。主审该案的加利福尼亚州北区联邦地区法院法官罗纳德·M.

---

❶ U. S. Copyright Office. Section 512 of Title 17: a report of the register of copyrights［R/OL］.（2020 – 05 – 21）［2021 – 10 – 11］. https：//www. copyright. gov/policy/section512/section – 512 – full – report. pdf.

❷ PALLANTE M. Register's perspective on copyright review［EB/OL］：16 – 34（2015 – 04 – 29）［2021 – 10 – 11］. https：//www. copyright. gov/laws/testimonies/042915 – testimony – pallante. pdf.

❸ U. S. Copyright Office. Section 512 of Title 17: a report of the register of copyrights［R/OL］. Acknowledgements（2020 – 05 – 21）［2021 – 10 – 11］. https：//www. copyright. gov/policy/section512/section – 512 – full – report. pdf.

❹ WIPO Copyright Treaty（1996 – 12 – 20）；WIPO Performances and Phonograms Treaty（1996 – 12 – 20）。

怀特（Ronald M. Whyte）判决，当作为共同被告的网络论坛使用者涉及对他人作品的侵权时，如果该网络论坛的服务提供者对涉案作品没有积极的复制行为，也没有从侵权行为中直接获利，就不应承担直接或替代侵权责任。[1] 虽然这只是美国联邦地区法院的一审判决，却成为一个经典判例，不断被援引为后来案件的判决依据。美国国会起草网络服务提供者的法律责任条款（后来的美国著作权法第512条，以下简称"第512条"）时，就直接表明是以这个判决为蓝本。[2]

对于网络服务提供者而言，这个判决让他们暂时吃了一颗"定心丸"，不需担心是否动辄要对他人的侵权行为承担连带责任，但终究这还只是个联邦地区法院的一审判决，其他法院是否会全盘接受犹未可知，毕竟还有其他案件判决显示网络服务提供者还是有可能要承担责任的。[3] 为了保险起见，也为了有更为明确的指引，他们开始游说美国国会，希望能通过立法一劳永逸地明确相关责任的范围。由于前述两个"互联网条约"完全没有涉及网络服务提供者的责任，当美国国会打算通过这两个条约的施行法时，网络服务提供者的责任问题却演化成为整个立法进程当中必须处理的先决问题。因为如果相关责任无法厘定清楚，就会直接冲击到对网络平台的投资意愿，不利于改善整个网络系统的基础设施（如加大频宽和传输速度等），也自然会对整个电子商务的发展造成很大影响。[4]

导致各方陷入胶着的关键是一个绕不开的核心问题：究竟应如何定义网络服务提供者的角色？更具体地说，是否应要求他们担任"网络警察"？对此，全球网络服务提供者的立场是完全一致的：侵权认定是非常细致专业的工作，应该由法院来审判；网络服务提供者不具备相应的能力和资质，也无从对海量网络信息进行实时监管，否则相关成本将会高到无人能够承担，让网络电商失去原本的功能和意义。此外，他们的另一个论点是：他们并不代表任何公权力，

---

[1] *Religious Tech. Ctr. v. Netcom On - Line Commun. Servs.*，907 F. Supp. 1361（N. D. Cal. 1995）。

[2] H. R. REP. No. 105 - 551, pt. 1, 11（1998）。

[3] 参见 *Playboy Enters. v. Frena*，839 F. Supp. 1552（M. D. Fla. 1993）。该案与 *Netcom* 案的案情相近却给出了完全相反的判决。另见 *Stratton Oakmont Inc. v. Prodigy Servs. Co.*，23 Media L. Rep. 1794，1995 WL 323710（N. Y. Sup. Ct. 1995）。纽约州最高法院认为网络服务提供者只要能够对作品内容行使某种控制就必须与发布者承担一样的责任。该案涉及内容诽谤侵权行为。美国国会后来制订《1996年通信法》（Telecommunications Act of 1996）时，特别订立了第230条推翻该判决。不过 *Cubby v. Compuserve*，776 F. Supp. 135（S. D. N. Y. 1991）案则表明，只提供传输服务的提供者，即使对作品内容没有任何修改权限，依然可能因为把该内容予以呈现而负有潜在的侵权责任。

[4] S. REP. No. 105 - 190, at 8（1998）。

也无法被授权去从事这样的工作。但对于著作权人而言，他们往往难以或根本无从对网络环境下的各种著作侵权进行维权，网络服务提供者提供了让侵权者可以从事违法行为的重要途径，既然从中赚取了相应的费用，在技术上也具备筛选、删除违法作品的能力，自然就应该承担相应的直接或间接侵权责任。

在经过多方调和后，最后达成的妥协就是"通知—删除"机制与"避风港"规则。妥协的前提是承认网络服务提供者并非"网络警察"，原则上没有积极监管网络活动的义务，但是一旦收到了请求删除通知，只要能及时采取行动，就可以进入"避风港"获得免责待遇，将来无论当事人之间发生了何种侵权纠纷，网络服务提供者都不再受到影响。唯一例外是，如果网络服务提供者知悉在其平台上已经明显发生侵权，便应立即采取行动而不能消极应对。这就是所谓的"红旗测试"。❶ 需要特别强调的是，"红旗测试"顾名思义只是一个供法院进行判断的标准，而不是强制性的法律规则，其中包括对主观认知与客观状况的分析。总而言之，美国国会的立法用意是：一方面要确保网络服务提供者只要采取善意的行动来处理网络侵权问题就可以得到"避风港"免责待遇，从而对他们的潜在风险与责任赋予更高的确定性；另一方面也要提供更强的激励，让网络服务提供者更有意愿与著作权人合作来发现和处理网络侵权问题，也等于为权利人提供一个可行的救济途径。❷

具体而言，第512条对下列四种情形分别设置了不同的"避风港"来限缩网络服务提供者的潜在侵权责任：

(1) 通过其系统提供传输、路由（提供路线）或连接被指控侵权物；

(2) 在其系统缓存或临时存储被指控侵权物；

(3) 依照使用者的指示在其系统上存储被指控侵权物；或

(4) 以目录等能够显示信息所在地的工具链接或指向被指控侵权物。

其中每个"避风港"又分别设定了不同的构成要件，也就意味着网络服务提供者必须分别符合不同要件才可受到个别"避风港"规定的保护，情况较为复杂，不过还是至少包含下列三个共同的积极要件。

---

❶ H. R. REP. No. 105 – 551, pt. 2, 53 (1998)；另见：LITMAN J. Digital copyright [M]. New York：Prometheus Books, 2001：122 – 150.

❷ H. R. REP. No. 105 – 796, 72 (1998)。

首先，寻求免责的法律实体必须符合著作权法对"网络服务提供者"的定义。现行法对四种"避风港"规则下的网络服务提供者给出了不尽相同的定义。例如，上述第三种情形（系统存储，也是最常见的类型）中，网络服务提供者是指"线上服务或网络连接的提供者或这些设施的运营者"。❶ 现行法显然对此种情形刻意采取了比其他三类更广的定义，所以诸如提供电子邮件、虚拟主机、联网上线等各种服务的实体或厂家都在此列。甚至本身未必是直接从事这类网络服务，但偶尔提供这类功能的实体或厂家也都包括在内，例如架设网站并允许进行检索或评论的媒体或经销商等。

其次，网络服务提供者对"重复侵权"的使用者必须采取和合理实施"在适当情况下终止［对其提供服务］的政策"，也必须让其使用者知晓其具有终止"重复侵权者"账户的方法。❷ 后来的司法实践表明，这项规定并不要求网络服务提供者提供一套完美无瑕的措施或程序来识别和处置"重复侵权者"，而且终止账户的政策只要在某个合理期间内曾予以实施就算合格，甚至不需要以书面方式呈现其中的各项细节。只要网站在"适当情况下"让其订户或使用者知悉便足以符合此要件。❸

最后，网络服务提供者必须适应并且不得干扰权利人使用既有的"标准技术措施"来打击侵权者。❹ "标准技术措施"是指"著作权人用以识别或保护其享有著作权的作品"并且"经著作权人与网络服务提供者取得广泛共识所开发"的措施，这些措施必须"以合理且不具歧视性的条件"向所有人提供，尤其"不得对网络服务提供者强加相当的成本或对其系统或网络造成相当的负担"。❺ 美国版权局在《报告书》中就对这项规定的实效提出了质疑，认为迄今还没有任何措施可以构成"标准技术措施"，而且不同类型和规模的网络服务提供者有不同的情况与需求，某类网络服务提供者认为可行的措施在另一类看来却可能变得窒碍难行。因此几乎不可能按照法律要求通过多产业咨商形成放诸四海皆准的技术措施。❻

---

❶ 17 U. S. C. § 512（k）（1）（B）。

❷ 17 U. S. C. § 512（i）（1）（A）。

❸ 参见 *Ventura Content*，*Ltd. v. Motherless*，*Inc.*，885 F. 3d 597（9th Cir. 2018）。

❹ 17 U. S. C. § 512（i）（1）（B）。

❺ 17 U. S. C. § 512（i）（2）。

❻ U. S. Copyright Office. Section 512 of Title 17：a report of the register of copyrights［R/OL］. 176 – 177（2020 – 05 – 21）［2021 – 10 – 11］. https：//www. copyright. gov/policy/section512/section – 512 – full – report. pdf.

此外，网络服务提供者若想进入关于系统存储的"避风港"，还需符合下列三个要件。其中，前两个是消极要件，第三个则是形式要件。

第一，知悉要件，即不知其平台上有侵权物，也就是不具备真正或拟制的知悉。当网络服务提供者收到权利人发出的请求删除通知时，便已经符合实际知悉要件。然而即使网络服务提供者还没有收到通知，但可以察觉到在其平台上所发生的具体事实或状况已经表明发生了侵权活动的，便具备了拟制知悉。表面上这是要测试当事人的主观因素，但实际使用的还是客观标准，即对于一个理性的人而言，所发生的特定事实或情况是否属于其应该知晓或是能够察觉的范围。这也是"红旗测试"中审查当事人主观认知的标准，所要求的举证位阶和难度都非常之高。例如，通过网络从事信用卡收付业务的被告，即使知道其客户的名称是"stolencelebritypics. com"（译为"名人窃照"），仅凭这一点还不足以证明被告具有拟制知悉。❶ 换句话说，仅仅对平台上发生的侵权行为具有一般性认知还不够（客观要件），还必须对具体且可明确识别的侵权事例有所认知才符合拟制知悉的要件（主观要件，也被称为"红旗知悉"）。但如果网络服务提供者刻意让自己对侵权状况"视而不见"（willful blindness），应知、能知却当作不知，也有可能会被认为满足知悉要件。这需要非常明确的举证，网络服务提供者不能仅仅因为怀疑可能发生了侵权就必须展开进一步的调查，也不会因为没有这么做就构成"视而不见"，因为第512条第（m）款明确排除了网络服务提供者的一般性监控义务。❷

第二，控制与收益要件，即未享有控制权或未获得直接财物利益。凡是寻求第512条第（c）款"避风港"免责保护（第三种类型，也是绝大多数的情形）的，首先要检视网络服务提供者是否对其平台上的活动享有一定的管控权——这是指享有比删除、限制接触或使用要更多一些的控制。如果没有这样的管控权，即可进入"避风港"。反之就要进一步检验网络服务提供者是否直接从用户的侵权活动中获得了任何财物利益。如果答案是否定的，才可进入"避风港"。至于何谓"直接财物利益"，法律并未定义，因为美国国会在立法时刻意对此保留弹性，相关的司法实践则是在不断地演化。法院原本倾向于采取狭义认定，只有直接通过侵权从使用者处获取的经济利益才符合，例如侵权活动构成了吸引使用者造访其平台或网站的主要因素，而不只是一个附加利益（如

---

❶ *Perfect* 10，*Inc. v. CCBill LLC*，488 F. 3d 1102（9th Cir. 2007）。

❷ *Capitol Records*，*LLC v. Vimeo*，*LLC*，826 F. 3d 78（2d Cir. 2016）。

一次性安装费用和每月的固定资费等）。❶ 不过近来的案件则显示法院似有朝向宽松认定的趋势，例如把与侵权相关的广告收益也视为直接财物利益等。❷

第三，指定代表要件，即必须指定并登记其受理通知的代表人。网络服务提供者必须依规定向美国版权局登记受理请求删除通知的指定代表人，并向社会公众公示。❸ 各地法院对这项要求的态度宽严不一。曾有网络服务提供者因为没有登记代表人或是虽登记了但没有写明具体街道地址（而是使用邮政信箱）或是名称不完全符合等因素导致无法进入"避风港"。❹ 但也有法院（甚至同法院的不同法庭）比较宽容，认为只要在相当程度上符合这个形式要件（例如有具体的街道地址、电子邮件信箱等但却未列出代表人的姓名）就可以让网络服务提供者通过这一关。❺

在民事诉讼程序上凡是主张适用"避风港"规则的，在性质上属于"积极抗辩"（affirmative defense），应由网络服务提供者负举证责任。"积极抗辩"是指被告在诉讼程序中并不针对原告主张的事实提出质疑或挑战（也就是肯认了原告陈述的真实性），而是另行提出其他事由来抗辩原告对其权利的行使或主张，也就是合理化自身的行为。❻ 例如，正当防卫抗辩就是以对他人造成伤害甚至死亡为前提，这是必须承认的，只是经法院审查后认为是合理合法的才能获得免责待遇。同理，著作权合理使用是以未经权利人许可为前提，主张适用"避风港"规则的前提是承认在其提供的网络服务或平台上发生了具体侵权行为（从而符合认知或知悉要件），而且网络服务提供者迅速地移除了侵权物或停止对侵权物的访问。❼

一旦网络服务提供者收到关于特定侵权的通知，法定的"通知—删除"程序

---

❶ *Ellison v. Robertson*, 357 F. 3d 1072（9th Cir. 2004）。

❷ *Columbia Pictures Indus. v. Gary Fung*, 710 F. 3d 1020, 1045（9th Cir. 2013）。

❸ 17 U. S. C. § 512（c）（2）；37 C. F. R. § 201.38。

❹ *BWP Media USA, Inc. v. Hollywood Fan Sites, LLC*, 69 F. Supp. 3d 342（S. D. N. Y. 2014）；*Disney Enters. v. Hotfile Corp.*, 798 F. Supp. 2d 1303（U. S. Dist. 2011）。

❺ *BWP Media United States v. T & S Software Assocs.*, 852 F. 3d 436（5th Cir. 2017）；*Wolk v. Kodak Imaging Network, Inc.*, 840 F. Supp. 2d 724（S. D. N. Y. 2012）。

❻ BLACK H C, NOLAN J R. Black's law dictionary［M］. Eagan：West Publishing Company, 1990：60；Federal Rules of Civil Procedure § 8（c）。积极抗辩事由至少包括放弃权利（如三年未行使商标权）、合理使用、事后合意、自愿承担风险、一事不再理、胁迫或不当影响、禁反言与自愿免除、未达停止或解除条件、不可抗力、目的落空、合理举措（如正当防卫或必须作为等）、给付不能、懈怠、"不洁之手"、显失公平、单方事实认识错误、不当得利以及高利放贷等。

❼ 17 U. S. C. § 512（c）（1）（A）（iii）。

就会启动。首先是网络服务提供者必须迅速移除侵权物或停止对侵权物的访问。继而必须采取合理步骤通知将侵权物上传到其网络或系统的使用者：该侵权物已被移除或链接已被中断。如果使用者发送反通知进行回应，主张其上传的内容并不侵权，网络服务提供者必须在 10～14 个工作日内恢复该上传物或相关链接并向寄发通知的当事人告知此情况。例外情形是，如果发出通知的当事人在收到网络服务提供者通知后的 14 个工作日内向法院起诉请求限制该使用人继续从事侵权行为，并将该事实告知网络服务提供者，后者便不需要恢复诉争侵权物的内容或链接。❶

如果网络服务提供者没有遵循上述法定程序，便有很大可能要承担连带侵权责任。此外，如果寄发通知的当事人对特定物件是否构成侵权或是对其相关的指向或识别"故意作出重大虚假陈述"，该当事人应对被指控侵权人、著作权人或其指定代理人、网络服务提供者等因信赖其通知所遭受的损失承担包括诉讼成本和律师费在内的损害赔偿责任。❷ 在一个通称为"跳舞宝宝"案的极具争议的判决中，美国联邦第九巡回上诉法院甚至进一步要求著作权人在寄发通知前必须先考虑对方是否有主张合理使用的立场。❸

三、《报告书》的内涵

前已提及，美国国会制订第 512 条时期望能平衡两个目标：一个是厘定网络服务提供者的法律责任范围以确保网络生态能蓬勃发展，不至于因使用者的个别侵权行为而不断遭到诉讼威胁和损害赔偿的打击；另一个则是保障著作权人与其他利害关系人的合法权益，以对抗日益猖獗且门槛极低的各种网络侵权行为。美国版权局在《报告书》中总结了向社会各界调研该条施行成效所获得的反馈意见。网络服务提供者们认为该条获得了成功，能够让他们的业务快速成长、服务大众，并使其免遭各种诉讼纠缠。然而，著作权人方面则对现状有着截然不同的认识，普遍表达了对维权的忧虑，认为现行规定无法真正防止网络侵权行为，整个过程犹如"打地鼠"（或"官兵捉强盗"）游戏，刚刚费劲消除了某个侵权行为，同样或类似的侵权物很快又在别的地方重新出现，不但大

---

❶　17 U. S. C. § 512（g）.

❷　17 U. S. C. § 512（f）.

❸　*Lenz v. Universal Music Corp.*，801 F. 3d 1126（9th Cir. 2015），*op. amended*，815 F. 3d 1145（9th Cir. 2016），*cert. denie*；*Universal Music Corporation v. Lenz*，137 S. Ct. 2263，196 L. Ed. 2d 290（2017）.

幅增加维权成本，而且防不胜防。美国版权局自身的分析则是认为，美国国会当初所欲达成的平衡已然发生了相当的倾斜，必须由立法者对下列 12 个方面进行分别又综合的考虑，并进行技术性修改以寻求一个符合当前市场环境与技术发展的新平衡。❶

（一）符合第三类"避风港"条件的网络服务提供者

虽然美国国会提供了四类"避风港"，但截至目前绝大部分情况都属于第三种类型，即依照使用者的指示在网络服务提供者的系统或网络上存储被指控侵权物。目前美国联邦第二和第九巡回上诉法院以及下属的联邦地区法院将该条规定的"存储"扩张解释为涵盖许多基于虚拟主机的活动，诸如视频文件的转码、将特定内容发送到使用者的缓存装置进行回放、基于算法识别和显示视频相关片段的缩略图等，只要这些操作是自动处理就会被认为符合这类"避风港"规则。❷ 像这样把第 512 条第（c）款扩张解释到只要与内容存储发生任何关联即可满足条件，显然不是美国国会在立法之初所预料到的发展。❸

此外，关于第 512 条第（b）款所谓的"临时"究竟是否需要有更为精确的时间定义，《报告书》认为需要美国国会予以厘清和更新。毕竟在 1998 年立法时被认为符合"临时"要求的做法在目前的科技发展与环境下未必还能成立。具有不同资质、规模和能力的网络服务提供者也难以受制于单一的标准，需视个案的不同状况有所调整。❹

（二）重复侵权者政策

究竟何谓"重复侵权者"（或"累犯"）？有法院认为是指被指控的重复侵权者（**alleged** infringer），并不是经过裁判确认的重复侵权者（**adjudicated** infringer）。❺ 这

---

❶ U. S. Copyright Office. Section 512 of Title 17: a report of the register of copyrights ［R/OL］. 1 （2020 – 05 – 21）［2021 – 10 – 11］. https：//www. copyright. gov/policy/section512/section – 512 – full – report. pdf.

❷ *Viacom Int'l*, *Inc. v. YouTube*, *Inc.*, 676 F. 3d 19 （2d Cir. 2012）。

❸ U. S. Copyright Office. Section 512 of Title 17: a report of the register of copyrights ［R/OL］: 94 （2020 – 05 – 21）［2021 – 10 – 11］. https：//www. copyright. gov/policy/section512/section – 512 – full – report. pdf.

❹ 例如，位于内华达州的联邦地区法院就曾判决：在缓存中保留 14 ~ 20 天仍属于"临时"存储。参见 *Field v. Google*, *Inc.*, 412 F. Supp. 2d 1106, 1124 （D. Nev. 2006）。

❺ *BMG Rights Mgmt.* （*US*）*LLC v. Cox Communs.*, *Inc.*, 881 F. 3d 293 （4th Cir. 2018）。美国联邦第四巡回上诉法院判决认为，如果网络服务提供者并未制定重复侵权的处理政策，或是即使制定有这样的政策但与实际做法不一致时，该网络服务提供者不能适用"避风港"规则来规避潜在的辅助侵权责任。此外，仅以是否具有过失作为判断是否构成辅助侵权责任的主观要件尚不充分，起码需要考察被告是否"刻意无视"其订户的直接侵权行为。另见 *UMG Recordings*, *Inc. v. Grande Communs. Networks*, *LLC*, 384 F. Supp. 3d 743 （W. D. Tex. 2019）。

一点恐怕需要在立法上进一步厘清。❶ 在相关的政策方面，有判决认为，只要网络服务业者采取了这样的政策并合理地实施，即使没有以书面方式呈现并且其中的细节也并未完全与其使用者或订户分享，依然符合此要件。❷ 美国版权局通过《报告书》所表达的基本立场是，鉴于"避风港"规则所涵盖的范围相当广泛，有个明确以书面呈现并可供公众参阅的侵权应对政策文件应该是最起码的合规要求，而且可以作为对侵权行为的一种吓阻。美国国会或有必要在法律条文中厘清这一要求。

此外，法律条文规定"在适当情况下"应终止重复侵权者的账户，但其中的考量因素究竟应当为何却经常前后不一。既有的判例显示，法院一般不是从使用者的行为来考虑特定情况是否"适当"，而是要看网络服务提供者在制订政策时所采取的标准是否合理。《报告书》认同在这一点上必须给予网络服务提供者一定的弹性和裁量空间，但同时也注意到，各个司法判决所叠加的效应是让网络服务提供者实际上享有过大的自由裁量空间，以至于他们经常采取效果非常有限的政策来敷衍合规要求。因此《报告书》也建议美国国会或可斟酌是否需要提供一些更具体的指引，包括对权利人没有寄发请求删除通知时是否依然能构成应删除账户的"适当情况"等问题予以阐明。❸

（三）网络服务提供者的知悉要件

调研显示，目前美国的司法实践对这个要件所提供的解释至少在下列三个方面可能比美国国会的立法原意要更为狭窄，因此恐怕需要立法者予以厘清。

---

❶　U. S. Copyright Office. Section 512 of Title 17: a report of the register of copyrights ［R/OL］: 96 – 98, 103（2020 – 05 – 21）［2021 – 10 – 11］. https: //www. copyright. gov/policy/section512/section – 512 – full – report. pdf. 《报告书》调研发现，网络服务提供者方面对法院最近的判决颇有微词，认为这将给他们造成过多无谓负担，而这正是美国国会在立法当初试图避免的结果。著作权人方面则认为，许多法院对网络服务提供者的要求太过宽松，尤其在如何界定"重复侵权者"（或"累犯"）这个最关键的问题上，法院赋予了网络服务提供者过大的裁量权。另一个顾虑是，在不需要承担任何潜在后果或责任的情况下，无论这个政策的内容究竟为何，网络服务提供者任由侵权人另开立新的账户，就可以完全规避这个政策。美国版权局的见解是："重复侵权者"并不以经司法裁判确认构成侵权为限，因为对于已经确认构成侵权并应承担损害赔偿责任以及本来就应消除影响的侵权者而言，此时再威胁要取消其账户已不再具有吓阻效果，而且鉴于司法诉讼相当耗时，如果作此要求，也会与美国国会试图建构一个非诉快速处理机制的立法目的相悖。

❷　*Ventura Content, Ltd. v. Motherless, Inc.*, 885 F. 3d 597（9th Cir. 2018），*cert. denied*, 139 S. Ct. 419（2018）。

❸　由于现行法没有对何谓"适当情况"提供统一的标准，法院往往会聚焦在案件的特殊情况，并只在网络服务提供者或其使用人涉及相当过分的举措或行为时才认为达到了应删除账户的"适当情况"。参见 *Capitol Records, LLC v. Escape Media Group, Inc.*, Case No. 12 – CV – 6646（S. D. N. Y. 2014）。

第一，真正知悉与"红旗知悉"。依据第 512 条第（c）款和第（d）款的规定，网络服务提供者必须对其网络或平台上发生的具体侵权行为欠缺真正与拟制的知悉（红旗知悉），才能适用"避风港"规则。尤其是结合第 512 条第（m）款避免施加监控网络义务的要求时，法院在划定边界方面面临难题。

在"真正知悉"的解释上，前已提及，仅对含有著作权的内容（如音乐或电影等）提供虚拟主机服务的，不能仅从一般认知直接推定该网络服务提供者已"真正知悉"侵权行为。❶ 美国联邦第二与第九巡回上诉法院甚至还对此要件适用主观测试，也就意味着即使网络服务提供者已经明确获知在其网络或平台上发生特定侵权行为，还不足以构成"真正知悉"，必须进一步举证网络服务提供者在主观上相信或认为该行为的确构成侵权才符合此一要件。❷

在"红旗知悉"的部分，仅对其平台上可能发生了侵权行为具有一般性的认知也不足以构成"红旗知悉"。即使某个使用者直接以其所提供的内容为"盗版"作为宣传要点，或是网站名称本身就具有相当强烈的暗示性（例如，"海盗湾"或"illegal. net"）亦然。美国联邦第九巡回上诉法院曾在一个涉及摄影作品的案件中表示，使用者以"色、膻、腥"等"重口味"宣传来标榜其内容，或许只是纯粹为了"吸睛"，并不真的表示其中的作品都是非法取得。不过对于这样的发展趋势，有八位学者联合提出了批判，认为既有的司法判决给网络服务提供者赋予了过宽的空间，结果导致失衡，让网络服务提供者即使在面对一些最严重的侵权事例时依然可以视而不见。❸ 这个观点与权利人所主张的相当接近。有鉴于此，美国版权局建议美国国会应考虑对此问题进行澄清，诸如考虑不同的网络服务类型和状况采取对应的合理标准。

第二，"视而不见"的适用标准。"视而不见"是源自普通法的衡平规则之一，法院享有极大的自由裁量空间来根据个别事实审酌认定。顾名思义，这个规则是要检视网络服务提供者是否对其使用者的侵权活动"视而不见"，包括所

---

❶ *UMG Recordings, Inc. v. Veoh Networks Inc.*, 665 F. Supp. 2d 1099（C. D. Cal. 2009）（"*Veoh Ⅱ*"）, *aff'd sub nom.*; *UMG Recordings, Inc. v. Shelter Capital Partners LLC*, 667 F. 3d 1022（9th Cir. 2011）（"*Veoh Ⅲ*"）, *opinion withdrawn and superseded on reh'g*; *UMG Recordings, Inc. v. Shelter Capital Partners LLC*, 718 F. 3d 1006（9th Cir. 2013）（"*Veoh Ⅳ*"）。

❷ *Viacom Int'l, Inc. v. YouTube, Inc.*, 676 F. 3d 30（2d Cir. 2012）; *UMG Recordings, Inc. v. Shelter Capital Partners LLC*, 718 F. 3d 1025 – 1026（9th Cir. 2013）（"*Veoh IV*"）。

❸ BARBLAN M, HARTLINE D, AISTARS S, et al. Comments on behalf of copyright law scholars［EB/OL］.（2016 – 04 – 01）［2021 – 10 – 11］. http：//sls. gmu. edu/cpip/wp – content/uploads/sites/31/2016/04/Section – 512 – Study – Comments – of – Copyright – Law – Scholars. pdf.

谓的"睁一只眼、闭一只眼"。❶ 虽然第 512 条并未明文提及此规则，但"视而不见"已成为法院审查是否构成"知悉"时的配套考量。美国联邦第二巡回上诉法院在 *Viacom* 案判决中认为，"视而不见"标准绝不能被理解为是向网络服务提供者施加积极追踪管控的义务，因此不会与第 512 条第（m）款产生冲突——这个主张只能表明网络服务提供者对特定侵权事例有所认知。❷ 后来的案件基本上也都依循这个判例，要求权利人必须举证证明网络服务提供者有意识地或刻意地避免知悉特定侵权事例。❸

可以想见，网络服务提供者对该标准持肯定和支持态度，但权利人方面则相当不满，认为举证门槛定得太高，只会让网络服务提供者更不可能自愿、主动和积极地采取行动减少网络侵权行为。❹ 相较于美国国会最初的立法目的，美国版权局也认为后来的判决恐怕失之狭隘。无论"红旗知悉"或"视而不见"都不应只局限在对某个特定侵权行为或事例的认知上（例如知悉某个侵权物位于哪个特定的网页或网址上），而应包含对更宽泛的事实有所认知，也就是知道在其网络或平台上有应受著作权保护的特定作品已经遭到多起侵权（例如收到关于某特定网页或网址有侵权物的通知以及附带陈述，表明其中有哪些是未经许可的物件以及在其平台的多处网址上均可找到等）。❺ 这些问题都有待未来通过立法予以厘清。

（四）指代清单与位置识别

美国现行法对"通知—删除"程序的要求是：著作权人向网络服务提供者寄发删除通知时必须指明具体被侵权作品，如果同一个网址包含多个侵权物，

---

❶❷ *Viacom Int1*, *Inc. v. YouTube*, *Inc.*, 676 F. 3d 35 (2d Cir. 2012)。

❸ *BMG Rights Mgmt.* (*US*) *LLC v. Cox Communs.*, *Inc.*, 881 F. 3d 34 (4th Cir. 2018)；*Capitol Records*, *LLC v. Vimeo*, *LLC*, 826 F. 3d 78 (2d Cir. 2016)。

❹ U. S. Copyright Office. Section 512 of Title 17: a report of the register of copyrights ［R/OL］: 125 (2020 – 05 – 21) ［2021 – 10 – 11］. https://www.copyright.gov/policy/section512/section – 512 – full – report. pdf. 《报告书》第 127 ~ 128 页另指出，在适用第 512 条时强化"视而不见"理论可能会与《通信端正法》第 230 条内容 ［47 U. S. C. § 230 (c) (2) (A)］ 产生冲突，因为如果网络服务提供者按照该条的意旨和要求，对违反其社区标准的内容采取屏蔽或限制措施，相当于对其网络或平台中的侵权行为具备了"红旗知悉"，但如果不采取行动又可能因"视而不见"而需要承担连带责任。因此这两个规则的竞合可能产生反向激励（perverse incentive），导致网络服务提供者减少对其网络或平台的内容审核。

❺ U. S. Copyright Office. Section 512 of Title 17: a report of the register of copyrights ［R/OL］: 127 (2020 – 05 – 21) ［2021 – 10 – 11］. https://www.copyright.gov/policy/section512/section – 512 – full – report. pdf. 另见 *Capitol Records*, *Inc. v. MP3tunes*, *LLC*, 821 F. Supp. 2d 627 (2011)；48 F. Supp. 3d 703 (2014)。

则必须提供该网址中侵权物的代表性清单（representative list）；著作权人还需提供合理充分的信息，以便网络服务提供者能找到侵权物的所在位置。❶ 本来这是两个不同的要件：前者是关于"目标是什么"的信息，即对侵权物的辨识或指认，后者则是关于"位置在哪"的信息，但在实践中两者却经常被混同为一个。网络服务提供者经常主张权利人必须提供具体侵权网址（"统一资源定位符"，简称"URL"），而权利人方面则认为这对他们而言有相当大的技术难度，尤其在多重侵权的情况下实在难以提供个别侵权网址，也实在没有足够的时间和资源来专门从事此工作，因此认为这样的要求不切实际，应该只要求提供侵权网站（website）而非个别网址。

目前仅有少量司法判决涉及这个问题，而且意见分歧明显。美国联邦第四巡回上诉法院曾经判决认为原告提供两个网站就已符合法定要求。法院表示：该条款对通知的要求"并不是要加重著作权人的负担，在涉及多个作品侵权时还需负责识别每个或是其中大多数的侵权物。相反，法规之所以写出这样的要件是为了让多数著作权人在遭遇到对其作品的广泛侵权时能减轻负担。因此，当一封信函提供了一个等同于指代清单的通知，让网络服务提供者可以较容易进行识别时，就已实质上符合通知要件"。❷ 不过纽约南区联邦地区法院则认为，"仅主张侵权并提供若干音乐作者的歌曲链接并不足以构成对侵权作品的指代清单"，❸ 这会给网络服务提供者增加许多无谓的负担，以至于违反第 512 条第（m）款的规定。

由此可见，美国现有的司法解释也呈现两极化，无助于厘清这个要件的具体内涵。美国版权局认为主要原因是法条所使用的语言本身暧昧不明，如要解决就必须正本清源。美国国会在设计"通知—删除"规则的要件时，显然意在平衡并成比例地配置网络服务提供者与著作权人的义务与责任，以期促进两者之间的协作。然而施行至今，几乎所有法院都将这两个要件混同为一个来对待，所呈现的结果悖离了美国国会当初的立法宗旨和预期。虽然美国版权局没有在《报告书》中表态，尤其没有直接批评特定法院的见解，但还是可以明显看出其

---

❶ 17 U. S. C. § 512（c）（3）（A）（ⅱ）–（ⅲ）。

❷ *ALS Scan, Inc. v. RemarQ Communities, Inc.*, 239 F. 3d 619（4th Cir. 2001）。

❸ *Arista Records, Inc. v. MP3 Board, Inc.*, 2002 WL 1997918, 2002 U. S. Dist.（S. D. N. Y. 2002）。

倾向于权利人的主张，即应采取较为广义的解释。❶

（五）明知为误导性或滥发式的通知或反通知

美国国会在立法当时已经意识到，要让整个"通知—删除"机制与"避风港"规则能正常运作，就必须确保通知与反通知的正确性和适当性。因此其在第512条第（f）款规定：寄发明知具有重大误导性的通知或反通知，并让网络服务提供者信赖该通知而将被指控的物件予以移除或断链，造成损害的，应负赔偿责任。不过截至目前的实践显示，网络服务提供者与著作权人对这个条款的施行效果有着截然不同的认知。前者认为这个条款的效果极为有限，有的甚至批评对于滥用通知的行为束手无策；后者则认为该条款已对寄发欺诈性通知的行为产生了显著的吓阻效果。❷

法院一般是采取主观认知测试来审查寄发通知者是否对其通知的误导性具有主观认知，而不是采取客观测试，即从一个"合理的人"是否应该有此认知来进行判断。例如，美国联邦第九巡回上诉法院就曾以寄发通知者真正知悉其通知的主张是错误的为由，判决著作权人对所造成的损害负赔偿责任。❸ 同一法院在前已提及的"跳舞宝宝"案中则是判决权利人（在该案中为被告）对被指控人（原告）的行为或是被指控的侵权物可能构成合理使用的本质"视而不见"，因此也应对所造成的损害进行赔偿。❹

不过寄发通知者对于因过失、疏忽或欠缺督导等造成的错误无须负责。对于这个问题，美国版权局认为，美国国会当初在制订第512条第（f）款时并没有像制定美国著作权法的其他条款（如第1202条对著作权管理信息的保护等）时那样采取客观标准，这就意味着其在通知与反通知的责任问题上采取了主观标准。❺ 其中的一个考虑是，一旦降低认知标准就会大幅增加寄发通知或反通知

---

❶ U. S. Copyright Office. Section 512 of Title 17: a report of the register of copyrights［R/OL］: 145 （2020 – 05 – 21）［2021 – 10 – 11］. https: //www. copyright. gov/policy/section512/section – 512 – full – report. pdf.

❷ U. S. Copyright Office. Section 512 of Title 17: a report of the register of copyrights［R/OL］: 146 （2020 – 05 – 21）［2021 – 10 – 11］. https: //www. copyright. gov/policy/section512/section – 512 – full – report. pdf.

❸ *Rossi v. Motion Picture Association of America*, *Inc.*, 391 F. 3d 1000 （9th Cir. 2004）。

❹ *Lenz v. Universal Music Corp.*, 801 F. 3d 1155 （9th Cir. 2015）。法院在该案中进一步解释：所谓"视而不见"是指一个人采取有意识的行动以回避去确认一个具有较高盖然性的不法行为，此人可以被认为对关键事实几乎已具备真正知悉。这个定义是援引了美国最高法院此前有关诱致专利侵权的一个判例。参见 *Global – Tech Appliances*，*Inc. v. SEB S. A.*，563 U. S. 754，769 （2011）。

❺ *Rossi v. Motion Picture Association of America*, *Inc.*, 391 F. 3d 1004 （9th Cir. 2004）。

的责任风险，包括基于善意或诚信寄发的通知或反通知，也就导致著作权人裹足不前，反而会破坏整个"通知—删除"机制的框架。不过未来或可考虑是否把对通知或反通知正确性（或错误）的"鲁莽漠视"（reckless disregard）也列为承担损害责任的原因，尤其必须考虑是否应对"鲁莽漠视"和"明知"进行同等处置。❶

（六）明知为误导与合理使用

对于美国联邦第九巡回上诉法院的"跳舞宝宝"案判决（著作权人须在发出通知前考虑是否存在合理使用的可能，否则便可能要承担损害赔偿责任），许多著作权人质疑执行此要求的可行性。由于合理使用涉及基于个案事实的认定，要执行这个要求首先就意味着既有的技术方案完全无用武之地，因为现有技术方案是用算法自动筛检比对网络内容，然后寄发请求删除通知。另外，有的网络服务提供者甚至主张，今后只要是由机器自动寄发的通知就不应该被认为是有效通知。❷ 针对"跳舞宝宝"案的再审申请，美国司法部副部长（Solicitor General）代表联邦政府提出了一份"法院之友"意见，认为二审判决对该问题的处理是本末倒置了。上诉法院相当于从一开始就加重了权利人的潜在责任而完全无视被指控的材料是否确实构成侵权的问题。对照第 512 条第（f）款规定，法院要处理的先决问题应该是涉案的特定行为是否构成侵权；如果不是，才需要进一步检视著作权人是否明知被指控物的非侵权性质却依然寄发了具有误导性的删除通知。有鉴于此，美国版权局建议美国国会持续关注"跳舞宝宝"案的后续发展，并考虑在必要时对法条措辞进行修改以作澄清。

（七）请求删除通知的标准与非标准

实践表明，近年来有许多网络服务提供者已经从消极被动地接受删除通知继而删除可能有问题的信息，转变为扮演更为积极的角色。美国版权局的调研显示，不少网络服务提供者至少采取了下列五种额外措施来应对可能的误导性通知：

---

❶ U. S. Copyright Office. Section 512 of Title 17: a report of the register of copyrights［R/OL］：149－150（2020－05－21）［2021－10－11］. https：//www. copyright. gov/policy/section512/section－512－full－report. pdf.

❷ U. S. Copyright Office. Section 512 of Title 17: a report of the register of copyrights［R/OL］：151（2020－05－21）［2021－10－11］. https：//www. copyright. gov/policy/section512/section－512－full－report. pdf. 不过法院也表示：如果权利人基于主观善意或诚信认为不构成合理使用才寄发删除通知，即便后来法院得出相反的结论也不需要承担责任。

第一，在处理被指控的侵权物（删除或断链）之前要求寄发通知者提供著作权的授权证或其他同等证明。

第二，要求在线填写由网络服务提供者准备的制式表格作为通知，并在其中增列若干问题。例如要求确认是否与摄影作品有关，如果答案是肯定的，则询问该作品上是否带有"警告标记"等。

第三，发出后续电子邮件要求著作权人提供关于其资格的更多细节说明。

第四，在网络服务提供者相信被指控的行为明显构成合理使用的情况下，向寄发通知者进行进一步的咨询，或直接拒绝采取行动。

第五，经网络服务提供者认定特定通知所针对的行为属于明显的合理使用、基于不受著作权保护的内容，或者权属明显具有误导性时，拒绝依照通知采取行动。

有的网络服务提供者（如 YouTube）在启用这些俗称为"DMCA ＋"的系统前，还另外要求通知者在寄发通知时必须提供被指控侵权视频内容的时间戳，以便确认被指控侵权行为所发生的具体时间。他们提供的理由是为了确保通知的质量，过滤掉不合规的通知，并保障其使用者的言论自由。著作权人方面则对此多有批评，认为这无异于给整个程序添加许多无谓的摩擦，并对处置的时间造成拖延。对此，目前还没有任何司法判决可供参考。美国版权局的观点是，这些额外的举措并不符合第 512 条第（c）款第（1）项第（C）子项的规定。依据该条款，只要收到符合第 512 条第（c）款第（3）项的通知，网络服务提供者就必须"迅速回应，移除或停止访问（被指控侵权内容）"。这些额外要求显然已远超法律规定的范围。

美国版权局的看法是，双方的论点皆有一定道理。随着科技的发展，网络服务提供者制定的在线表格如果运用得当，的确可以让整个"通知—删除"程序比法定的电子邮件或邮寄方式更为便捷有效。但过度制式化的表格、"通知—删除"程序网页的不易访问性，以及无法简便地获得相关平台或网络服务指定代表人联系方式等因素，都可能对著作权人的维权造成显著负担。❶ 因此，美国版权局在《报告书》中建议美国国会应抓住机会修改法律，尤其是修改已经不合时宜的通知形式要求，以便能与时俱进，跟上目前的技术发展。而在相关的

---

❶ 例如，有的网络表格设定了验证码填写的程序，以便确认是人工填写而不是机器自动操作。这样一来就让权利人方面的通知自动侦测与寄发系统无用武之地。

法律修改还未完成前，美国版权局也承诺将制作通知与反通知的标准表格和更多辅助教学材料，指导著作权人或其代理人采用适当的通知形式。❶ 美国版权局也建议，可由美国国会考虑在法律中授权该局因时因地制定具有弹性的行政规则以适应技术发展，而不是直接在法律中规定过于具体的标准，以避免必须经常修法的尴尬。

（八）时间要求

第512条中有两个时间要求：一是在收到请求删除通知后，网络服务提供者必须"迅速地"移除或切断链接；另一个则是收到反通知后 10～14 个工作日内恢复被指控侵权物的内容或链接，除非在此期间收到著作权人已向法院起诉申请禁令的通知。关于前者，美国国会在立法时就已经考虑到不同案件可能会出现不同情况并且需要根据所采用的技术保留一定的弹性，需要依个案分别认定而无法统一限定时间。至于后者，在实践中宛若一个"薛定谔时间线"（Schrödinger's timeline）：对于未构成侵权的标的物来说断链的时间实在太长，但对于权利人来说又太短，根本不足以做好妥当的诉前准备。美国国会在立法理由中并未对这个时间要求提供任何说明，但现行规定已然不符合当前的需求，既无法反映各种网络贴文贴图的时间敏感性，也的确给著作权人造成了无谓的时间压力。此外，在海量的网络侵权行为、高昂的诉讼成本和非常有限的时间等条件下，借由司法途径来挑战反通知实在不是一个好的方案，美国国会或应考虑增加其他的替代争议解决措施。

（九）传票

权利人往往难以从外部识别直接从事侵权的行为人，而网络服务提供者又基于客户隐私保护等考虑不愿提供相关个人信息。为了解决这一僵局，第512条第（h）款为著作权人提供了向法院请求签发传票，命令网络服务提供者披露被指控侵权人身份的机制。这是为了平衡权利人的维权、用户隐私保护以及网络服务提供者的保密义务与免责等三方面的需求而设。不过美国国会的立法理由表示，其范围仅限于"服务提供者所持有的信息，并不要求服务提供者承担从其他的系统或网络中查询相关信息的义务"，且法院履行的是"依本条款授权

---

❶ U. S. Copyright Office. Section 512 of Title 17: a report of the register of copyrights［R/OL］: 158（2020 - 05 - 21）［2021 - 10 - 11］. https: //www. copyright. gov/policy/section512/section - 512 - full - report. pdf.

迅速办理的执行性职能"。❶ 其立法原意是，只要著作权人在提出申请时备齐各项文件，包括符合该条规定的请求删除通知，法院便应迅速签发传票，完全是机械式反应和操作，不涉及任何法官个人的审酌、权衡或裁量。

即使如此，著作权人方面还是认为这个条款的施行未能达到预期。现时的商业实践与法规要求已经让这个程序变得既费力又无实效，因为网络服务提供者往往已经删除相关的数据记录；即使还留有相关记录，著作权人所能获得的经常也是不准确或无用的信息。此外，根据美国联邦哥伦比亚特区巡回上诉法院在"威讯通信"案中的解释，只有当网络服务提供者涉及在服务器上存储侵权物或从事侵权活动时才可以向其签发传票，因为既然是请求删除通知，自然就只能以提供服务器或文档存储功能的网络服务提供者为限。❷ 如此一来，纯粹提供网络链接的服务提供者基本上就被排除在外。后续案件也采取了类似的解释，这就进一步限制了该条款的适用范围。❸

《报告书》的调研结果进一步显示，该条款的应用实效已经打了很大的折扣。虽然美国国会的立法原意是要建立一个执行性的机制，只要合乎形式要件就应签发传票，然而在司法实践中却因为有越来越多的使用者（被指控侵权人）向管辖的联邦地区法院提出声请试图取消传票，而迫使法院必须进一步审查著作权人的请求，并依据美国《联邦民事诉讼规则》第45条的要求权衡使用者受美国宪法保障的言论自由和隐私等利益。❹ 另外也有法院把符合请求删除通知的前提要件解释为只能对仍在进行中的侵权行为签发传票。❺

美国版权局一方面认识到这个条款用词不够明确，导致多方得出不同解释，但另一方面也质疑法院在"威讯通信"案中采取的狭义解释是否可以把所有只提供网络线路的服务者都排除在外。毕竟从维权的立场来说，只要无法识别在

---

❶ H. R. REP. No. 105 – 796，61（1998）。

❷ *Recording Industry Association of America*，*Inc. v. Verizon Internet Services*，*Inc.*，351 F. 3d 1229（D. C. Cir. 2003）。

❸ 例如 *Recording Indus. Ass'n v. Charter Communs.*，*Inc.*（In re *Charter Communications*，*Inc.*），393 F. 3d 771（8th Cir. 2005）。

❹ 参见 *Sony Music Entertainment Inc. v. Does*，326 F. Supp. 2d 556（S. D. N. Y. 2004）。

❺ 参见 *Maximized Living*，*Inc. v. Google*，*Inc.*，No. C 11 – 80061 MISC CRB（EDL），2011 WL 6749017（N. D. Cal. 2011）。

某个网址（或 IP 地址）背后的使用者身份，任何侵权主张都是徒劳。❶ 此外，美国版权局也考虑了使用者方面的主张，即目前有某些个人或企业专门收购著作财产权然后利用该程序作为向个别终端使用者求偿的机制，其真正的目的是借维权之名海量起诉，寻求快速和解与赔偿变现（类似于国内出现的"职业打假"现象）。即使如此，美国版权局仍然坚持维权是受到国会立法保护和宪法支持的正当行为，必须予以捍卫，而不应予以限制，即使这意味着会有"恶人"借机滥用这个机制。对这个问题，《报告书》最终建议美国国会应对该条款的含混之处进行技术性修正（例如只要求与请求删除通知的信息实质相同即可），至于应如何处理更根本性的"职业打假"的问题，则建议应聚焦于对诉讼策略与战术运用的探讨，而不是以这个表面问题作为各方博弈的筹码。

（十）诉前禁令

作为"通知—删除"机制与"避风港"规则的另一个配套制度，第 512 条第（j）款为著作权人授予了三种禁令选项，即命令网络服务提供者：①断开侵权物的网络链接；②终止涉嫌侵权行为的账户；以及③采取其他最符合经济效益并能禁止网络服务提供者继续让第三方接触或取用侵权物的救济方式。❷ 不过，对于只提供通路或链接的网络服务提供者，就只能请求终止账户或阻断与境外网站的链接。❸

在审查是否要给予禁令时，法院应该考量下列四个要素：①禁令本身或与其他救济相结合可能给网络服务提供者造成的负担；②如不停止侵权行为可能对著作权人造成的损害程度；③实施禁令的技术可行性以及给予禁令是否会对从其他网址取用非侵权物造成干扰；以及④是否有与断链或终止账户效果相当但负担更小的其他手段。❹

美国国会的立法原意是希望借此确保著作权人与"有能力阻止侵权"的一方相互合作。❺ 不过截至目前，相关司法案件却十分罕见。《报告书》认为可能的原因包括：①法院对上述四项要素通常会从严把握，不轻易行使其裁量权，

---

❶ U. S. Copyright Office. Section 512 of Title 17: a report of the register of copyrights [R/OL]: 166 - 167 (2020 - 05 - 21) [2021 - 10 - 11]. https: //www. copyright. gov/policy/section512/section - 512 - full - report. pdf.

❷ 17 U. S. C. § § 512 (j) (1) (A) (ⅰ) - (ⅲ)。

❸ 17 U. S. C. § § 512 (j) (1) (B) (ⅰ) - (ⅱ)。

❹ 参见 17 U. S. C. § § 512 (j) (2) (A) - (D)。

❺ H. R. REP. No. 105 - 551, pt. 1, 11 (1998)。

导致胜率微小;②相关的诉讼成本(包括律师费)对于小微型或个体著作权人而言依然过高(尤其在面对"不计代价"或"好讼"的网络服务提供者时);以及③"通知—删除"机制在相当程度上已经提供著作权人所需的救济(虽不尽如人意但还可接受),从而让寻求该禁令变得没有必要等。❶ 美国版权局因此建议:美国国会或应关注相关的司法实践并考虑适时修改澄清该条款。

(十一)不涉及修法的配套改革

除了建议对第512条各款进行可能且必要的调整和修改之外,《报告书》也指出了三个其他方面的配套改革。这些都不需要修改既有的法规,但却是补强法规局限性的重要举措:

第一,教育宣传。调研发现绝大多数的创作者与使用者并不具备法律背景,甚至也不具备相关的基本认知,例如什么是"合理使用",如何进行"通知—删除"等。强化相关的教育宣传应可提供简明的指引,并有助于减少不当寄发的通知或反通知,甚至可以对没有意识到已经涉嫌侵权行为的使用者产生作用,降低侵权发生的频率。美国版权局准备在其官方网站开通一个关于"通知—删除"程序的栏目,为所有相关问题提供"一站式"的资源。

第二,自愿措施(协商自律)。如要让整个"通知—删除"程序发挥功效并达到立法时所希望获致的三方平衡,除尽量明确相关规制之外,各个利害关系人彼此之间也必须持续地相互协作,用自律的方式建立业内的"最佳实践",以填补法规的不足。首先必须建立一套包括创作方(著作权人)、使用方(消费者团体)和网络服务提供者(无论何等规模)在内的多方对话机制。虽然这可能会导致整个过程有所拖延,但经验已经表明,拟定任何举措只要是欠缺了其中任何一方的参与,就几乎注定会失败或难以为继。对此,政府或可扮演协调与助推的角色。美国商务部在2010年4月正式组建了一个"互联网政策工作组"(Internet Policy Task Force),其主要的任务之一就是要对互联网相关著作权问题进行整体调研分析,也协助了美国版权局的调研工作,

---

❶ U. S. Copyright Office. Section 512 of Title 17: a report of the register of copyrights [R/OL]: 170 – 171 (2020 – 05 – 21)[2021 – 10 – 11]. https://www.copyright.gov/policy/section512/section – 512 – full – report.pdf.

因此可以扮演这样的协调与推动角色。❶

第三，标准技术措施。前已提及，第 512 条第（i）款第（2）项规定网络服务提供者必须包容并且不得干扰著作权人使用既有的"标准技术措施"来打击侵权者。然而《报告书》发现，虽然目前已有多种技术措施［例如所谓的指纹捺印（fingerprinting）与过滤技术（包括声音识别）等］，且业内对探索和达成共识也有相当强的意愿，但由于众口难调，对于某种类型和规模的网络服务提供者而言合适的措施，换成另一类或不同规模的服务提供者便窒碍难行，因此并不存在符合该条要求的"放诸四海皆准"的"标准技术措施"，也未能达成立法之初所期待的多方协议。❷ 美国版权局在《报告书》中建议，或可由美国国会授权该局制定相关的行政法规，在保持一定弹性的同时与时俱进地改进（类似于美国著作权法第 1201 条对技术保护措施合理使用例外附予的三年一度行政认定），另外则是举办相关的研讨会（甚至包含各方领导的高峰会议），来尝试与各利害关系人共同研讨开发符合该条款要求的标准技术措施。❸

（十二）替代性建议

美国版权局在调研过程中获得了许多来自各方的反馈意见。其中有不少超出了第 512 条规制的范畴，但《报告书》还是认为具有相当的参考价值，并归

---

❶ National Telecommunications and Information Administration. Commerce Secretary Locke Announces Public Review of Privacy Policy and Innovation in the Internet Economy，Launches Internet Policy Task Force［EB/OL］.（2010 - 02 - 21）［2021 - 10 - 11］. https：//www. ntia. doc. gov/press - release/2010/commerce - secretary - locke - announces - public - review - privacy - policy - and - innovation - in.

❷ U. S. Copyright Office. Section 512 of Title 17：a report of the register of copyrights［R/OL］：176 - 178（2020 - 05 - 21）［2021 - 10 - 11］. https：//www. copyright. gov/policy/section512/section - 512 - full - report. pdf. 其中指出，即使已具备充足的、高质量的数据，一项技术是否能获得成功还有赖于细致有效的实施，尤其是必须依靠著作权人一方不断提供更多信息来让技术变得更精准，包括所有权人的相关信息（权利让与和许可链条）与各类相关参考资料等，并且权利人要积极地参与和管理相关数据以确保内容的及时性与正确性。值得一提的是，在具体实施上会产生一个反向激励：移除侵权物的过滤技术系统越是有效，越是涉及"有价值"的内容，就越容易与特定网络服务提供者的使用者群体产生摩擦；网络服务提供者基于公共关系（不愿得罪使用者群体）与经济利益考量（允许上传"有价值"的侵权物可增加网络服务提供者的流量与利润），反而可能更不愿意介入其中帮助权利人维权。

❸ U. S. Copyright Office. Section 512 of Title 17：a report of the register of copyrights［R/OL］：179 - 180（2020 - 05 - 21）［2021 - 10 - 11］. https：//www. copyright. gov/policy/section512/section - 512 - full - report. pdf.

纳成下列三组意见：

第一，建构一套针对网络侵权的替代性争议解决机制。前文已论及，对于目前法定的反通知后恢复链接时间要求，使用者与著作权人作出了截然不同的反应：一方认为太长，另一方则认为太短。双方固然可以诉请联邦法院来处理，但是整个程序复杂且耗时耗力，基本上缓不济急。美国版权局听取了不少调研对象的建议，敦请美国国会考虑针对网络著作侵权设置一套替代性的争议解决机制，尤其要坚持程序精简、费用低廉和决案高效的基本原则，以便争议各方不需要借助律师也能迅速有效地解决纠纷。至于具体做法，有的反馈意见建议采用《统一域名争议解决政策》（UDPR）模式进行调解与仲裁，脸书则宣布将启动一个独立机制来处理相关争议。❶ 此外，美国版权局曾在2013 年提出一份研究报告，拟议在该局设置一个小额赔偿法庭来处理数量繁多但具"常规性"的案件。❷ 美国国会参众两院已在第116 会期分别审议了立法提案，至《报告书》发布时已通过众议院同意，但全案仍在参议院审议过程中。❸ 如果获得通过，也可以成为未来处理相关争议的一个选项。

第二，借鉴国际实践。北美音乐创作者协会与美国电影协会等著作权人组织在反馈意见中建议借鉴欧盟的做法，把"通知—删除"改为"通知—屏蔽"（notice - and - staydown），或采取范围更广的"网站阻断"（site - blocking）。❹ "通知—屏蔽"是要通过法院禁令确保被删除或断链的侵权物不会被同一或不同当事人重新上传到同一或不同的网址，或是一旦发现重新出现便继续予以删除或断链（如德国的实践，详见后述）。"网站阻断"则是直接从网络（平台）服务提供者的服务

---

❶ U. S. Copyright Office. Section 512 of Title 17: a report of the register of copyrights [R/OL]: 181 - 182 (2020 - 05 - 21) [2021 - 10 - 11]. https://www.copyright.gov/policy/section512/section - 512 - full - report. pdf. 关于《统一域名争议解决政策》的全文和相关说明，参见互联网名称与数字地址分配机构（ICANN）官方网站。

❷ U. S. Copyright Office. Copyright small claims: a report of the register of copyrights [R/OL] (2013 - 09 - 30) [2021 - 10 - 11]. https://www.copyright.gov/docs/smallclaims/usco - smallcopyrightclaims. pdf.

❸ S. 1273, 116th Cong. (2019)。

❹ Directive (EU) 2019/790, Art. 17. 4 (c)。

器端口阻断所有潜在的上传通路。❶ 但如此一来就意味着必须为网络服务提供者赋予更多的监控义务，甚至必须对其平台的所有内容进行扫描与追踪，以防止侵权物被再次上传，不但会相当程度地增加运营成本，也从根本上打破了现行法不要求担任"网络警察"的基本框架与平衡，更引发了隐私与言论自由方面的疑虑，❷ 因此还需要各方的积极参与和沟通。不过，由于目前对这些国际实践成效的实证数据还相当有限，有时还相互冲突，加上往往还需要考量著作权以外的其他相关领域，如对整体经济与就业市场可能造成的影响、竞争政策、公平合理性与言论自由等，因此，美国版权局采取了保守审慎的态度，建议美国国会应从事更多的实证研究与对话，而后再作进一步的思考与行动。

第三，针对第三方提供者立法。有著作权人组织在反馈意见中提到应对为网络侵权者提供服务的第三方（主要是指第三方支付服务提供者）予以立法规制。美国目前仅有的司法判决认为其中的因果链条实在太过微弱，不支持对第三方支付服务提供者科以侵权替代责任的主张。❸ 美国版权局因此婉拒对此提供任何的建议，因为可能受此影响的当事方并未参与到该次调研当中，且这个问题也超出了调研范围，甚至超越了著作权法的范畴。

总而言之，从美国版权局的实证调研结果可以看到，众口难调，没有任何一个处理方案能够让各方都感到满意。即便如此，美国版权局还是梳理了 5 个基本原则作为对上述 12 个建议的考量基础：

（1）必须对网络著作权保护具有实质性意义和效用；

---

❶ U. S. Copyright Office. Section 512 of Title 17: a report of the register of copyrights ［R/OL］: 182 (2020 – 05 – 21) ［2021 – 10 – 11］. https://www.copyright.gov/policy/section512/section – 512 – full – report.pdf. 由于多数国家在起诉与签发禁令时都会要求相关信息必须明确，包括被告的实名与通信地址等，以匿名或假名从事规模性网络侵权的情形就会给权利人造成难以克服的障碍。网站阻断禁令对于以匿名或假名方式从境外的服务器传输侵权物到境内的网络服务平台尤其有效，也可能是唯一的解决方案。

❷ 虽然欧盟法院已有判例采取了"通知—屏蔽"规则，但是以符合比例原则（考虑网络服务提供者的性质与规模）为前提，而且明确拒绝了要求所有网络服务提供者统一适用某种内容过滤系统的主张。参见 Case C – 360/10 *Belgische Vereniging van Auteurs*, *Componisten en Uitgevers CVBA*（*SABAM*）*v. Netlog NV* ［2012］2 CML 18, 38。

❸ *Perfect* 10, *Inc. v. Visa International Service Association*, 494 F. 3d 788（9th Cir. 2007）。

（2）必须在法律上为善意经营的网络服务提供者提供确定的义务和责任以及一定的空间以保护其创新；

（3）美国国会试图激励并促进服务提供者与著作权人之间的合作与协作，但这不能作为唯一的答案；

（4）政府必须尽可能地作出有证据支撑的决策；以及

（5）21世纪的互联网政策不能采用一刀切的方法，没有放诸四海皆准的单一方案。❶

四、各国/地区实践的比较

由美国率先立法并施行的这套"通知—删除"机制与"避风港"规则很快影响到了全球相关立法。其中的可能原因包括：①这套机制毕竟经历了超过一年的反复论证，各界普遍认为是合理、适当的妥协方案，能够使各方需求达到一定平衡；②美国完成其国内立法后，便开始将这套机制融入各有关国际协定（包括美国与各国签订的自由贸易协定）之中，也就让与之缔约的其他国家有义务采纳相同或类似的制度；以及③网络侵权经常是跨国境的活动，虽然《世界知识产权组织版权条约》和《世界知识产权组织表演和录音制品条约》完全没有涉及这个问题，但事后却发现这是一个不可或缺的配套机制，如果全球有个较为一致的处理体系，将有助于这两个"互联网条约"的扩张与施行。

（一）通知与对应机制

通知是启动整个机制的首要步骤，这一点在各国制度中都是一致的。不过，接下来的步骤与要求则不尽一致。例如，有以下三种不同类型：

（1）"通知—通知"机制（notice - and - notice）。加拿大于2015年1月开始施行该机制。❷ 网络服务提供者在收到著作权人的侵权通知后须将该通知转发给其使用者，警告其账户已经涉嫌被指控的侵权行为。网络服务提供者没有义务删除侵权物或断开链接，著作权人必须向法院起诉请求删除。因此这套程序是以企业的自律为基础，比较像是教育宣导而非法律程序。

---

❶ U. S. Copyright Office. Section 512 of Title 17: a report of the register of copyrights ［R/OL］: 64 - 71 (2020 - 05 - 21)［2021 - 10 - 11］. https: //www. copyright. gov/policy/section512/section - 512 - full - report. pdf.

❷ 参见 Copyright Act, R. S. C. 1985, c. C - 42, s 41. 25 *et seq*。

（2）"渐进对应"机制（graduated response/réponse graduée）。法国于2009年12月开始施行该机制，由九名委员组成的互联网作品传播及权利保护高级公署（Haute Autorité pour la Diffusion des Œuvres et la Protection des droits d'auteur sur Internet，HADOPI）主管，由著作权人或其代理人首先知会该公署关于可能的侵权行为或活动，❶ 该公署内部的权利保护委员会要进行初步的审查，如果认为确有合理的侵权嫌疑，便会启动这一所谓"三振出局"的机制。第一步是寄发电子邮件。网络服务提供者在收到侵权通知（或警告）后必须对被指控的使用者予以监控，并邀请被指控者加装过滤系统以筛除侵权物；之后采取每6个月逐步增强的应对方式，包括最终请求法院判决终止被指控使用者的账户。❷

（3）"通知—屏蔽"机制。这是德国所实施的制度，规定于该国电信媒体法第8条，即德国法特有的"妨害人责任"（Störerhaftung），指权利人对于任何妨害或侵害其权利的人都具有排除和不作为的请求权，因此形同"连坐"。在互联网环境下，网络服务提供者应对他人通过其网络实施的侵权行为负连带责任，但以法院的禁令为限。❸ 欧盟2000年《电子商务指令》第12～15条与2001年《信息社会指令》第8条第3款也采取了类似机制。❹ 这套机制基本上就是上述两套机制或各项

---

❶ 该制度是法国国民议会和参议院于2009年9月12～13日通过《促进互联网创造保护及传播法》（*Loi Favorisant la Diffusion et la Protection de la Création sur Internet*，HADOPI 1）创设的，也就是通称的"三振出局"机制。但该法遭到当时反对党议员们的挑战。法国宪法委员会判决其主要部分违宪（违反《1789年人权和公民权宣言》第9条、第11条和法国宪法第34条），导致整部法律形同瘫痪。法国国民议会于是把该法违宪部分进行了修改并获得宪法委员会支持，其余的则与之前的版本内容相当，即通称的"HADOPI 2"。参见 Code de la Properiété Intellectuelle［CPI］，art. L. 331 - 12 - 45；Le Conseil constitutionnel décision n° 2009 - 580 DC du 10 juin 2009（Loi Favorisant la Diffusion et la Protection de la Création sur Internet）。

❷ 该机制中封禁使用者账户一个月的措施后来被法国第2013 - 596号总理令废除，因为该措施被认为太过激烈，断绝网络服务就形同失导致侵权课征罚款的措施则被保留。参见 Décret n° 2013 - 596 du 8 Juillet 2013 Supprimant la Peine Contraventionnelle Complémentaire de Suspension de l'accès à un Service de Communication au Public en Ligne et Relatif aux Modalités de Transmission des Informations Prévue à l'article L. 331 - 21 du Code de la Propriété Intellectuelle。

❸ 参见德国电信媒体法（TMG）§ 8 - 10；另见德国著作权法（UrhG）§ § 19a, 69a, & 97；德国民法典（BGB）§ § 823, 1004。参见 *L'Oréal SA v. eBay International AG*［2009］EWHC（Ch）1094；Case C - 324/09 *L'Oréal SA v. eBay International AG*［2011］R. P. C. 27。

❹ 参见 Directive 2000/31/EC, Art. 12 - 15；Directive 2001/29/EC, Art. 8（3）。

步骤的"压缩",构成网络服务提供者的单一义务和责任,即必须防止相同或类似的侵权物再次出现。这也意味着网络服务提供者必须仰赖具有一定能力或资质的技术来积极地从事过滤。这样的规制的确可以在相当程度上激励所有网络服务提供者更加严谨地对其系统进行监管,以避免连带责任,但也因此大幅增加了从事电子商务的市场准入门槛。例如,德国过去几乎没有免费的 Wi-Fi 网络可以使用,也就与扩展网络覆盖范围的基本政策形成了直接冲突,一直到了 2017 年 10 月法律修改生效后才有所改善。❶

(二) 核实机制

由于现今网络服务提供者动辄就会收到数以亿万计的请求删除通知,如何核实其中每个通知的正确性便成为一项极具挑战性的工作,也成为相当沉重的负担。美国的体系是要求网络服务提供者自行承担该责任,但在其他国家或地区则有不同的做法。

(1) 第三方。通常是由利害关系人出资组建一个专门审查通知的单位或组织,来确认寄发通知者和著作权人的身份以及是否构成侵权,其工作人员必须具备与著作权法和相关实务操作有关的一定资质。一旦获得确认,即由这个第三方组织向网络服务提供者寄发通知,后者收到通知后应立即删除或断链,否则应负相应的损害赔偿责任。该制度可促进著作权人与网络服务提供者之间的协作。目前日本的体系就采用了该机制,把从事核实工作的第三方称为"披露相关服务提供者"。❷

(2) 政府机关。有的国家是将审查与核实的任务指定给特定的政府职能部门来负责。采用该方式的国家在具体权责的规制范围上不尽

---

❶ 德国曾在 2016 年首次修改电信媒体法,但适逢欧洲法院出台 *McFadden* 案判决,导致修改基本失去意义。参见 C - 484/14 *Tobias Mc Fadden v. Sony Music Entertainment Germany GmbH*, [September 15, 2016]。后来该法第二次修改并未涉及这个问题,直到 2017 年第三次修改才成为目前的版本。QUERNDT L. "Free WiFi for free people": Germany restricts the liability of providers of public WiFi networks [EB/OL]. (2017 - 10 - 31) [2021 - 10 - 11]. https://mediawrites. law/free - wi - fi - for - free - people - germany - restricts - the - liability - of - providers - of - public - wi - fi - networks/.

❷ 参见《特定電気通信役務提供者の損害賠償責任の制限及び発信者情報の開示に関する法律》[平成十三年(2001 年)法律第 137 号] 第 4 条。依据该条授权,日本电信服务协会组建了一个"服务提供者责任限制法指导准则审查会"来负责相关事宜。

一致，也反映出政府对于相关领域的介入程度有所不同。例如意大利是赋予其通信担保局（Autorità per la Garanzie nelle Comunicazioni，AGCOM），即负责其通信产业的独立规制与竞争管理机构来一并处理关于网络著作侵权的执法项目。著作权人一旦发现侵权，可到该局网站填表举报以启动相关程序。该局经初步调查后如认为符合法定要件的，便会向涉案的网络服务提供者与使用者寄发通知。受通知的一方可提出"反诉"或自愿删除被指控侵权物并通知该局。对于规模性或严重的侵权另有"快速通关"程序来处理。❶

（3）跨部门委员会。也有国家采取由多个部门共同组建工作组或跨行政部门委员会的方式来审查网络侵权，然后再由司法部门发布和执行对侵权物的移除令。例如，西班牙设置了一个知识产权委员会，办公室设在该国的教育、文化暨体育部，其中的第二组就负责对网络侵权指控的审查工作。如经初步审查认为构成侵权，即应向法院寻求删除侵权物的禁令，并要求有关的网络服务提供者在 48 小时内删除侵权物。❷

（三）阻隔封锁

有调研显示，截至 2016 年，包括英国、澳大利亚、印度等在内的至少 25 个国家或地区对涉及侵权的网站采取了阻隔封锁（website blocking）措施。例如，欧盟在 2001 年的《信息社会指令》第 8 条便率先采取了这个手段来应对网络侵权。❸《报告书》的研究进一步表明，虽然经常会看到外界对该措施的误解，包括质疑其功效和滥用可能性，但实际上对侵权网站的阻隔或封锁的确是应对网络侵权问题的有效方案。❹

（四）欧盟相关规制

迄今最具争议的发展当属欧洲议会在 2019 年 4 月 17 日通过的《数字单一化

---

❶ 参见意大利《电子通信网络著作权保护规定暨 2003 年 4 月 9 日第 70 号立法令施行程序》（*Regolamento In Materia di Tutela del Diritto d'Autore Sulle Reti di Comunicazione Elettronica E Procedure Attuative ai Sensi del Decreto Legislativo 9 Aprile 2003，N. 70*）第 6 ~ 9 条。

❷ 参见西班牙知识产权法第 158 条。

❸ Directive 2001/29/EC，Art. 8.

❹ U. S. Copyright Office. Section 512 of Title 17：a report of the register of copyrights ［R/OL］：58（2020 – 05 – 21）［2021 – 10 – 11］. https：//www. copyright. gov/policy/section512/section – 512 – full – report. pdf.

市场著作权指令》的第 17 条的规定。❶ 不过，按照该指令第 13 条第 2 款规定，各成员国须在 2021 年 6 月 7 日之前完成其国内的相关立法并知会欧盟委员会，指令才具体生效。

在指令生效之前，原则上只有平台使用者需要承担相应的注意义务，以确保其上传的内容不构成侵权，否则极可能遭到著作权人起诉并承担直接侵权责任。平台服务提供者在收到通知后"快速采取行动"删除被指控侵权物便可免责。不过各成员国对"通知—删除"（甚至是"通知—屏蔽"）规则的执行情况差异较大，总体而言没有美国那么严格。

而《数字化单一市场著作权指令》第 17 条将彻底改变目前的状态。首先必须指出，该条规定是针对"线上内容分享服务提供者"而设，也就是涉及信息储存并可供使用者上传和分享内容的服务（如谷歌、YouTube、脸书、Instagram、WhatsApp、微信和领英等），而不适用于只是作为信息自动传输或传导平台的情形。

该条开宗明义地指出，凡是向公众开放使公众可以从其平台或网络服务中接触或取用受著作权保护的作品的，即使线上内容分享服务提供者本身并未直接参与特定作品的上传或转发，仍被视为从事了信息网络传播（公开传输与向公众提供）行为，因此必须事先获得著作权人的许可，而且不论使用者对作品的使用是否涉及营利或者获利。如果没有获得许可，除非尽到下列四项义务，否则线上内容分享服务提供者即应承担侵权责任：❷

（1）已尽最大努力尝试获得许可；

（2）已尽最大努力不在其平台上展示著作权人已在其平台上注册登记的受著作权保护的内容；

（3）在收到来自著作权人的合规通知后尽快行动以删除含有著作权的内容；以及

（4）已尽最大努力防止业经删除的内容在任何情况下被重新上传。❸

---

❶ Directive（EV）2019/790，Art. 17。

❷ Directive（EV）2019/790，Art. 17.1 - 3。

❸ Directive（EV）2019/790，Art. 17.4。不过第 5 款也规定应依据比例原则来考量是否已尽到相应义务，包括其平台类型、用户、服务规模以及由使用者上传的作品类型或其他事项，另外还需考量平台所能采取的适当和有效的方法以及相应的成本。

　　虽然该条第 8 款明确表示不得要求线上内容分享服务提供者对其平台内所有内容承担"一般性的监控义务",但在实践中,内容分享平台几乎无法回避,至少要对所有上传的档案或内容进行扫描才能筛选并过滤掉含有著作权的作品。例如,谷歌从 2007 年 6 月起就已在 YouTube 等平台的"后台"设置了名为"内容识别"(Content ID)的数字指纹(digital fingerprinting)软件系统,让著作权人得以事先注册登记其作品和相关内容,以便之后可以用来比对并帮助平台方过滤、删除可疑侵权物。❶

　　虽然平台方投入了相当大的成本,但这个内容识别技术还是经常发生问题,导致不少以制作视频为业的使用者遭到了相当大的损失。其中的原因包括权利人对于技术过度依赖、权利人放置到平台数据库作为比对样本的母片本身可能有问题(包含了不该由其主张著作权的内容),以及软件逻辑演绎程序的设定也可能有问题(例如极短的引用也可能被判断为侵权)等。为了改善这些问题,YouTube 在 2021 年 3 月推出了一个名叫"查一查"(Checks)的新系统,试图防患于未然,让准备上传视频的使用者可以先行通过这个系统来进行检查,以确认是否会被系统认定为构成侵权,从而提前防范潜在的争议,也可以避免各种损失和纠纷。❷ 由于推出时间还较短,目前还无法检验其效果如何,但至少可以让各方都有更大的转圜空间和时间。这也表明,如要让网络维权获得成效,著作权人与网络服务提供者必须充分地配合,彼此协作;唯有让相关的数据变得越来越详尽才能进一步保证其成效。

　　这条规定在欧盟各地乃至全球激起了极大争议的一个地方是,有不少网民认为,这意味着所有网络"表情包"(memes,亦可译为"小梗"或"贴图",指在网络上流行的一小段视频、贴图、表达等)因为在理论上仍然享有著作权保护,所以今后都必须事先经过许可,否则就无法再自由使用了。对此,欧盟

---

　　❶ 据谷歌"内容识别"的负责人介绍,截至 2018 年,该公司在此技术上的投资已超过 1 亿美元。这也表明当前从事与内容分享有关的电子商务平台的市场准入门槛(交易成本与研发投入)已经提高到让一般企业难以企及的程度,也因此几乎注定将形成寡头甚至独占的市场局面。参见:MANARA C. Protecting what we love about the Internet:our efforts to stop online piracy[EB/OL].(2018 – 11 – 07)[2021 – 10 – 11]. https://www.blog.google/outreach – initiatives/public – policy/protecting – what – we – love – about – internet – our – efforts – stop – online – piracy/.

　　❷ ALEXANDER J. YouTube can now warn creators about copyright issues before videos are posted[EB/OL].(2021 – 03 – 17)[2021 – 10 – 11]. https://www.theverge.com/2021/3/17/22335728/youtube – checks – monetization – copyright – claim – dispute – tool#:~:text = In%20an%20effort%20to%20make,and%20complies%20with%20advertising%20guidelines.

委员会也刻意使用了电影《星际迷航：下一代》中皮卡尔舰长的一帧剧照来幽默回应，表示不必担心。因为诸如引用、批判、评论、混成模仿（pastiche）、戏仿、夸张呈现（caricature）等，基本都属于合理使用的范畴，不会因这条规定的实施而受到任何影响。

无论如何，欧盟的新规制已经表明，至少对于内容分享平台服务提供者而言，今后的角色将产生重大转变，从过去认为其不宜担任 "网络警察" 转变为就是在一定的程度上扮演此角色，而且潜在的侵权责任也不再仅限于违反法院禁令或间接责任，而是与直接侵权者 "连坐"。究竟这一新制会对欧盟的电子商务环境带来什么样的影响目前还难以评估，唯有等待时间来证明。❶

五、结论

美国版权局在这个历时 5 年的调研过程中一共举行了 5 场圆桌讨论会并收到了超过 92000 份反馈意见，对于现行的 "通知—删除" 机制与 "避风港" 规则的具体操作进行了一个非常完整的梳理与检讨。这是一套相当微妙的多方平衡机制，也是一个妥协的产物，且在美国完成立法后很快影响了其他各国或地区的相关法制，也带动了全球的电子商务发展。在经过了 22 年的施行与实践之后，科技与市场的变化的确让这套机制发生了许多原先未曾设想到的问题，也导致目前的实践发生了失衡现象。尽管如此，这套机制的基本概念、根基与主轴并没有什么真正的大问题。但调研结果显示，相当程度的立法修缮工作恐怕还是难免的。而且对其中的任何部分进行调整都很容易产生 "牵一发而动全身" 的效应，因此未来的修法工作更须谨小慎微、谨慎从事，不能 "简单粗暴"。

也正是由于各国或地区在网络服务提供者的法律义务与免责规则方面采取了几近相同的思路和主轴（"通知—删除" 机制与 "避风港" 规则），因此所遭遇到的问题与相关争议也高度相近，同样要适当有效地平衡著作权人、网络服

---

❶ 欧盟委员会已出台《数字化单一市场著作权指令》第 17 条的施行指南，供各成员国在制定或修正本国法律时参考。参见 *Guidance on Article 17 of Directive 2019/790 on Copyright in the Digital Single Market*, COM（2021）288 final（4 June 2021）。此外，欧洲法院在 2021 年的一个（两案合并审理）判决中在表面上让谷歌公司等获得了胜诉。法院表示，除非网络平台运营者帮助他人从其平台上接触或取用侵权作品，否则不需要与其使用者共同承担侵权责任；而且只要该平台运营者的行为只是技术性的、自动化的和被动的操作，亦即对其平台上的内容无从知悉或行使管控，即可依据 2000 年《电子商务指令》关于 "避风港" 的规定主张免责。不过这个判决是依据原有指令。如果依《数字化单一市场著作权指令》第 17 条，结果很可能截然不同。参见 *Peterson v. Google LLC and Elsevier Inc. v. Cyando AG*, Joined Cases C–682/18 and C–683/18, EU：C：2021：503。

务提供者、使用者三方的权益与需求，另还要兼顾社会公共利益。网络服务提供者的角色依然是无法回避的核心问题。这可进一步归纳为三个相互关联的问题：

（1）由于网络服务提供者本身的性质、规模与资质非常不同，要求他们扮演更多"网络警察"的角色是否适宜？需要以什么标准扩增到什么程度？

（2）增加网络服务提供者的责任是否意味着必须对"避风港"规则进行全面调整？这会给整个电子商务行业带来何种冲击？尤其当网络服务提供者无法确知或评估其可能需要承担的法律责任时又当如何？

（3）是否有更好的方案能促进或激励著作权人与网络服务提供者之间的合作，从而在一定程度上遏制网络侵权？

无论如何，"通知—删除"机制与"避风港"规则是在相当困难的协商过程中达成的妥协，原本只是准备作为一个暂时性、过渡性的安排，期望能通过未来的实践经验发展出一套更为持久的体系。❶ 历史的发展却已让这套机制成为全球标准，"暂时"一转眼也已过了快四分之一个世纪。美国的施行经验表明，虽然目前在网络上已经有了许多合法的信息来源与更进步、更快速的推送方式，著作权人每天寄发数以百万计的请求删除通知，网络服务提供者对无数非法网站采取阻断和对侵权内容采取删除等措施，但网络侵权的规模依然是亟待解决的问题，"通知—删除"机制也未能达到预期效能。美国在 1998 年立法时希望能让著作权人与网络服务提供者共同协作的设想虽有一定进展，但显然还没有完全实现。欧盟已然决定改弦更张，另起框架，至少要求内容分享平台服务提供者扮演更为积极的角色。美国版权局则是建议要稳扎稳打，只需在既有的基础和框架内从事技术性与多面向的微调即可。美国和欧盟已然走向了不同的路径，而双方仍在进行自由贸易与投资协定谈判，究竟这些变化将会如何影响未来的国际规则走向乃至全球电子商务环境，仍需给予持续的关注。

---

❶ SCOTT M. Safe harbors under the Digital Millennium Copyright Act［J］. New York University journal of legislation and public policy, 2005, 9（1）: 99-166.

Alice 案判决对专利审查员和专利申请人影响的实证研究

王润华*

摘要：2014 年，美国最高法院在 Alice 案判决书中对专利主题范围外的抽象概念进行了解释，但因为语言不清，在专利申请与审查体系和社会中都引发了很多困惑。笔者与杰伊·P. 科山（Jay P. Kesan）教授对超过 400 万条的美国专利商标局官方回复进行了实证研究，通过双差分法发现 Alice 案判决提升了专利申请成本并大幅加剧了专利授权的不确定性，尤其体现在商业方法、生物信息等领域。这样一项定量研究有助于及时检验法律制定、解释与适用的有效性及效率。这种因果研究方法可以被广泛推广到政策、法律效果的研究中。

关键词：专利主题　美国最高法院　专利审查　实证研究

一、前言

2014 年 6 月，美国最高法院就专利主题（subject matter）的判断标准问题作出了 Alice 案判决。❶ 在这个案件中，美国最高法院明确了过往案例中未能充分澄清的、对美国专利法第 101 条（以下简称"第 101 条"）涵盖的专利主题判断标准的解释，提出了一套检验专利和专利申请是否符合可专利性的新标准。作

---

* 法学博士（美国伊利诺伊大学厄本那香槟分校法学院），北京科技大学文法学院副教授。作者感谢李兆轩博士的邀请，提供向中文读者介绍其与杰伊·P. 科山教授 2016～2020 年的主要研究成果的机会；感谢袁健博士、易思羽博士在该研究开展期间提供的支持；感谢《网络法律评论》曾田等编辑们的详细修改建议。

❶ *Alice Corp. Pty. Ltd. v. CLS Bank Int'l*, 134 S. Ct. 2347（2014）。

为一个美国最高法院以专利法条款为核心的解释性判例，*Alice* 案判决对以此为指导的司法和执法体系以及美国社会的影响自然是重大而深远的。然而，无论是美国最高法院的裁判语言本身还是实践中各行业和机构对该标准的解读，都非常令人困惑，并且在专利申请、专利诉讼中产生了一系列的问题，最直接的就是大量与 *Alice* 案涉案专利技术领域相关的专利申请和专利在 *Alice* 案判决后都遭到了驳回或无效。❶

因此，对于专利申请中的这些问题，笔者和杰伊·P. 科山教授用 4 年时间进行了这项因果实证研究，去深刻了解 *Alice* 案在不同产业领域对专利审查员和专利申请者行为产生的影响。❷ 通过对 2012 ~ 2016 年美国专利商标局（The U. S. Patent and Trademark Office，USPTO）对专利申请作出的超过 400 万条官方回复（office action）和申请人答复进行分析发现，*Alice* 案提升了专利申请的成本并大大加剧了专利授权的不确定性。即使专利申请人积极努力地采取各种手段，试图克服这些不确定性和专利申请的不利结果，但这些努力的效果却非常有限，他们依然无法化解法律缺陷对他们造成的负担和伤害。

向国内读者介绍这项研究有两个目的。第一，本文对 *Alice* 案判决和第 101 条进行了清晰的介绍和解读，且本研究的结果可以为中国企业赴美进行专利申请提供政策和法律方面的提示。第二，本研究通过实证证据有力地证明了美国最高法院的裁判提高社会成本、阻碍创新的潜在问题，为国内学者提供了政策和法律研究的新思路和新方法。这项研究除了使用了实证研究方法，它的立题和论点也代表了一类非常典型的美式法学研究：除了对法条进行详细的剖析和解读之外，还对立法者和司法机关的决定进行阶段性的总结、反思和批判。把握这一特点，一方面有助于国内研究者更好地理解美国知识产权法学领域的学术发展特点；另一方面，中国立法者和执法者也可以借鉴这样的思路，结合实际，时常对法律的发展与运用进行反思。

---

❶ 参见：ZIVOJNOVIC O. Patentable subject matter after Alicqua – distinguishing narrow software patents from overly broad business method patents ［J］. Berkeley technology law journal, 2015, 30 (4): 807 – 838。另见 KIM E. Biotech patent eligibility: a new hope ［J］. Columbia business law review, 2017 (3): 1157 – 1160; TRAN J. Two years after Alice v. CLS Bank ［J］. Journal of the Patent and Trademark Office Society, 2016, 98 (3): 358 – 359.

❷ KESAN J P, WANG R A. Eligible subject matter at the patent office: an empirical study of the influence of Alice on patent examiners and patent applicants ［J］. Minnesota law review, 2020, 105 (2): 527 – 618.

二、*Alice* 案的背景和影响

（一）专利主题要求及 Alice 测试的内容

一项发明若想获得美国专利保护，须满足美国专利法对保护主题的要求。❶
关于专利保护主题的要求规定在第 101 条中，专利保护主题包括任何过程、机器、制造品和组合物。在实际应用中，满足这个基本范围后，判断一项发明是否具备可专利性更多是采用美国最高法院通过判例设定的司法排除法，即判定是否不具备可专利性。❷ 司法排除法涉及的不具备可专利性的发明类别有：抽象概念、自然现象和自然规律。❸ 实践中，法院、美国专利商标局和专利申请者通过套用判例为每个司法排除法类别设定的测试，对专利或专利申请的主题进行判定。*Alice* 案判决是继 *Bilski* 案❹、*Mayo* 案❺、*Myriad* 案❻判决之后，影响最大的抽象概念测试方法。

Alice 测试分为两步：第一步判定一项专利或专利申请是否是或包括一项抽象概念，如果不是也不包括，则测试结束；如果是或包括，进行第二步测试，判断该抽象概念是否具备附加要素，进而可使抽象概念被转化为一项具备可专利性的发明。

（二）美国专利商标局对 *Alice* 案判决的适用及问题

在 *Alice* 案判决公布后的第六天，美国专利商标局签署《初步审查指导》（*Preliminary Examination Instructions*），对 *Alice* 案提出的专利主题判定原则进行了回应，认可了该案判决在可专利主题判定问题中的重要意义，并提出适用该案件的基本审查原则。其中，《初步审查指导》对抽象概念进行了定义，将四类物质划入抽象概念的范围，包括：①基本的经济活动；②组织人类活动的特定方法；③想法本身；以及④数学关系或公式。

在 *Alice* 案判决公布 6 个月后，美国专利商标局签署《过渡性主题指南》（*Interim Eligibility Guidance*），正式采纳 *Alice* 案，并进一步提出适用 *Alice* 案的更

---

❶　35 U. S. C. §101。

❷　GHOSH S, GRVNER R S, KESAN J P. Intellectual property: private rights, the public interest, and the regulation of creative activity [M]. 3rd ed. Thomson West Press, 2017: 289.

❸　*Gottshalk v. Benson*, 409 U. S. 63（1972）。

❹　*Bilski v. Kappos*, 130 S. Ct. 3218（2010）。

❺　*Mayo Collaborative Servs. v. Prometheus Labs.*, *Inc.*, 566 U. S. 66（2012）。

❻　*Ass'n for Molecular Pathology v. Myriad Genetics*, *Inc.*, 569 U. S. 576（2013）。

多细则。例如，《过渡性主题指南》规定，进行专利主题审查首先要践行"法条排除法"决定专利权利说明是否指向一项过程、机器、制造品，或相关组合。如果不是，直接以不符合专利主题为由而驳回；如果是，则进行其他的审查。接下来的审查是一个两步测试法，结构与 Alice 测试一致，用以实践"司法排除法"，其中包括处理抽象概念的情况。第一步结合《初步审查指导》对抽象概念的定义，对抽象概念或含有抽象概念的发明进行筛选。一旦被筛选出，专利审查员将通过第二步来判定该专利申请是否含有附加物质或要素。如果有，可以从根本上扭转其被判定为抽象概念这一结果；如果没有，该专利申请会被驳回，且专利审查员会在驳回书中明确标注出驳回理由为抽象概念或其他类型的司法排除项。

美国专利商标局签署的这两项规定不仅仅对专利审查员和专利申请人有直接影响，对隶属于美国专利商标局的专利审判与上诉委员会（Patent Trial and Appeal Board，PTAB）也起到了直接的指导作用，因而对专利复审系统及社会生产活动产生影响。

（三）*Alice* 案指导不清而造成的影响

表面上看，*Alice* 案判决中所提出的测试非常有条理，且从框架到细节都可在美国专利商标局的审查中得到落实。然而在实践中，Alice 测试却增加了对涉及抽象概念的发明进行可专利性判断的难度。关于第一个步骤中提到的抽象概念，虽然司法系统中累计了不少案例，但美国最高法院在该案中并没有作出更多明确的定义。关于第二个步骤中提到的附加要素，一方面缺乏明确的指示，另一方面容易与美国专利法其他条款的要求相混淆，例如第 102 条要求的发明性、第 103 条要求的创造性，以及第 112 条对专利权利要求书撰写提出的要求。❶ 美国专利商标局在全美直接适用 *Alice* 案的判决后，这些问题完整地暴露在专利申请和审查过程中。

因此，自 *Alice* 案判决发布以及美国专利商标局宣布正式采纳该案提出的可专利性测试以来，社会各界不断传出对 *Alice* 案判决、美国最高法院和美国专利商标局的批评，认为该测试内容的语言不清晰、解读不清楚，在实践中会为专利或专利申请的主题有效性判定带来极大的不确定性。❷ 虽然也有学者认为，*Al-*

---

❶ SINATRA M R. Do abstract ideas have the need, the need for speed?: an examination of abstract ideas after Alice [J]. Fordham law review, 2015, 84 (2): 821.

❷ CAHOY D R. Patently uncertain [J]. Northwestern journal of technology and intellectual property, 2019, 17 (1): 32 – 37.

ice 案并没有增加专利主题判定的不确定性，只是缩小了专利保护范围，从而可以更好地服务于社会利益，❶ 但美国最高法院在 *Alice* 案判决的语言中并没有明确表露出服务于公共利益等政策性目的，其主要目的还是试图对第 101 条的含义进行具体阐述。

然而，*Alice* 案对第 101 条的解释效果如何？对社会又有哪些真实的影响呢？在本研究之前，已经有学者和社会人士对 *Alice* 案发生前后的专利申请数量、专利诉讼情况进行了统计分析。最初发布有关 *Alice* 案对专利申请人影响的平台是两家知识产权自媒体 "Bilski Blog" 和 "IPWatchdog"。其中，法律评论人罗伯特·萨克斯（Robert Sachs）对 *Alice* 案判决公开后一年内美国所有联邦初审法院和联邦巡回上诉法院的判决进行了统计，发现 66.1% 的专利都被判决无效了，且有 76.7% 的诉讼都是关于第 101 条的。❷ 虽然此后的四年间，联邦法院判决专利无效的比例有所下调，但依然有 62%。❸

斯坦福大学的马克·莱姆利（Mark Lemley）教授分别与保罗·R. 古利亚扎（Paul R. Gugliuzza）和萨曼莎·齐恩茨（Samantha Zyontz）两位学者合作研究了 *Alice* 案对法院裁判的影响。莱姆利与古利亚扎的合作研究表明，在 *Alice* 案判决后三年间，联邦巡回上诉法院从初审法院或 PTAB 接手的上诉案件中，92.3% 的专利都被判定无效，理由主要是不具备可专利性。❹ 其中，这些上诉案件主要涉及两类技术——信息技术和生物技术。莱姆利与齐恩茨的合作研究（他们的统计不区分上诉案件或初审案件）发现约 65.06% 的软件或信息技术专利在诉讼中遭到无效判定，50% 的生物科技或生命科学类专利在诉讼后被判定无效。❺ 此

---

❶ 参见：SARNOFF J D. Testimony of Joshua D. Sarnoff Senate Committee on the Judiciary, Subcommittee on Intellectual Property hearing: the state of patent eligibility in America: part I [EB/OL]. (2020 – 05 – 06) [2020 – 05 – 06]. https://papers.ssrn.com/sol3/papers.cfm?abstract_id = 3572387.

❷ SACHS R R. Alice storm in June: deeper dive into court trends, and new data on Alice inside the PTO [EB/OL]. (2015 – 07 – 02) [2022 – 10 – 13]. https://www.jdsupra.com/legalnews/alicestorm – in – june – a – deeper – dive – into – 48314/.

❸ SACHS R R. Alice: benevolent despot or tyrant? analyzing five years of case law since Alice v. CLS bank: part I [EB/OL]. (2019 – 08 – 29) [2022 – 10 – 13]. https://www.ipwatchdog.com/2019/08/29/alice – benevolent – despot – or – tyrant – analyzing – five – years – of – case – law – since – alice – v – cls – bank – part – i/id = 112722/.

❹ GUGLIUZZA P R, LEMLEY M A. Can a court change the law by saying nothing? [J]. Vanderbilt law review, 2018, 71 (3): 765 – 782.

❺ LEMLEY M A, ZYONTZ S. Does Alice target patent trolls? [J]. Journal of empirical legal studies, 2021, 18 (1): 67 – 68.

外，贾斯伯·陈（Jasper Tran）通过统计发现，在 *Alice* 案判决公开后一年内，PTAB 所处理的 90.8% 的专利都惨遭无效。❶ 萨缪尔·哈伊姆（Samuel Hayim）和凯特·高德里（Kate Gaudry）将 PTAB 对专利有效性造成不利影响的领域提炼为三类涉及通信技术或计算机技术的技术中心，分别为 TC2100、TC2400 和 TC2700。❷

这些高专利无效率代表的不仅仅是司法系统和行政系统对 *Alice* 案的实际反馈，更是在部分领域的专利申请人、持有人和创新者身上增加了专利申请成本。他们不仅根据 *Alice* 案调整了自己的专利申请书撰写方式，也调整了专利申请策略，甚至是知识产权保护策略。例如，科琳·齐恩（Colleen Chien）与吴俊颖（音译，Jiun Ying Wu）的研究发现在 *Alice* 案判决公开后，商业方法、生物信息及软件领域的专利申请人有非常高的弃申请行为。❸ 相应地，即使不放弃专利申请，在商业方法领域中，专利申请被拒比例在 *Alice* 案判决后也明显提升，高达 35% ~60%。类似地，高德里和哈伊姆发现，在 *Alice* 案判决后，生物信息类别下的信息处理技术专利申请因第 101 条遭到驳回的比例大幅提升。❹

换言之，这些研究都发现 *Alice* 案判决由于其语言缺陷，明显增加了法律的不确定性，从而增加了创新者的专利申请成本。创新者只能选择主动放弃专利申请、提早规避更大成本损失，或在专利申请遭到审查员驳回后，承担专利技术被公开且申请费用无法得到有效补偿的后果。

三、实证研究设计

（一）研究问题

鉴于 *Alice* 案在专利体系中造成的问题，本研究专注于专利申请和审查过程本身，试图探究以下几个问题：*Alice* 案给专利申请人和创新者增加了多少专利

---

❶ TRAN J L. Software patents: a one – year review Alice v. CLS Bank [J]. Journal of the Patent and Trademark Office Society, 2015, 97 (3): 541.

❷ HAYIM S, GAUDRY K. Nearly all post – Alice eligibility rejections are affirmed in whole by the PTAB [EB/OL]. (2018 – 02 – 28) [2022 – 10 – 13]. https://www.jdsupra.com/legalnews/nearly – all – post – alice – eligibility –74926/.

❸ CHIEN C, WU J Y. Decoding patentable subject matter. Patently [EB/OL]. (2018 – 10 – 16) [2022 – 10 – 13]. https://papers.ssrn.com/sol3/papers.cfm? abstract_id = 3267742.

❹ GAUDRY K, HAYIM S. Bioinformatics innovations thrive despite 101 chaos [EB/OL]. (2019 – 02 – 06) [2022 – 10 – 13]. https://www.ipwatchdog.com/2019/02/06/bioinformatics – innovations – thrive – despite – 101 – chaos/id =106020/.

申请成本？到底是案件本身增加了专利申请成本，还是美国专利商标局对判例法的贯彻和执行导致了专利申请成本的增加？是否可以通过对政策和法律的学习以及自我调整，有效降低或避免这些成本？

为研究这些问题，本文将针对美国专利审查官方回复进行分析，并采用政策研究中常用的因果研究法——双重差分法（倍差法），来印证 Alice 案是否对专利审查员行为造成了一定的影响，从而增加了专利申请人的申请成本。

（二）数据和研究对象

本研究所使用的研究数据是 2012 年 1 月至 2016 年 12 月共 448 万条专利审查官方回复。这些数据本身是由 LexisNexis 下属的 Reed Tech 提供的，包含专利授权、驳回等审查结果。其中，关于驳回，该数据库为每次驳回标注了类别，包括首次驳回或最终驳回。当专利申请人收到首次驳回的专利审查决定后，他们可以选择修改申请书后再次提交，之后收到最终答复——基于同一理由或不同理由的驳回或批准，也可以选择放弃修改和专利申请。

该数据库也提供了具体的驳回理由，包括根据美国专利法第 101 条、第 102 条、第 103 条、第 112 条第（a）～（f）款以及 Mayo 案、Myriad 案和 Alice 案司法判决。我们将这些数据与专利审查研究数据库（Patent Examination Research Database，通常称作 "Public Pair"）合并，获得了在这期间完整的专利申请数据。

（三）鉴定策略

为实现双重差分法，鉴定策略将对研究对象进行分组并制定鉴定假设。之前文献中所讨论的受到 Alice 案影响最大的商业方法、生物信息、软件领域及这三个主领域下的具体技术领域的专利申请，在 Alice 案后提交的被分别筛选为实验组，在 Alice 案前提交的或基本不会因为专利主题问题被驳回的制造设备领域被选定为对照组。本研究中的生物信息技术研究特指位于技术单位（art unit）1631 的"数据处理"和技术单位 1639 的"组合化学技术"，但同时也通过研究整个技术单位 1630（包括分子生物、生物信息、核酸、重组 DNA 和 RNA、基因调节、扩增核酸、动植物、组合/计算化学），来了解广泛意义上的生物信息专利申请的表现情况。在商业方法中，除了分别研究其中的金融类商业方法和电子商务类商业方法外，密码学电子商务和医疗保健类电子商务也被单独观察及深入研究。在软件领域中，除了整体观察技术单位 2100、2400、2600 中通常被人们认定为软件的技术领域外，也对其中不同类别的软件类型进行单独研究和观察。具体的分类规则和相应的官方回复数量详见表 1。经过筛选的数据样本大小见表2。研究的事件时间节点为 *Alice* 案的判决公布月（2014 年 6 月）和 *Alice* 案判决被美国专利商标局正式采纳的时间（2014 年 12 月）。

基于这样的实验数据和设计，本研究的鉴定假设是：除了 *Alice* 案以外没有其他法律和政策会使得特定技术领域的专利申请在 *Alice* 案判决公开后及《过渡性主题指南》颁布后更容易基于第 101 条遭到驳回。这个假设也可以被解读为平行假设。换句话说，在排除其他因素对基于第 101 条作出的驳回的影响的基础上，在 *Alice* 案判决公开前或其被美国专利商标局适用前，实验组和对照组在受到第 101 条驳回的程度上应呈现平行趋势，这种趋势由于 *Alice* 案的公开或《过渡性主题指南》的颁布而被打破，实验组相较对照组受到第 101 条驳回的比率明显加大。

表 1　技术类型与官方回复数量

技术领域	技术单位	官方回复数量/个
制造设备	3722～3727、3729	73822
生物信息	1631、1639	11513
生物信息（广）	1630	60991
商业方法	3600	575009
金融类商业方法	3690	33720
电子商务类商业方法	3620、3680	95583
医疗保健类电子商务	3626、3686	16233
密码类电子商务	3621	4767
软件（通用）	2100、2400、2600	1407377
人工智能	2121、2129	13303
图形用户界面和文件处理	2140、2170	72825
数据库和档案管理	2150、2160	96108
密码与安全	2430、2490	95693
计算机系统结构	2180、2110	89717
数字和光通信	2630	47608
计算机网络	2440、2450	106351
电信	2640	105440
数码相机	2660	81209
录制与压缩	2480	58912
计算机图像处理	2610	49165
遥测和代码生成	2680	57265

表 2　经过筛选的数据样本大小　　　　　　　　　　单位：件

年份	全部官方回复	最终官方回复	全部基于第 101 条驳回	最终基于第 101 条驳回	基于 Alice 案驳回
2012	1043846	238031	69083	10267	60
2013	787625	200078	38226	8005	55
2014	401930	65023	39230	5142	4460
2015	1022696	249092	106436	34767	22148
2016	1220784	305225	105203	32512	30558

（四）模型设计及原理

根据双重差分法的分组原则，每个实验组将和对照组独立适用如下模型：

$$logit(E[101\ 驳回_{itct1} \mid X_{itct_1}]) = \ln\left(\frac{p_{itct1}}{1-p_{itct1}}\right) = \propto + \beta_1\,Alice_{t_1}$$

$$+ \beta_2\ 技术类型_c + \beta_3(Alice_{t1} * 技术类型_c) + \lambda\ 控制变量_{it} + \gamma_t + \varepsilon \quad (1)$$

$$p_{itct1} = E[101\ 驳回_{itct1} \mid X_{itct1}] \quad (2)$$

在模型（1）和模型（2）中，$i \in I = \{1,\cdots,n\}$，$t_1 \in T_1 = \{1,2\}$，$c \in C = \{1,2\}$，$0 < p < 1$，$t \in T = \{201201,\cdots,201612\}$；$I$ 代表官方回复序列，n 代表单个技术领域中官方回复的总数。t 代表时间固定变量，单位为月。t_1 代表事件的时间节点，分别为 Alice 案判决公布月和《过渡性主题指南》公布月。ε 代表与其他自变量或控制变量不相关的特异偏误。第 101 条驳回是一个虚拟变量，代表一项官方回复中是否包含第 101 条驳回。0 代表许可或非第 101 条驳回，1 代表根据第 101 条驳回。p_{itct_1} 代表"第 101 条驳回 = 1"的可能性。技术类型_c 和 Alice_{t_1} 分别代表分组固定效应和时间固定效应。交叉项系数 β_3 代表双重差分效应。γ_t 代表以月为单位的时间控制变量。其他控制变量为虚拟变量，包括该官方回复中是否含有第 102 条驳回、第 103 条驳回或第 112 条驳回。

四、研究结果

（一）描述性统计分析

表 3 显示了每月专利申请数量在 Alice 案判决公布前后的变化。值得关注的是，在生物信息、商业方法、软件这些与 Alice 案密切相关的技术领域，专利申请的数量都有所下降。也因为专利申请数量在这些领域的收缩，部分美国知识产权学者、律师都表示出了对 Alice 案所造成的社会影响的不满，认为它的执行

已经严重影响了美国国家创新体制的贯彻和落实。❶

在 2012 年 1 月至 *Alice* 案公布期间，美国专利商标局每月收到 392 件技术单位 1630 领域的专利申请，其中 7.74% 是来自技术领域 1631 和 1639（数据处理和组合化学技术）的广义生物信息类专利申请。在 *Alice* 案判决公布后的两年半中，技术单位 1630 领域的月平均专利申请数量下降至 339 件；在美国专利商标局正式宣布《过渡性主题指南》适用 *Alice* 案判决后的两年内，该领域的平均月专利申请数量更低，为 313 件。其中，在广义生物信息的数据处理和组合化学技术的技术领域中，专利申请数量从月均 90 件下降至月均 80~81 件。

在商业方法领域，*Alice* 案判决公布后的两年半中，月平均专利申请量从公布前两年半的 4206 件下降至 3843 件，下浮 8.62%；在 *Alice* 案判决被美国专利商标局正式适用后的一年内，月平均专利申请量下降至 2962 件，相对 *Alice* 案判决公布前下浮 29.58%。

在软件领域，申请人每月提交的平均申请数量由 *Alice* 案公布前的 8780 件降至 7910 件，下降了 9.9%。相较 *Alice* 案公布前，在 *Alice* 案判决被美国专利商标局正式适用后，该领域月平均申请数量下调了 31.5%，仅有 6014 件。

表3　月专利申请数在 2012~2016 年的均值分布

		2012 年 1 月至 *Alice* 案判决公布	*Alice* 案判决公布至 2016 年 12 月	较 *Alice* 案判决公布前下降幅度	2016 年 1 月至 2016 年 12 月	较 2012 年 1 月至 *Alice* 案判决公布下降幅度
专利申请总数		33843.55 件	30241.35 件	10.64%	23837.83 件	29.56%
广义生物信息	申请数量	391.93 件	338.87 件	13.54%	313.25 件	20.08%
	占专利申请总数的比例	1.16%	1.12%	——	1.31%	——
生物信息	申请数量	90.34 件	81.13 件	10.19%	79.50 件	12.00%
	占专利申请总数的比例	0.27%	0.27%	——	0.33%	——

---

❶ SAMUELSON P, SCHULTZ J. Clues for determining whether business and service innovations are unpatentable abstract ideas [M] //ABRAMOWICZ M B, DAILY J E, KIEFF F S. Perspectives on patentable subject matter. Cambridge: Cambridge University Press, 2014: 18 – 19.

续表

		2012 年 1 月 至 *Alice* 案判 决公布	*Alice* 案判决公布 至 2016 年 12 月	较 *Alice* 案判决 公布前下降幅度	2016 年 1 月 至 2016 年 12 月	较 2012 年 1 月 至 *Alice* 案判决 公布下降幅度
商业 方法	申请数量	4206.00 件	3843.26 件	8.62%	2961.83 件	29.58%
	占专利申请 总数的比例	12.43%	12.71%	——	12.42%	——
软件 （通用）	申请数量	8779.97 件	7910.36 件	9.90%	6014.00 件	31.50%
	占专利申请 总数的比例	25.94%	26.16%	——	25.23%	——

专利申请数量的巨幅减少可能与专利申请人在 *Alice* 案判决公布后的申请经历有关。图 1 和图 2 描绘了在不同技术领域中，不同阶段提交的专利申请在不同审查阶段所受到的基于第 101 条驳回及基于 *Alice* 案的驳回在总官方回复中所占的比例。

图 1 显示出，在金融和电子商务领域，无论是 *Alice* 案判决公布前还是公布后提交的商业方法专利申请，在 *Alice* 案判决公布后都极易遭到专利审查员基于第 101 条的驳回，基本上 80% ~ 90% 的官方回复都是基于第 101 条驳回。然而就整个商业方法技术领域来说，虽然 *Alice* 案判决公布前提交的相关专利申请在 *Alice* 案判决公布后遭到基于第 101 条驳回的比例从 9.13% 飙升至 31.41%，但该领域的专利申请人还是极易针对 *Alice* 案对自己的专利申请作出调整。因此，在 *Alice* 案判决公布后提交的商业方法专利申请中，基于第 101 条驳回比率又回降至 9.41%。

相对商业方法整体来说，生物信息领域的申请人对 *Alice* 案的适应效果并不好。在 *Alice* 案判决公布前提交的生物信息类的专利申请在 *Alice* 案判决公布后收到的官方回复中，基于第 101 条驳回比例从 23.76% 飙升至 60.97%，且该比例并没有随着 *Alice* 案判决公布后专利申请人的申请调整而有明显下调。

在软件领域，通过观察可以了解到，基于第 101 条的驳回虽然不能被忽略，但占官方回复总数的比例并没有像商业方法和生物信息领域那么高。在 *Alice* 案判决公布前，10.75% 的官方回复为基于第 101 条驳回。在 *Alice* 案判决公布后，这一比例相对于 *Alice* 案判决公布前提交的专利申请基本得到维持，但对于 *Alice* 案判决公布后提交的专利申请有所提升（至 12.98%）。事实上，不少具体的软

件技术领域在 *Alice* 案判决公布后收到基于第 101 条驳回的比例有所上升，并且未得到申请人良好的自我调整，例如图形用户界面和文件处理、数据库和档案管理、密码与安全、计算机网络、计算机图像处理。这一比例的提升也体现在软件领域专利申请人收到的最终官方回复中。

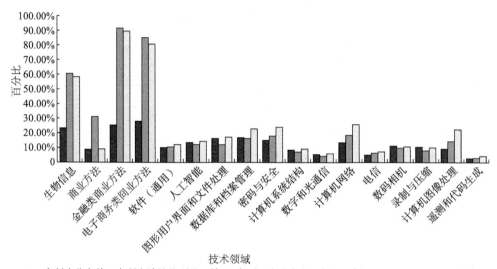

技术领域

■ *Alice*案判决公布前，专利申请接收到基于第101条驳回占总官方回复的比例
■ *Alice*案判决公布后，*Alice*案判决公布前所提交的专利申请接收到基于第101条驳回占总官方回复的比例
□ *Alice*案判决公布后，*Alice*案判决公布后所提交的专利申请接收到基于第101条驳回占总官方回复的比例

图 1　基于第 101 条驳回占总官方回复比例分布

如之前介绍过的，本研究认为基于第 101 条驳回决定的波动是受到了 *Alice* 案的主要影响。从图 2 中可以了解到，在受到基于第 101 条驳回的比例较高的技术领域中，同时收到基于 *Alice* 案驳回决定的比例也同样很高。例如，在生物信息领域中，对 *Alice* 案判决公布前提交的专利申请的官方回复，24% 是基于 *Alice* 案的驳回；对 *Alice* 案判决公布后提交的专利申请的官方回复，18% 是基于 *Alice* 案的驳回。

Alice 案判决公开后，在 *Alice* 案判决公布前提交的软件专利申请中，仅有 1.04% 的官方回复是基于 *Alice* 案的驳回。前一比例虽然在《过渡性主题指南》颁布后有所上升，但幅度不大，仅上升至 1.7%。

虽然通过数据观察，*Alice* 案判决公布后，在商业方法、生物信息和软件领域中，专利审查员依据第 101 条驳回专利申请的比例有明显的提升，且不少专利申请被驳回的理由也同时还依据了 *Alice* 案判决，但并不就此说明 *Alice* 案是导

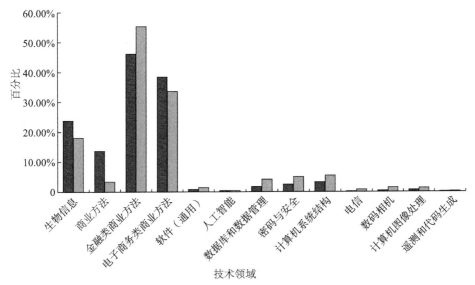

图2　基于 Alice 案的驳回占总官方回复比例分布

致专利申请被驳回率提升的原因。Alice 案与专利申请被驳回率增加的因果关系还需要通过双重差分法和鉴定策略来判定。

（二）双重差分法研究结果

表4～表6和图3针对不同技术类型，呈现了模型（1）的数据结果。其中，表4所展示的生物信息的双重差分效应最为明显——存在统计显著性且数额相较其他回归结果中的双重差分效应更大。根据回归结果，就 Alice 案判决公布前提交的专利申请来说，一项生物信息专利申请受到基于第 101 条驳回的可能性在 Alice 案判决公布后提升了 83%；这种可能性在 Alice 案被美国专利商标局适用且纳入《过渡性主题指南》后增加为 84.3%。简单来说，一项在 Alice 案判决公布前提交的狭义生物信息专利申请，会由于 Alice 案判决公布及该判决被美国专利商标局正式适用而更容易遭到以第 101 条为由的驳回。

同时，该技术领域专利申请被以第 101 条为由最终驳回的可能性也受 Alice 案的影响：在 Alice 案判决公布日和《过渡性主题指南》颁布日后，相对制造设备的专利申请遭到基于第 101 条驳回的可能性增加了约 93%。换言之，Alice 案判决的公布导致专利申请人无法成功克服首次官方回复中基于第 101 条驳回理由的可能性相较之前增加了 12 倍。而美国专利商标局适用 *Alice* 案判决后，专利申请人无法成功克服首次官方回复中基于第 101 条驳回理由的可能性增加至判决公布前的 19 倍。

表 4　关于生物信息技术专利申请受到基于第 101 条驳回的双重差分对数回归

变量	全部驳回		最终驳回	
	Alice 案判决公布日	*Alice* 案判决适用日	*Alice* 案判决公布日	*Alice* 案判决适用日
	(1)	(2)	(3)	(4)
Alice 案时间	0.0140	− 0.0614	− 1.010	− 1.404 *
	(0.255)	(0.258)	(0.814)	(0.835)
技术类型	− 10.73 ***	4.185 ***	− 15.45 ***	− 14.77 ***
	(2.122)	(0.0934)	(1.169)	(1.209)
Alice 案时间 × 技术类型	1.593 ***	1.681 ***	2.581 ***	3.013 ***
	(0.126)	(0.130)	(0.612)	(0.643)
常数	8.806 ***	− 6.129 ***	13.90 ***	13.18 ***
	(2.089)	(0.187)	(1.231)	(1.284)
样本量	75667	71577	2383	2301
PseudoR^2	0.569	0.570	0.355	0.356

注：括号内为 James Stock's Heteroskedasticity 标误；*** 表示 $p < 0.01$，** 表示 $p < 0.05$，* 表示 $p < 0.1$。

表 5 所表现的是 *Alice* 案判决公布前提交的广义生物信息（技术单位 1630）专利申请的双重差分回归结果。该结果显示，双重差分效应系数与表 4 中的（狭义）生物信息专利申请一致，呈现出统计显著性，但数额相较表 4 的系数较小，说明 *Alice* 案判决和美国专利商标局的适用不仅造成数据处理和组合化学技术这两个技术类型的专利申请人更容易受到最终基于第 101 条驳回，整个技术单位 1630 的专利申请人都在 *Alice* 案的影响下更可能被审查员依据第 101 条最终驳回。

表 5　关于广义生物信息技术专利申请受到基于第 101 条驳回的双重差分对数回归

变量	全部驳回		最终驳回	
	Alice 案判决公布日	*Alice* 案判决适用日	*Alice* 案判决公布日	*Alice* 案判决适用日
	(1)	(2)	(3)	(4)
Alice 案时间	1.019 ***	0.936 ***	1.411 ***	1.258 ***
	(0.192)	(0.195)	(0.420)	(0.428)

续表

变量	全部驳回		最终驳回	
	Alice 案判决公布日	Alice 案判决适用日	Alice 案判决公布日	Alice 案判决适用日
	(1)	(2)	(3)	(4)
技术类型	3.418***	3.415***	3.746***	3.746***
	(0.0890)	(0.0890)	(0.222)	(0.222)
Alice 案时间×技术类型	1.096***	1.185***	1.485***	1.642***
	(0.119)	(0.124)	(0.291)	(0.303)
常数	−6.933***	−6.943***	−8.389***	−8.390***
	(0.142)	(0.142)	(0.347)	(0.347)
样本量	119456	113626	65674	63237
PseudoR^2	0.3159	0.3154	0.3600	0.3614

注：括号内为 James Stock's Heteroskedasticity 标误；*** 表示 $p < 0.01$，** 表示 $p < 0.05$，* 表示 $p < 0.1$。

表 6 所表达的是商业方法技术领域中 Alice 案判决公开前所提交专利申请的双重差分回归结果。根据双重差分效应的反馈结果来看，由于 Alice 案判决公布，商业方法专利申请因第 101 条而被驳回的可能性增加了 82%；在《过渡性主题指南》的指导下，基于第 101 条驳回的可能性增加了 83.97%。同时，在 Alice 案判决公布前提交的商业方法专利申请被审查员最终判定为第 101 条驳回的可能性在 Alice 案判决公布后增加了 94%，这个比例在《过渡性主题指南》的指导下又进一步有所提升。以比值比来看，Alice 案判决导致商业方法专利申请修改在第一轮专利审查意见后，未成功克服基于第 101 条驳回理由的专利申请与成功克服该驳回理由的专利申请之比增加了 14 倍，并持续加大。

表 6　关于商业方法专利申请受到基于第 101 条驳回的双重差分对数回归

变量	全部驳回		最终驳回	
	Alice 案判决公布日	Alice 案判决适用日	Alice 案判决公布日	Alice 案判决适用日
	(1)	(2)	(3)	(4)
Alice 案时间	0.584***	0.464***	−0.289	−0.678
	(0.125)	(0.130)	(1.746)	(1.746)
技术类型	3.095***	3.094***	0.936**	0.938**
	(0.0876)	(0.0876)	(0.433)	(0.433)

续表

	全部驳回		最终驳回	
	Alice 案判决公布日	Alice 案判决适用日	Alice 案判决公布日	Alice 案判决适用日
Alice 案时间×技术类型	1.518***	1.643***	2.700***	3.093***
	(0.117)	(0.122)	(0.524)	(0.538)
常数	-6.172***	-6.189***	-3.204*	-3.215*
	(0.0937)	(0.0938)	(1.720)	(1.715)
样本量	550136	504181	43217	41223
PseudoR^2	0.181	0.191	0.292	0.293

注：括号内为 James Stock's Heteroskedasticity 标误；*** 表示 $p < 0.01$，** 表示 $p < 0.05$，* 表示 $p < 0.1$。

进一步观察商业方法的具体技术分类，金融类商业方法和电子商务类商业方法以及隶属于电子商务类商业方法的医疗保健和密码类电子商务类商业方法，其专利申请受到 Alice 案的影响要稍大于技术单位 3600 的商业方法整体。

在金融类商业方法中，Alice 案判决公布导致在此之前提交的专利申请基于第 101 条被驳回的可能性增加了 98%，并导致这些专利申请更难以克服首次基于第 101 条驳回。在电子商务类商业方法中，Alice 案判决公布导致在此之前提交的专利申请被审查员基于第 101 条驳回的可能性增加了 95%，这一水平在美国专利商标局颁布《过渡性主题指南》正式采纳 Alice 案判决后又进一步提高。其中，医疗保健类电子商务和密码类电子商务专利申请受 Alice 案的影响远大于商业方法这一大类中所含的专利申请。在 Alice 案判决公布前提交的医疗保健类电子商务申请中，由于 Alice 案判决公布造成被审查员以第 101 条为理由驳回的比例提升了 97%；这项比例同样在《过渡性主题指南》颁布后又进一步攀升。

关于软件（通用）领域中的专利申请，双重差分回归的双重差分效应并不存在统计显著性，因此无法有效了解 Alice 案判决的公布和适用对软件（通用）这一领域整体的专利申请造成了怎样的影响。对软件的具体类型套用模型（1）后发现，遥测和代码生成领域存在其专利申请受到 Alice 案不良影响的统计显著性：Alice 案判决的公布和它在美国专利商标局的正式适用都使得在 Alice 案判决公布前提交的该领域专利申请更可能受到基于第 101 条的驳回。在计算机网络领域，虽然回归结果没有发现 Alice 案判决公布对专利申请产生存在统计显著性的影响，但却发现《过渡性主题指南》的颁布导致更多 Alice 案判决公布前提交的专利申请更容易受到基于第 101 条的驳回。即便如此，所增加的被驳回可能性并不大，驳回与通过概率比仅增加了 28%。

图 3 为软件领域专利申请数据以 *Alice* 案判决公布日作为事件节点，套用模型（1）后的回归结果。虽然图 3 显示，大部分软件领域的专利申请都受到了 *Alice* 案判决公布的影响，无法克服首次基于第 101 条驳回的可能性在 *Alice* 案判决公布后有所提升，然而，这些结果却鲜有统计显著性。其中，仅有密码与安全类和遥测与代码生成两类技术的双重差分效应系数存在统计显著性。即使如此，将图 3 与表 4、表 5 比较后可以观察到，这两项技术的双重差分效应远小于商业方法和生物信息类所受到的 *Alice* 案的影响。值得注意的是，软件类中密码与安全技术所受到的 *Alice* 案的影响远小于商业方法中的密码类电子商务技术所受到的 *Alice* 案的影响。

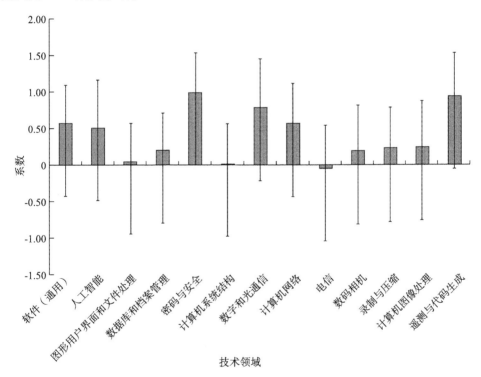

图 3　软件专利申请受到基于第 101 条的最终驳回的双重
差分对数回归中双重差分效应系数及标误分布

（三）可靠性检验

本研究前后使用了四种方法，对双重差分法的设计和研究结果进行了可靠性检验。第一种是对基于 *Alice* 案的驳回与基于第 101 条驳回的相关性进行了初步分析。这部分研究既可以作为双重差分法研究的基础，也可以为基于双重差分法研究结果而进行的相关定性分析的合理性提供保障。第二种是验证双重差分法成立的平行假设。第三种是限制数据的时间长度，仅使用 2013 年 1 月以后的官方回复数据，用以排除 *Alice* 案之前的部分法律政策变动对专利申请的影响。第四种是检验是否存在预期效应（anticipation effect），以及这种效应对双重差分法研究的结果是否有影响。

1. 基于 *Alice* 案的驳回与基于第 101 条驳回的相关性

虽然 Alice 测试对专利主题的判定是第 101 条的管辖范围，但由于使用该测试进行判定的过程中可能会产生与美国专利法第 102 条、第 103 条或第 112 条第（a）～（f）款判定的混淆，这里用是否以 *Alice* 案为由驳回作为因变量，用是否以第 101 条为由驳回作为自变量进行对数回归，用以检验基于 *Alice* 案的驳回与基于第 101 条驳回的相关性，并在对数回归模型中将其他法条的判定结果添加为虚拟变量加以控制。

通过对数回归检验发现，三类实验组——商业方法、生物信息、软件（通用）的基于 *Alice* 案驳回和基于第 101 条驳回相关性都具有统计显著性，并为正相关。这意味着，在这些领域中同时受到基于 *Alice* 案驳回和基于第 101 条驳回的可能性较高。在软件领域中，数据库和档案管理、密码与安全、数字和光通信、计算机图像处理、计算机网络、数码相机、录制与压缩、遥测和代码生成这几类技术领域专利申请所受到的 *Alice* 案的驳回与基于第 101 条驳回都呈现出正相关和统计显著性。其中，数字和光通信领域的基于 *Alice* 案驳回和基于第 101 条驳回相关性最高，甚至超过了商业方法和生物信息。相关性显著最弱的技术领域为遥测和代码，这说明该技术领域的专利申请同时受到 *Alice* 案驳回和基于第 101 条驳回的可能性相对其他技术领域较小。

虽然文献显示，*Alice* 案判决很可能会造成对第 101 条问题和其他法条问题的混淆，❶ 然而，大部分技术类型的专利申请中，基于 *Alice* 案驳回与基于美国专利法第 102 条、第 103 条或第 112 条驳回呈现显著负相关。这说明，大多数情况下，专利申请人在受到基于 *Alice* 案驳回的同时并没有受到额外的基于美国专

---

❶ DUFFY J. Opinion analysis：the uncertain expansion of judge - made exceptions to patentability ［EB/OL］. （2014 - 06 - 20）［2022 - 10 - 13］. https：//www. scotusblog. com/2014/06/opinion - analysis - the - uncertain - expansion - of - judge - made - exceptions - to - patentability/.

利法第 102 条、第 103 条或第 112 条驳回从而进一步增加额外的申请成本。

有且仅有一组技术类型的专利申请中，基于 *Alice* 案驳回与全部的基于上述法条驳回都呈现显著正相关。这个技术类型就是数据库和档案管理。这意味着，在该技术领域中，专利申请人在处理基于 *Alice* 案驳回的同时，通常也要花费几倍的时间、申请成本和精力来处理其他驳回理由。

此外，前述文献的研究还对基于第 101 条驳回与基于其他法条驳回的相关性进行了研究，用以了解审查员在作出基于第 101 条驳回的同时，是否存在和基于其他法条驳回相混淆的情况。分别检验的主要动机是为专利申请人考虑，看他们是否会因为审查员对法律和规定理解的混淆而增加申请成本和申请工作量，因为虽然一项官方答复的整体是驳回或通过，但审查员在下一轮审查阶段会基于之前的驳回理由逐条进行审查。换言之，无论审查员出于什么原因给出了基于第 101 条驳回以外的驳回理由，都不影响申请人需要逐条应对这些驳回理由，以及审查员在下一轮审查中要对基于不同驳回理由作出的修改进行逐条审查的局面。虽然前述文献的研究的确发现基于第 101 条驳回和其他法条驳回存在一定程度的正或负相关性，但图谱非常复杂，且无法证明这些相关性与 *Alice* 案判决的公布或适用有关，因此这里就不再赘述这一部分了。

2. 平行假设

本研究对平行假设的验证采用的是定性观察法。图 4 呈现出每月官方回复中基于第 101 条驳回所占的比例。通过观察可以发现，在 *Alice* 案判决公布前，三个主要实验组［生物信息、商业方法、和软件（通用）］所受到的基于第 101 条驳回比例虽然远高于作为对照组的制造设备的专利申请，但两者的差距基本稳定在一定区间内。然而，2014 年 6 月的 *Alice* 案判决公布就像一个转折点，在此后，实验组和对照组的差距产生了转折性的加剧。因此，*Alice* 案判决公布前后的实验组和对照组之间的基于第 101 条驳回比率变化证明了平行假设基本可以被满足，双重差分法研究结果可靠、有效。

3. 缩小样本

通过观察 2014 年 6 月之前的官方回复，发现 2013 年之前基于第 101 条驳回情况有所波动。这可能是 *Mayo* 案或美国发明法案（*America Invents Act*，AIA）的滞后影响。因此，此处以时间为参照对样本进行了筛选，将双重差分法回归的样本区间缩小至 2013 年 1 月至 2016 年 12 月，结果发现与之前的研究结果无异，表明之前的研究结果是可靠的。

实际上，这样的检验方法在这个情景下只能起到一个补充和参照作用，其

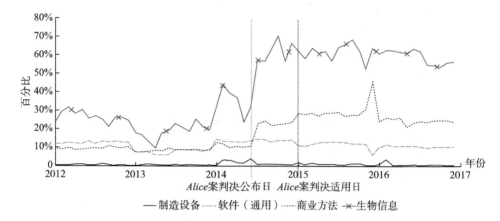

图4 每月官方回复中基于第101条驳回的比例

本身的意义并不大。因为美国最高法院在 2013 年 6 月还对与专利主题问题有关的 *Myriad* 案进行了判决。同时，AIA 及 2012 年裁判的 *Mayo* 案可能会产生一定的滞后反应。这些因素都无法在缩小样本的情况下得以排除。

4. 预期效应

对政策和法律变化进行双重差分法检验存在的一个不足是，在政策和法律发生变化的时间点之前，很可能前期的铺垫已经对社会造成了一定的影响。❶ 因此，以政策和法律发生变化的时间点作为参照时间时，无法将实验组在该时间点针对政策和法律变化进行的准备工作纳入考虑。❷ 因此，在使用双重差分法时，除了对事件发生时间进行检验外，还要对事件发生前和发生后的时间进行检验，以了解是否存在不能被直接观察到的预期效应。据此，模型（1）被改写为如下形式：

$$y_{t_1} = \lambda_0\, d_{t_1} + \sum_{j=1}^{T-t_1} \lambda_j\, E_{t_1}[\, d_{t_1-j}\,] + \sum_{j=1}^{t_1} \lambda_j\, E_{t_1}[\, d_{t_1+j}\,] + e_{t_1} \qquad (3)$$

---

❶ 参见 MALANI A，REIF J. Interpreting pre‐trends as anticipation：impact on estimated treatment effects from tort reform ［J］. Journal of public economics，2015，124：1‐17.

❷ 参见 MALANI A，REIF J. Accounting for anticipation effects：an application to medical malpractice tort reform ［EB/OL］. ［2022‐10‐13］. https：//chicagounbound. uchicago. edu/cgi/viewcontent. cgi？article = 1027&context = law_and_economics. 另见：CHOW G C. Rational versus adaptive expectations in present value models ［J］. The Review of economics and statistics，1989，71（3）：376.

$$d_{t_1} = logit(E[101\text{驳回}_{itct_1} \mid X_{itct_1}]) \tag{4}$$

其中的系数含义和取值范围与模型（1）和模型（2）一致。模型（4）中的 d_{t_1} 代表了模型（1）所表示的静态双重差分回归。d_{t_1+j} 代表一系列未来值。d_{t_1-j} 代表一系列过去值。E_{t_1} 代表的是对应的期望值。e_{t_1} 代表与其他自变量不相关的特异性误差。经过对 Alice 案判决公布前 5 个月及公布后 2 个月进行观察，表 7 列出了对受 Alice 案影响最为严重的两类技术类型数据套用模型（3）的回归结果。

表 7　估计基于第 101 条驳回的对数回归模型

变量	商业方法	生物信息
Alice 案判决公布前 5 个月	1.409	1.346
	(0.916)	(0.917)
Alice 案判决公布前 4 个月	2.497 ***	2.429 ***
	(0.693)	(0.690)
Alice 案判决公布前 3 个月	2.513 ***	2.466 ***
	(0.683)	(0.680)
Alice 案判决公布前 2 个月	2.018 ***	1.985 ***
	(0.736)	(0.736)
Alice 案判决公布前 1 个月	1.685 **	1.659 **
	(0.768)	(0.766)
Alice 案判决公布当月	2.549 ***	2.486 ***
	(0.650)	(0.650)
Alice 案判决公布后 1 个月	0.613	0.582
	(0.915)	(0.917)
Alice 案判决公布后 2 个月	1.210	1.112
	(0.765)	(0.766)
Alice 案判决公布前 5 个月 × 技术类型	− 1.034	− 0.915
	(0.919)	(0.984)
Alice 案判决公布前 4 个月 × 技术类型	− 2.275 ***	− 1.591 **
	(0.696)	(0.795)
Alice 案判决公布前 3 个月 × 技术类型	− 2.458 ***	− 1.646 **
	(0.687)	(0.806)

变量	商业方法	生物信息
Alice 案判决公布前2个月 × 技术类型	− 1. 866 * *	− 1. 365
	(0. 739)	(0. 844)
Alice 案判决公布前1个月 × 技术类型	− 1. 581 * *	− 1. 802 * *
	(0. 771)	(0. 851)
Alice 案判决公布当月 × 技术类型	− 2. 440 * * *	− 2. 106 * * *
	(0. 653)	(0. 728)
Alice 案判决公布后1个月 × 技术类型	0. 255	1. 021
	(0. 917)	(0. 978)
Alice 案判决公布后2个月 × 技术类型	− 0. 215	0. 459
	(0. 767)	(0. 846)
常数	− 6. 881 * * *	8. 317
	(0. 577)	—
样本量	513，954	71，355
Pseudo R^2	0. 1761	0. 5665

注：官方回复中是否包含基于美国专利法第102条、第103条或第112条驳回及时间（月）也被以控制变量的形式加入到了模型中；括号内为 James Stock's Heteroskedasticity 标误；* * * 表示 $p < 0.01$，* * 表示 $p < 0.05$，* 表示 $p < 0.1$。

从表7的回归结果来看，的确存在预期效应。预期效应起始于2016年2月，是美国最高法院确认受理 *Alice* 案后的2个月。预期效应的存在并不是说双重差分效应无效，而是从一个动态的视角来了解双重差分效应的大小。因此，预期效应的存在一方面证明了双重差分法研究结果的合理性，即的确存在 *Alice* 案判决对专利申请和专利审查的影响，另一方面也证明了即使申请人和审查员提前根据 *Alice* 案的发展进行了一定的调整，依然无法避免 *Alice* 案判决在商业方法和生物信息领域中对申请人和审查员造成的困扰。

五、*Alice* 案判决的影响和研究意义

这样一项研究主要有三个意义。第一，通过实证证据，证明了 *Alice* 案判决对特定技术领域专利申请人的确产生了不利影响，增加了他们的专利申请成本，加大了专利申请成功的难度，从而阻碍专利申请。第二，通过实证证据，证明了 *Alice* 案判决对特定技术领域专利申请人的不利影响是无法通过美国专利商标局审查员的努力

而消除的，反而会因为 Alice 案判决对审查员的影响而加剧。第三，前两项实证研究结果证实了 Alice 案判决加剧了社会创新成本，从而可以有依据、强有力地建议美国国会就可专利性问题修改专利法，矫正 Alice 案判决所造成的不良社会影响。

在本研究之前，已经有很多描述性统计显示出 Alice 案判决公布后，在商业方法、生物科学和软件领域中，专利申请人收到基于第 101 条驳回的比例激增，并一直维持在较高的水平上。❶ 这样的观察结果虽然直观，但因此就将问题归咎于 Alice 案判决缺乏合理性。因此，需要使用科学的方法——因果研究法，对基于第 101 条驳回激增的根本原因进行研究，并切实估算 Alice 案判决对具体技术领域的专利申请人造成影响的程度有多大。

通过对商业方法、生物信息、软件领域的深度挖掘和因果分析，本研究发现，商业方法和生物信息受到的 Alice 案的影响远大于软件领域。虽然这三个领域中，在 Alice 案判决公布和被美国专利商标局适用后专利申请数量都出现了逐步下降的情况，然而，只有生物信息和商业方法领域的专利申请受 Alice 案判决公布和适用影响，更可能会被审查员基于第 101 条予以驳回。并且更重要的是，专利申请人在收到以第 101 条为由的首次驳回后，Alice 案判决的公布和适用导致他们克服该审查结果的难度加大了。这也意味着，由 Alice 案判决增加的专利申请成本最终无法得到化解，而整个专利申请过程和费用都是企业在时间和金钱上的浪费。

相较之下，大部分软件领域的专利申请在审查阶段并没有受到的 Alice 案判决的影响。其中，受 Alice 案判决影响较明显的仅有遥测和代码生成这一技术领域。Alice 案判决导致该领域的专利申请更难在首次审查和最终审查中通过第 101 条测试。虽然计算机网络领域的专利申请在 Alice 案判决公布后也更容易受到基于第 101 条的驳回，但证据显示这并不是专利审查员受 Alice 案判决影响所致。甚至，Alice 案判决引导专利审查员在部分软件技术领域放松了第 101 条审查标准，例如在数据库和档案管理、密码与安全、图形用户界面和文件处理、计算机系统结构技术领域中。

确实，不少软件专利申请人在 Alice 案判决公布后所提交的专利申请更容易受到基于第 101 条或 Alice 案判决的驳回，其中较为明显的包括图形用户界面、文件处理、密码与安全等领域。如果不是 Alice 案判决导致审查员在这些领域依

---

❶　SACHS R. Alice storm in June：a deeper dive into court trends, and new data on Alice inside the PTO [EB/OL]. (2015 – 08 – 10) [2022 – 10 – 13]. https：//cip2. gmu. edu/2015/08/10/alicestorm – in – june – a – deeper – dive – into – court – trends – and – new – data – on – alice – inside – the – uspto/.

据第 101 条更加"难为"专利申请人，提升了驳回的可能性，那么是什么原因导致的呢？结合这些领域专利申请人在 Alice 案判决公布后逐步减少申请数量这一现象，有理由推定，他们对于 Alice 案判决的影响过于紧张，认为波及了自己，有可能会对该判决进行过度解读，且积极地在接下来的专利申请中进行无谓的调整，反而起到了反作用。其实，本研究早期的资助者是微软公司，出于担心 Alice 案判决的影响，其非常关注本研究的每个进展。而当早期研究结果显示软件类企业受到的 Alice 案判决影响并不像企业预期的那么高以后，很多企业包括微软，花了一些时间去消化和接受这一对专利审查员的行为进行客观研究后得到的事实。然而，即便如此，这依然说明是 Alice 案判决所引起的混沌增加了专利申请人的申请成本，并影响了他们专利申请的成功概率。

关注 Alice 案判决影响的不仅仅是专利申请人，还有投资人。例如，大卫·泰勒（David Taylor）调研发现，一般的风险投资人和私募投资人都非常看重被投资企业的专利申请状况，尤其是其研究对象和产品的可专利性问题。❶ 因此，Alice 案判决的影响不仅仅短期内决定了几项专利申请的结果，增加了专利申请人的成本，还进而决定了创新者的专利申请动力和可行性，并决定了哪些技术领域更可能获得投资，得到长足发展。

面对这样的境况，有两种解决方案。一种是美国专利商标局进一步修改其审查指南，对于 Alice 案判决在其内部造成的专利主题审查问题进行修正。这种方式将市场成本转为行政成本，从而化解 Alice 案判决所造成的社会问题。第二种是美国国会修改美国专利法，对专利主题的判定问题进行进一步明确和解释。

现实中，这两种解决方案都正在被落实。美国专利商标局经过整整一年的内部研究和讨论，终于在 2019 年 1 月颁布了《修正后可专利性主题指南》（Revised Patent Subject Matter Eligibility Guidance），对判定可专利主题的问题进行进一步细化，并在审查过程中对相关问题进行反复核查。❷ 近期，美国专利商标局首席经济学家安德鲁·图尔（Andrew Toole）和尼古拉斯·帕洛乐罗（Nicholas Pairolero）发表实证研究论证了《修正后可专利性主题指南》的有效性，初步证

---

❶ 参见：TAYLOR D O. Patent eligibility and investment [J]. Cardozo law review, 2019, 41: 2019 - 2116.

❷ 王润华. 美国 PTO 局长谈 IP 政策及 2019 最新审查指南 [EB/OL]. (2019 - 02 - 26) [2022 - 10 - 13]. https: //mp. weixin. qq. com/s? __biz = MzI1NDU4ODE2Mw = = &mid = 2247484134&idx = 1&sn = 9227f9fbb1c9fb96886e43439f9e5705&chksm = e9c3a68adeb42f9cb169d090b1005453dd7a0f615f1c420850c17031db7922bf2f06d54a97f&scene = 21#wechat_redirect.

明它可以成功控制 *Alice* 案判决所导致的基于第 101 条驳回的不合理激增问题。❶ 然而，这样的成果是建立在将专利申请人的成本转代为专利审查的行政成本的基础上的，并不是最理想的社会资源分配状态。

2019 年 3 月，多名参议员和众议员提交法案，要求美国国会修改第 101 条，以澄清专利主题的判定标准。❷ 然而，虽然该法案在 2019 年夏天经过了激烈的讨论，但其本身依然不能解决目前的专利主题判定问题，因而最终没有被通过。因此，本研究可以通过实证证据，加强美国国会对于专利主题判定问题的认识，从而达到助力美国专利法修改进程的目的。

六、关于 *Alice* 案判决的实证研究对国内的启示意义

介绍本研究最基本的意义是为中国企业赴美申请专利提供参考和提醒。在商业方法、生物信息和部分软件领域中，它们可能由于 *Alice* 案判决的影响在美国遇到比世界上其他专利体系更艰难的申请过程，且其中很多的困难是当地法律及其实施所致，使得专利申请人无论如何努力都无法成功克服。

但除此之外，本研究作为一项完整的、严谨的实证研究，也为中国法学学者和法律界的其他人士观察法律发展进程的社会影响提供了方法上的参考。批判性思维是美国法学院重点培养的基础能力，也是美国法律人的一种重要思维方式。然而批判的基础不仅仅是逻辑，更重要的是基于实证证据对法律、政策及其执行产生的社会问题进行披露，进而证明它们的不合理性。

在美国，知识产权法学研究很大一部分是采用实证研究来实现或基于实证研究结果来发展的。这是因为美国知识产权的发展近年来遵循功利主义原则，追求知识产权体系在知识产权保护和流转中促进创新的效率。❸ 因此，该领域中

---

❶ TOOLE A A，PAIROLERO N A. Adjusting to Alice：USPTO patent examination outcomes after Alice Corp. v. CLS Bank International ［EB/OL］. （2020 – 04 – 10）［2022 – 10 – 13］. https：//www. uspto. gov/sites/default/files/documents/OCE – Alice – supplement1. pdf.

❷ TILLIS T. Sens. Tillis and Coons and Reps. Collins，Johnson，and Stivers release draft bill text to reform section 101 of the patent act ［EB/OL］. （2019 – 05 – 22）［2022 – 10 – 13］. https：//www. tillis. senate. gov/2019/5/sens – tillis – and – coons – and – reps – collins – johnson – and – stivers – release – draft – bill – text – to – reform – section – 101 – of – the – patent – act.

❸ 参见：LITMAN J D. Copyright legislation and technical change ［J］. Oregon law review，1989，68 （2）：275 – 361；SICHELMAN T. Patents，prizes，and property ［J］. Harvard journal of law & technology，2017，30：279 – 297；MCKENNA M P. The normative foundations of trademark law ［J］. Notre Dame law review，2007，82 （5）：1839.

出现了很多实证研究致力于研究法律和政策本身的发展状况，以及它们对创新的影响程度。还有很多实证研究专注于知识产权人，去研究他们是否能在生产、交易、融资和诉讼的过程中有效使用知识产权。另外，基于这些实证证据，学者们可以进行规范性研究，讨论法律和政策的合理性，以及如何进一步发展和完善知识产权体系。本研究就是典型的第一类实证研究，即研究法律对创新者和创新环境的影响及其程度，从而促进立法者及时反思现行法律的合理性，进而促进修法，改善法律不足而导致的社会问题。这样的研究思路线性直接，值得国内学者学习，也易上手。

实际上，在本文发表之前，美国已有法官和律师通过观察中美在软件等受 *Alice* 案判决影响的技术领域的专利申请数量变化，警示美国立法者 *Alice* 案正在伤害美国的创新环境，要求立法者重视 *Alice* 案判决所引发的阻碍创新等社会问题。❶ 本研究通过严谨的数据分析，进一步证实了这一观察，确定了 *Alice* 案判决的确增加了特定技术领域专利申请人的专利申请成本，加大了他们获取专利的难度，并在逐步改变他们的专利申请行为和策略，从而印证了 "*Alice* 案判决危害美国创新" 这一论点。❷

Alice 案判例表面上看起来是美国最高法院通过裁判对法条进行的解释，明晰了可专利性的判定问题。但实际上，只有通过实证检验才能切实了解到，这一判决模糊了专利审查员和申请人对可专利性判定标准的认识，反而起到了反作用，增加了部分技术领域中的专利申请成本。这样的结果是美国最高法院在针对 *Alice* 案中的问题撰写判决时无法预料到的，因此并不能认为是美国最高法院的错误或责任。这些问题都只是法律和政策在落实过程中必经的适应环节。其实，美国专利商标局在近年早有意为控制专利质量而收紧专利授权，这一点与美国最高法院达成了共识。❸ *Alice* 案判决只是加速了这一过程，但用力过猛，在部分技术领域产生了副作用。美国专利商标局意识到问题后，在遵从判例的基础上不断调整落实判例法的细则。执法机构积极化解法律本身的缺陷，也是

---

❶ 王润华. 转危为机，他山之石可以攻玉？美国新冠下的知识产权运营与创新政策发展（必读）[EB/OL].（2020 – 04 – 18）[2022 – 10 – 13]. https：//mp. weixin. qq. com/s/la5G3XuJDdsOZHiWdHYChQ.

❷ QUINN G. The road forward for software patents post Alice. [EB/OL].（2015 – 02 – 25）[2022 – 10 – 13]. https：//www. ipwatchdog. com/2015/02/25/the – road – forward – for – software – patents – post – alice/id = 55142/.

❸ LEFSTIN A. The three faces of Prometheus：a post – Alice jurisprudence of abstractions [J]. North Carolina journal of law & technology, 2015, 16（4）：664 – 669.

很常见的。

这样一篇研究结果也可以提醒国内立法者和执法者，选取立法语言和执行法条是两个相辅相成的过程：前一个环节的不完善会直接影响后一个环节的运作，后一个环节出现的问题往往不全是其本身的缺陷。这时候，包括立法、司法、执法在内的整个法律体系都应该积极、及时反思，一方面基于现有条件对自身的缺陷作出调整，另一方面也要在统筹观之下究其根本，反思法律内容本身及其被解读的方式在动态环境下的适应性与合理性。

七、总结

本研究通过对专利审查官方回复数据的双重差分研究，证实了 *Alice* 案判决对商业方法、生物信息和部分软件类专利申请的不利影响，增加了申请人的申请成本，还加剧了他们无法化解或克服的可专利性问题。这样一项研究不仅可以帮助专利申请人了解自己的真实境遇，有效定位在专利申请中面临的困难和问题，还可以帮助行政机构和立法者意识到现有法律体系的不足，从而督促他们进行改进。采用实证证据来说明法律的有效性和效率，进而及时为社会、市场、政府、执法者和立法者提供相关信息，提示他们对相关问题进行调整，这样的良性循环在美国知识产权法学领域已非常成熟。国内也应该借鉴此类研究和其中的研究方法，检测并监测法律在执行中所体现出的不合理部分，及时提示执法者和被执法者进行调整和适应，并为立法者作出下一步的法律调整提供合理依据。

《网络法律评论》第一届青年学者论坛
会议综述

王雪乔*

　　学者从青年时代而来，积蓄知识与力量，走上学术的舞台。在创刊二十周年之际，《网络法律评论》推出青年学者论坛的初衷在于为青年学者们搭建一个展示、交流和以文会友的平台，在继续发扬《网络法律评论》融批判于学术争鸣之中、汇思想碰撞于跨界交流中的办刊传统的同时，也让刊物与青年学者们相伴成长。贴近时代需求的新的选题角度、新的研究方法、新的思维方式与视野等，是编辑部和由资深学者们组成的评议组从青年学者们身上看到的闪光点。在论坛接近尾声时，评议人徐雨衡老师说："年轻人的创造力是应该被保护的，而不应该被过分地规训。我们都从年轻的时候走过来，当我们的思维逐渐形成一些固定模式的时候，我们发现这些年轻人的创新是一件多么难得的事。""学术研究不问结果只问过程。也许文章写完了，不一定能够马上发表，也许需要修改很久，也许有些重要的题目甚至需要作者用半生的时间去锤炼打磨，但请相信这个事情是值得的。"

　　由北京大学法学院、北京大学互联网法律中心和《网络法律评论》编辑部联合主办的《网络法律评论》第一届青年学者论坛，于 2021 年 12 月 18 日成功举办。本次会议由《网络法律评论》主编、北京大学法学院教授杨明召集并主持，采用线上线下相结合的方式。会议议题主要围绕《网络法律评论》的常设

---

* 北京大学法学院博士研究生。

栏目——知识产权、网络与数字经济、平台治理、竞争政策等展开。论坛采用了青年学者展示研究成果、资深学者一对一点评以及所有与会人员参与开放式讨论的模式。每一位青年学者均有一小时的时间与各评议专家进行深度的交流，阐述对研究问题的认识并对评议意见进行回应和讨论。

第一届论坛从众多投稿人惠赐的稿件中精心评选出了七篇具有代表性的文章。参会选题代表了目前学界青年学者对现实法律问题的探究与尝试，颇具新意。本次论坛有幸邀请到上海交通大学凯源法学院候利阳教授、清华大学法学院崔国斌教授、《清华法学》编辑部主任徐雨衡老师、中国社会科学院法学研究所姚佳教授、西北政法大学焦和平教授、中国社会科学院法学研究所副研究员金善明等七位资深学者担任评议人，对文章进行一对一深度点评和交流。每一位评议人在参会前均事先研读了会议论文，精心准备了评议意见，从论文选题与标题、论证结构的设计与逻辑推进、研究方法、语言表达等方面，给出了专业、精辟和细致的点评。

论坛由北京大学法学院副院长车浩教授致开幕辞。车浩教授表示《网络法律评论》作为在互联网法律领域最早的有专业影响力的刊物之一，迄今已创办二十年，所刊载的文章涵盖互联网法律的各个领域，传播力广泛。作为刊物负责人，杨明教授在接手主编一职后，创办了此次青年学者论坛，并希望以这种方式帮助青年学者与刊物共同成长，以期产出更具有朝气和创造力的作品。青年学者论坛有利于推动学科边界的延展，学科发展的希望亦承载于青年学者群体之中。这一平台的搭建能够传播该领域中青年学者们的声音和富有创见的研究，是学术代际传承中最为重要的环节之一。

杨明教授谈到举办青年学者论坛的初心，他希望更多的年轻学者可以利用这一平台让自己的学术观点得到推广，同时论坛的宗旨也是为青年人提供交流成长的机会。杨明教授表示《网络法律评论》编辑部日后还会延续这种论坛的形式，打造能够共享前沿观点、推进理论构建的学术交流平台。

一、曾田：《内容平台版权许可纵向限制的反垄断规制》

本次论坛第一位发言人是来自对外经济贸易大学法学院的曾田助理教授，论文题目为《内容平台版权许可纵向限制的反垄断规制》。曾田助理教授以网易和腾讯独家音乐版权纠纷以及腾讯与抖音反垄断诉讼作为切入点，分析目前内容平台反垄断规制的难题，主要集中在三个方面：第一，需要考察内容平台对版权许可增设的限制是否会产生反竞争效应；第二，反垄断规制的逻辑起点和路径选择；第三，垄断协议和滥用市场支配地位等具体规制路径适用上的难点，例如，如何确定市场主体在上游市场的支配地位或者垄断协议意义上的优势地位，如何分析版权纵向限制行为对知识产权激励创新带来的排斥和限制竞争效应。基于对上述三个方面的分析，曾田助理教授提出了两点解决思路：其一，以消费者社会总福利标准替代只针对消费者剩余的分析，并同时考虑质量等非价格剩余；其二，在无法直接衡量创新损害时，可以通过归纳影响下游市场创新的重要因素来权衡上游市场的行为可能对创新能力带来的影响。

评议人侯利阳教授事先精心准备了PPT文件，对论文中的亮点、问题以及如何进行后续调整进行了全面的点评，也为本次论坛开启了热烈的学术研讨氛围。侯教授认为，曾田助理教授的论文题目颇具新意，在写作手法上宜对理论进行进一步的提炼，对竞争效应分析、相关市场界定等有关内容进行有效回应，使论文的层次更加丰富。侯利阳教授以本篇论文为出发点，讲解了青年学者在撰写论文时常常会遇到的难题——如何在有限的篇幅中合理地展示研究内容。他从自身经验出发，建议青年学者们要学会在论文写作前就进行充分的谋篇布局。如果在写作开始前准备得不充分，谋划时只考虑了论文的大体框架，只设计了一二级标题，而没有充分考虑三级标题或段落的展开，在写作的后期很容易出现"收不住"的现象，难以突出论述的重点。如果写作中已经出现了上述问题，可以考虑简单的补充型修改策略和复杂的提炼型修改策略。侯利阳教授还对如何把握章节设计的权重、章节之间的平衡度，避免论证前后不对应等问题，给出了详细的建议。

二、靳雨露：《正义与效率的耦合：基因编辑的边界与法律规制进路》

第二位发言人是来自北京师范大学的博士研究生靳雨露，论文题目为《正义与效率的耦合：基因编辑的边界与法律规制的进路》。论文以基因编辑的正当性边界作为研究切入点，从伦理与法哲学视域和福利经济学视域，探讨如何找到正义与效率耦合的边界。

在论文的第一部分，靳雨露博士首先从历史和技术维度分析了基因编辑技术的本质和发展。对人体的基因编辑根据目的主要分为两类：一类是基因治疗，即对已经存在的疾病进行攻克；另一类是基因增强，即尝试对尚未存在的问题予以预先解决，如研究能否把乌龟的长寿基因加入人体细胞延长寿命，能否增强人的视力、容貌、等性状或功能，甚至能否设计出完美婴儿。在这个意义上，基因编辑既有成为"诺亚方舟"的潜力，也有成为人类梦魇的可能。靳博士归纳了目前对基因编辑的三种观点：反对任何与人格匹配的编辑的反对派，认为人类应当拥有不设限的自主追求幸福的赞成派，以及认为应当在考虑伦理道德的前提下享受基因编辑技术福利的中立派。

在论文的第二部分，靳雨露博士主要从效率、伦理和法律适用的角度，探讨了基因编辑的正当性边界，并讨论法律应当如何规制基因编辑。讨论的核心在于伦理法治语境下基因编辑的正当性，并通过引入法经济学的成本收益分析，探讨基因编辑的哪种方案在效率上能够将人类福祉收益最大化。通过从福克斯的自由主义正义观、自由自主权和哈耶克的自发秩序维护等理论进行演绎，论文得出应当允许基因治疗而禁止基因增强的结论。这一矫正正义的方案在福利经济学成本－收益分析中也能达到卡尔多－希克斯效率。在明确基因编辑的边界后，论文认为应根据可行基因编辑技术带来的风险，设计与基因编辑的应用相配套的法律制度和规制路径，如构建事前的人权影响评估与公共承运人制度、事中的多元化风险评估与分级监管模型，以及事后的基因编辑归责原则，从而动态闭环地规范基因编辑秩序。

评议人杨明教授认为这篇论文的选题较为新颖，讨论的是当下热门的基因编辑的边界。作者围绕这一话题从正义与效率两个视角进行了探讨。在论文题目和内容叙述方面，杨明教授建议采用读者友好型的写作思路。杨明教授用形象的方式比喻到：好的论文应是一碗汤，而不是一份组合套餐。一篇如汤一样的论文，能够将标题和每一章节标题串联起来形成一个完整的故事，也能让读者从中理解作者在叙述过程中的逻辑严密性。套餐式的写作则容易让读者感受到阅读上的非连贯性。杨明教授也从论文内容上进行了评议。作者采用了法律经济学的方法探讨关于基因编辑的正当性边界，试图从效率的角度对具有伦理性的问题作出阐释。在这样做时，作者便需要负担更重的说明义务，即更细致地对其采用的方法进行解释和论证，例如系统地回答为什么阿列克西权重方程是分析基因边界之效率的最优方法，以及如何对不同方案的成本和收益进行赋值计算。

在随后的开放讨论环节，崔国斌教授补充道，作者所探讨的基因编辑伦理性问题，实际上关涉每一个人对正义所秉持的态度。由于人们秉持的正义观是多元的，从何种角度诠释正义、多元的正义观能否以及如何调和，是该文作者需要深入思考的问题。同时，基因编辑的正当性与效率问题都是非常宏大的话题，试图将几个话题纳入到一篇论文中加以解决，有可能会使每个问题的讨论都难以更充分地施展开。在论文写作时采用"一个逻辑、一个方法得出一个结论"的写作手法，或许可以解决上述问题。

三、边仁君：《新〈专利法〉视角下的非实施主体问题》

第三位发言人是来自北京大学法学院的边仁君助理教授，论文题目为《新〈专利法〉视角下的非实施主体问题》。论文以 2019 年国内的 4625 个专利侵权案件为样本，探讨了专利非实施主体（non-practicing entity，NPE）的发展现状、问题及其解决路径。

论文首先指出立足于中国本土法律和市场环境的 NPE 研究具有重要意义。国内对 NPE 问题进行研究的高峰期是在 2014～2016 年，当时 NPE 在国内尚未形成气候，因此当时的研究主要是以美国 NPE 问题作为核心参考。而近年来，随着我国知识产权强国战略的推进，专利保护与维权的制度与市场环境趋向利好，同时也产生了对 NPE 爆发风险的担忧。在对 NPE 的概念进行阐明的基础上，论文梳理了当前对 NPE 的研究框架与不足。边仁君助理教授认为，在探讨 NPE 的是与非之前，首先需要明确的是 NPE 在我国是否确实作为一种现象而存在，如果存在，再探讨其存在是否会构成问题。有鉴于此，作者对上述专利侵权案件样本的原告进行分类后，发现其中 NPE 诉讼为 106 件，虽然占比不高，但已经是三年前的 26.5 倍，表明在我国目前的制度和市场环境下，NPE 的增长趋势明显。在此背景下，作者以美国教训为借鉴，探讨了 NPE 产生的原因，对照我国的制度与政策现状来评估在 2020 年修改的《专利法》实施背景下 NPE 爆发的风险。

同时，作者也探讨了国内外学界围绕 NPE 社会收益与成本的争论，并认为关于 NPE 社会收益的主张尚缺乏实证证据的支持，因而在 NPE 大规模爆发时倾向于对其进行规制。不过，从我国当前的情况来看，NPE 虽初现端倪但尚未形成大规模的威胁，政策和立法层面的调整还为时尚早。因此目前的规制重点应放在不诚信的专利诉讼行为上，以《专利法》第四次修改中增加的诚实信用原则作为规制工具进行个案解决，即可有效降低滥诉风险。

评议人崔国斌教授点评道，如果要对 NPE 问题进行实证研究，应对 2015～2019 年的数据进行全面的收集和分析，方能体现实证分析的完整性和正当性。同时应从方法论角度对研究问题的深度进行反思，例如是否还可以扩大关注的视野，对专利无效程序、专利申请质量和专利流通等因素进行系统性的把握。在开放讨论环节，焦和平教授重点对新修改的《专利法》这一语境提出了疑问：其中增加诚实信用原则并非一种新路径的引进，因为在此之前民法中的诚实信用原则同样可以在专利法领域予以适用，因此有必要更为明确地指出新修改的《专利法》的"新"究竟体现在什么层面。

四、崔亚冰：《知识产权损害体系内限缩法定赔偿适用的路径选择与制度构建》

第四位发言人是北京大学经济学院博士后、北京大学信息技术高等研究院研究员崔亚冰，论文题目为《知识产权损害体系内限缩法定赔偿适用的路径选择与制度构建》。论文以我国目前法定赔偿适用的泛化现象入手，对现行的法定赔偿体系进行分析，并与欧洲、美国的情况进行了比较研究。

崔亚冰博士提到，目前国内理论和实务界对于法定赔偿泛化这一问题的危险和弊端有一定共识，但对于如何改变现状尚未达成共识。论文梳理了四种具体的解决方案：一是提高法定损害赔偿的数额；二是细化法定赔偿适用的规则；三是增加酌定赔偿或者以市场价值标准作为补充；四是取消法定赔偿，向传统的三种损害赔偿计算方法回归。该研究旨在回答两个问题：一是路径选择问题，即选择什么方向去改进是最优解；二是制度构建问题，即选定方向后如何实现。崔亚冰博士认为，弱化甚至取消法定赔偿制度，发挥知识产权损害赔偿的传统计算方式的应有功能是最优选项，同时提出了这条路径的具体实现方案。

评议人徐雨衡老师认为知识产权损害赔偿这个选题具有重要的现实意义，研究着眼点在于强化现实中知识产权损害赔偿数额的确定性，具有较强的问题意识。回归到损害赔偿本身，其一般原则是填平，而惩罚性赔偿和基于公平原则的补偿是例外。那么，如何界定损害的存在及其数额就是非常重要的问题。作者敏锐地捕捉到了这个问题的关键，即因果关系和损害赔偿数额的确定性。例如，如果损害赔偿的计算方法允许在事实因果关系判断层次就引入价值判断，会不会导致更严重的问题。又如，行为人无法预测其侵权行为的后果——损害赔偿，是否会损害侵权责任通过调节行为选择来保护权益的机制。在论证过程中，可以将知识产权的损害赔偿与民法的损害赔偿计算方法进行对比，引入一些民法学研究的视角来丰富论证。

徐雨衡老师还从论文的写作手法方面为青年学者们提出了建议，即从平铺直叙的写法过渡到提炼式的写法。这意味着论文从初稿、二稿到最终呈现给读者的版本之间，往往要经历许多次的提炼和修改。完成初稿往往只是第一步，作者还需要多次通读自己的文章，自行或者借助他人的帮助提炼出论文中的亮点和最有价值的部分，对写作的内容、布局、观点论证进行自我审视，最终呈现的结果应能够让读者和编辑直观地捕捉到论文的闪光点。

五、马斌：《排他权谱系论纲——兼论数据资源权利化路径》

第五位发言人是华东政法大学博士研究生马斌，论文题目为《排他权谱系论纲——兼论数据资源权利化路径》。马斌博士从权利的基础理论着手，论证了权利束中最为核心的即为排他权，而排他权的结构中最为重要的是客体和行为这两个要素。要在数据等无形客体上建构排他性的权利，传统的权利理论存在一些缺陷，其困境主要在于侧重客体而不能为相关主体提供明确的行为预期，只有在引入行为要素之后才能为排他权界定明确的边界。行为要素包括实体法律规则施加给非权利人的初级行为义务，以及程序法律规则施加的次级行为义务。马斌博士认为，客体要素与行为要素是此消彼长的关系，例如，商业秘密以及数据保护的客体化程度较弱时，就有必要强化行为要素的指引。数据权利的建构强化行为要素，这有赖于司法实践探索数据资源利用的行为规范，为数据流通、利用提供明确的行为预期。

评议人姚佳教授认为，这篇论文有很强的理论性。虽然论文所要论证的观点本身并不新颖，但在论证中能够看出作者对现有理论的理解和驾驭能力。论文试图对无形财产权的建构提供一种新的理论框架，在这个过程中反思了法学理论中的大部分基本概念，包括权利、财产、物、财产权以及财产权利的构成与结构。从基础理论开始进行反思和建构的研究，对于训练博士生的批判性思维能力会有很大的帮助，也可以为其后续的研究奠定扎实的基础。希望马斌博士在后续研究中可以继续沿着数据赋权思路深入挖掘，但也应着力于更透彻地理解排他性权利、财产权利性质等基本概念。姚佳教授认为，青年学者们在写作的过程中对传统理论进行反思是非常必要且有意义的尝试，但在试图重构基础理论时则需要更加严谨和缜密，尤其需要对现有理论具有完整深入的理解，并对基础理论层面的微调可能产生的后续影响进行系统性的全盘考虑。在开放讨论环节，杨明教授建议马斌博士在后续的研究中可以考虑以副标题即数据资源权利化路径作为主要内容，这样将使论文的讨论具有更为明确的对象。

六、丁文杰：《论著作权的范式转换：从"权利"到"行为规制"》

第六位发言人是复旦大学法学院讲师丁文杰，论文题目为《论著作权的范式转换：从"权利"到"行为规制"》。论文首先对《著作权法》的条文构造进行了剖析，认为这些条文构造具有浓厚的自然权利理论色彩，重视对著作人身权的保护，在处理著作财产权时执着于模仿物权构造。物权的构造体现出的是静态思维，也容易使人们将著作权误解为是对"物"享有的权利。这种思维的现实影响是容易导致著作权保护与行动自由之间的失衡，著作权法条文的适用结果与公众认知之间存在一定的偏差。可以用一个例子来说明：例如行为人在抖音平台上发布短视频的行为，如果严格按照《著作权法》第24条第1款第2项的规定，即使是用户通常不认为是违法的非商业性的利用行为也同样受《著作权法》的限制。相较而言，论文提倡的是行为规制范式，认为著作权并不是作者对作品享有的权利，而是在符合公共福祉的限度内对公众行动自由进行限制的特权。丁文杰老师认为著作权的本质应是行为规制，且对私人行动自由的限制程度较高。因此，著作权法的思维方式要从静态思维的权利范式转向动态思维的行为规制范式。这一转变，既可以纠正政策形成过程中的利益倾斜问题，也可以弥合著作权法条文与使用者普遍认知之间的偏离。

评议人焦和平教授认为丁文杰老师的文章体现了理论性、体系性、思辨性和创新性。但论文在问题的提出方面还可以更"简单直接"，避免让读者在理解时产生太多困难。例如，对题目中的著作权范式转换可以有四种理解：如著作权法研究方法、立法技术、司法适用和解释方法以及思维方式的范式转换，因此有必要从一开始就对这个概念作出澄清。论文的内容涵盖了其中著作权的理念、思维和方法，视野宏大但内容稍显庞杂，因此建议聚焦在某一个具体方面进行更深入的阐释。焦和平教授也提到，如果论文中使用了在知识产权领域不常用的概念，例如静态思维和动态思维，应根据学科语境对概念给出解释。焦和平教授作为《法律科学》的编辑也和青年学者们分享了其个人在选稿时的关注点，也可以提炼为论文写作的三要素：选题与构思明确和直接，论证集中、充分和有效，以及内在观点的逻辑自恰。

七、潘宁：《反垄断罚款裁量的实证检视——基于221份反垄断处罚决定书数据》

本次会议的最后一位发言人为北京大学法学院经济法方向博士研究生潘宁。潘宁以反垄断法法条解释作为提出假设的基础，对反垄断处罚决定书的数据进行回归分析，检视过往执法实践中的反垄断罚款裁量是否合乎比例原则。潘宁博士介绍道，选择该选题有两个方面的原因：一个是现实需要；二是现有文献的供给不足，即缺少对具体制度的运行效果进行实证检视的研究。当前我国正在着力强化反垄断执法，从中央政策导向上看，反垄断执法在数量和频率上明显增加。在这一现实背景之下，反垄断执法的质量也要跟上。论文将反垄断罚款裁量作为研究的对象，是因为相较于行为定性问题，反垄断量罚是执法质量的集中体现，但受到的重视明显不足。该研究有两个方面的贡献：一方面，该研究通过定量检验的方式，为执法机构提供了一种参考，使其借助该研究可以审视过往的反垄断执法质量；另一方面，该研究具有研究方法上的创新意义，通过采用计量方法检验反垄断执法的质量和制度运行效果，对于制度建构和法学研究均有启发意义。

评议人金善明副研究员认为潘宁同学的论文是对于现行制度的运行效果进行评估的研究。只有先对现行制度进行科学全面的评估，才能更好地在部门规章层面为执法提供更具体的指引，所以其论证是很有必要的。《反垄断法》的实施有整体性，在处罚决定作出的时候不仅要考虑其第49条规定的三个因素，可能还要考虑到法外的因素的影响，在这方面可以从研究设计上进行更系统、全面的考虑。金善明老师也对实证研究类论文的写作提出了建议：不同于自然科学或描述、阐释性的社会科学研究，法学是一门带有规范性质的学问，研究者在进行制度检视类的实证研究时需要时刻提醒自己，不要忘记实证检验的目的是什么：是要推广实证研究的方法，还是要对现行执法和制度提出相应的完善建议？是回溯和描述反垄断执法的现状，还是着眼于未来的立法和执法？金善明老师认为在法学领域，实证检视的目的与价值恰恰在于其对未来立法、执法的指导意义，基于过去的做法和经验给出面向未来的规范性建议。这一区别使得法学实证研究论文写作不能止步于描述，而是要在描述的基础上更进一步地点明规范性的意义。同时，在具体的写作手法上更需要强调读者友好。虽然实证研究本身采用了统计和数学模型来处理经验数据，但在呈现研究的成果时，如果要让论文能够达到说服的目的，在用语、措辞和叙述上就不宜过于专业化。尤其在面向法学读者时，宜更清晰地阐明模型设计的思路和模型中每个因素的意义。实证分析与法学理论应融会贯通、相辅相成，使实证分析的数据为作者关于制度改进的论证提供支撑。